춘추전국시대에서 찾아낸
교양인을 위한
고전 리더십

춘추전국시대에서
찾아낸

교양인을
위한
고전
리더십

오정환 지음

하이테북스
today

역사에 이름을 남기고 싶은가?

비가 내렸다. 길이 질척거렸다. 소진은 지쳐 있었다. 젊은 시절 제齊나라에서 유학했지만 변변한 말단직 하나 얻지 못했다. 여기저기 유력자들에게 선을 대보았지만 가진 것 없는 그에게 돌아올 자리는 없었다. 그렇게 타지에서 허송세월 기나긴 방랑 끝에 귀향했다. 시커 멓게 탄 얼굴에 옷은 헤지고 그야말로 거지꼴보다 못했다. 형제들을 비롯한 고향 일가친척 모두 그를 은근히 비웃으며 말했다.

"주나라 관습에 논밭을 경작하거나 상업에 힘써 2할 이익을 위해 노력하는 것이 사람의 의무인데 당신은 그 본업을 버리고 혀끝 말솜씨에만 힘쓰고 있으니 궁핍해지는 것은 당연하지 않습니까?"

실패자에 대한 비아냥거림은 예나 지금이나 같지만 소진은 절망하거나 포기하지 않았다. 절망하지 않는다고 수치까지 모를 정도로 뻔뻔하진 않았다. 대놓고 면박하지 않았다고 모를 일인가. 무시와 비웃으며 수군대는 소리가 비수처럼 그의 가슴에 꽂혔다. 소진은 방에 틀어박혔다. 하지만 포기할 수는 없는 노릇이었다.

'도대체 선비로서 머리를 숙여가며 학문하고도 벼슬과 영화를 얻을 수 없다면 아무리 많은 책을 읽은들 무슨 소용이 있겠는가?'

그의 생각은 깊고 이상은 높았다. 그는 결심했다. 다시 책을 들었다. 지독한 세월을 보냈다. 1년여 지났을까? 그의 머리 속에 새로운 아이디어가 '번뜩' 스쳐 지나갔다.

"그래! 합종이다."

춘추전국시대를 거치며 흩어져 있던 수많은 소국들이 강대국에게 하나씩 합병되어갔다. 전국시대에 접어들면서 '전국 7웅' 즉, 7개 나라가 자웅을 겨루었다. 전국시대 말기가 되자 세력 균형은 깨지고 진秦나라가 절대강자가 되었다. 합종설은 절대강자 진나라에 대항해 나머지 6개 나라가 군사동맹을 맺자는 주장이었다. 소진은 각국 왕들을 만나 유세해 결국 6개 나라의 합종을 이끌어냈다. 그는 6개 연합국의 재상직도 동시에 겸했다. 한 나라의 재상직도 대단한데 하물며 6개 나라의 재상이라니 그 위세가 능히 짐작된다.

어느 날 고향 낙양을 지나가는데 그의 행차가 얼마나 대단했던지 임금 행차로 여겨질 정도였다. 주나라 현왕은 그 소식을 듣고 두려움에 길을 쓸 것을 지시했고 교외까지 사람을 보내 환영했다. 소진의 형제와 아내, 처족들은 눈도 제대로 못 뜨고 고개를 들어 바라보지도 못한 채 엎드려 기면서 식사 심부름을 했다. 소진이 형수에게 말했다.

"전에는 거만하더니 지금은 어떻게 이렇게 공손하십니까?"

형수는 떨리는 몸을 구부려 엎드리고 얼굴을 땅에 댄 채 사과했다.

"계자님의 지위가 귀하고 재물이 많은 것을 보았기 때문입니다."

소진은 탄식하며 말했다.

"이 한 몸이 부귀하면 친척도 우러러 보지만 비천해지면 업신여기는데 하물며 남이라면 오죽하겠는가! 만약 나에게 이 낙양성 밖에 비탈 밭 두어 뙈기만 주었다면 내 어찌 지금 6개 나라 재상의 도장을 차고 다닐 수 있었겠는가!"

그리하여 1천금을 풀어 일족과 친구들에게 나누어 주었다. 소진이 처음 집을 떠날 때 남에게서 100전을 빌려 노자로 삼은 적이 있었다. 부귀한 몸이 된 지금 100금으로 그것을 갚고 또 오래 전 은혜를 베푼 모든 사람들에게도 보상해주었다.

소진에 대한 이야기를 보면 사람들이 왜 부와 명예, 권력을 얻으려는지, 왜 성공과 출세를 하려는지 알 수 있다. 지구상에 인류가 출현한 이후 얼마나 많은 사람들이 생몰했을까? 그들은 각자 어떤 모습으로 살다 갔을까? 역사를 글로 기록할 수 없던 선사시대 사람들이야 어쩔 수 없더라도 인간이 비로소 문자를 발명해 기록하기 시작한 후 사서에 이름을 남긴 사람들은 어떤 행적으로 이름을 남길 수 있었을까? 자신이 살아간 흔적을 남기는 것은 어떤 의미가 있을까?

후세에 자신의 흔적을 남기는 행위는 본능이다. 자신의 유전자를 퍼뜨리려는 욕구처럼. 그렇지 않다면 바위에 자신의 이름을 새기고 대나무에까지 흔적을 남기는 노력을 어떻게 설명할 수 있을까? 사서에 훌륭한 이름으로 기록된다는 것은 세상에 태어나 공헌했는지 못했는지의 문제다. 이름을 남긴 주인공은 주인공일 수밖에 없는 이유가 있다. 세상에 많은 공적을 남긴 사람들이 저절로 그렇게 된 것은 아니었다.

사마천의 「사기」에는 수많은 역사적 인물들이 이름을 올렸다. 이름 석 자를 또렷이 남긴 사람들도 많지만 더 많은 사람들이 이름도 없이 사라져갔다.

3만 명의 목이 베이고 10만 명의 목이 베이고 널린 시체들이 천리에 뻗치고 군사 20만 명을 구덩이에 묻어 죽였다는 기록들이 많이 남아 있다. 그 유명한 장평전투를 살펴보자. 조나라와 진나라의 싸움에서 무려 45만 명이 목숨을 잃었다. 그중 40만 명은 생매장을 당했다. 그들 모두 이름 없이 사라져갔다.

조상을 잘 만나면 일단 유리하다. 왕의 아들로 태어나 원하든 원치 않든 왕위를 물려받았다면 이름은 기록되었다. 귀족 집안에서 태어나 자리를 물려받아 이름을 남길 수 있었다. 역사에 이름을 남기는 것이 왕이나 귀족에게는 당연지사이지만 이름만 남긴 사람들도 많다. 「사기」의 〈장승상 열전〉 기록을 살펴보자.

신도가가 죽은 후 경제시대에 개봉후, 도청, 도후, 유함이 승상이 되었다. 현재 황제인 무제 때에 들어 백지후 허창, 평극후 설택, 무강후 장청

적, 고릉후 조주 등이 승상이 되었다. 그들은 모두 열후들로 아버지의 뒤를 이었고 깊은 주의력, 청렴, 근면이 장점이었지만 승상으로 인원수를 채운 데 불과했으며 정치에서 새로운 발전을 보일 능력도 없었고 당세에 공명이 나타날 만한 것도 없었다.

'승상으로서 인원수를 채운 데 불과'했다니 이름을 남기고도 수치다. 「사기」는 협객과 점쟁이들의 이름까지 기록하고 있다. 즉, 무슨 일을 하든 평범한 삶은 안 된다는 것이다. 특별해야만 역사에 이름을 남길 수 있었다. 어느 자리에 있었는가보다 무슨 일을 했는가가 중요하다. 그럼 역사에 이름을 남긴 주인공들의 특징들은 무엇일까? 이 책은 그 특징들을 다루었다. 「사기」를 기본 자료로 삼아 그 특징들을 간추렸다.

'인忍 · 인認 · 인人' 이 3가지는 항상 역사의 주인공들이 지니고 있었다. 이 책은 이 3가지 사례들을 찾아보고 우리가 무엇을 배워야 할지 생각해보도록 했다. 이 책을 쓰기 위해 두 거인의 신세를 졌다. 「사기」[1]의 저자로 2,100년 전 불꽃같은 인생을 살다간 사마천과 오랫동안 중국역사 무대를 답사하며 「춘추전국 이야기」[2]를 쓰고 있는 공원국이다. 나는 두 거인의 어깨에 올라서는 행운을 얻었을 뿐이다. 감사하고 부럽지만 책에 오류가 있다면 모두 내 책임이다. 딸 오하영에게도 고마움을 전한다. 그녀가 자료를 정리하고 한글작업을 해주지 않았다면 책 발간은 훨씬 미루어졌을 것이다.

– 용인 신독재愼獨齋에서 오정환

2장 인(人): 세상을 만들어가는 지혜

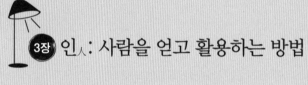

3장 인人 : 사람을 얻고 활용하는 방법

진晉 문공文公의 역경과 도전, 성취

지금으로부터 2,700여 년 전으로 여행을 떠나보자. 주인공은
진晉나라 문공文公인 중이重耳다. 그가 정적들로부터 추방당해 19년
동안 외국에서 떠돌며 우여곡절을 겪지만 본국으로 돌아와 왕위에
오르고 마침내 춘추전국 패자가 되는 이야기[1]는 리더들의 전범을 보
여준다. 우리는 중이의 일화가 끝날 때쯤 역사에 이름을 남긴 리더
들의 특징들을 간추려볼 수 있을 것이다.

진晉나라 9대왕 헌공은 아버지의 첩인 제나라 여인 제강齊姜[2]과 간
통해 아들과 딸을 낳았다. 아버지의 첩과 간통하게 된 내막은 이해할
수 없지만 어쨌든 당시는 그랬다. 제강은 일찍 세상을 떠났는데 아들

은 훗날 태자인 신생申生이고 신생의 누이동생은 진秦나라 목공穆公의 부인이 되었다. 또한 헌공은 적나라 호狐씨로부터 딸 둘을 취해 큰 딸로부터 중이重耳를 낳고 작은 딸로부터 이오夷吾를 낳았다.

기원전 672년, 헌공은 여융驪戎을 공격해 정벌하고 여융 군주의 두 딸 여희驪姬와 여희의 여동생을 얻었다. 당시 타국을 정복해 여자를 취하는 풍습은 전리품을 챙기듯 지극히 자연스런 것이었다. 그는 둘을 모두 총애해 여희로부터 아들 해제奚齊를 얻었다. 문제는 그때부터 시작되었다. 여희를 총애하다보니 아들 해제까지 예뻤던 것일까? 헌공은 태자 신생을 폐위하고 해제를 태자로 삼아 뒤를 잇고자 했다. 인생 말엽에 왕이 새로운 비를 얻고 그녀를 총애해 얻은 어린 왕자에게 왕위를 물려주기 위해 장성한 태자와 왕자들을 핍박한 이야기는 「사기」에만도 여러 번 등장한다. 역사를 통해 배우지 못하는 인간의 어리석음을 그것에서 엿볼 수 있다. 조선 개국 초 '왕자의 난'도 같은 이야기 아닌가?

뜻하지 않은 역경에 맞서다

해제의 어머니 여희는 자신의 아들을 태자로 세우기 위해 음모를 꾸몄다. 그녀는 헌공의 총애를 받던 동관오와 양오를 매수해 헌공에게 간하게 만들어 신생, 중이, 이오 세 공자를 변경으로 쫓아냈다. 헌공은 해제를 이미 태자로 삼으려고 했기 때문에 해제에게 위협이 될 수 있는 공자들을 변경으로 멀리 내쫓은 것이다.

어느 날 헌공이 여희醱姬에게 몰래 말했다.

"나는 태자를 폐하고 해제로 그를 대신하려고 하오."

그런다고 덥석 미끼를 물 여희가 아니었다. 그녀는 흐느끼며 말했다.

"태자를 세운다는 것을 모든 제후들이 알고 있고 태자는 여러 번 군대를 거느렸고 백성들이 그에게 의지하고 있는데 어떻게 천첩 때문에 적자를 폐하고 서자를 세울 수 있겠습니까? 주군께서 꼭 그렇게 하신다면 천첩은 자진하겠습니다."

눈물을 흘리며 말하니 그 진정성을 믿을 수밖에 없던 헌공은 여희에게 더 믿음이 갔지만 여희는 몰래 사람들이 태자를 비난하도록 만들고 자신의 자식을 태자로 세우기 위해 본격적으로 음모를 꾸미기 시작했다. 여희가 태자에게 말했다.

"군왕께서 밤에 제강(죽은 태자의 생모)을 보았사온데 태자께서는 빨리 곡옥으로 가 제사를 올리고 그 음식은 군왕께 보내시오."

이에 태자는 곡옥으로 가 그의 어머니 제강에게 제사를 지내고 제육祭肉을 헌공에게 바쳤다. 헌공은 그때 밖으로 나갔으므로 제육을 궁중에 놓아두었다. 여희는 사람을 시켜 고기 속에 독을 넣었다. 이틀 후 헌공이 사냥에서 돌아오자 주방장이 헌공에게 제육을 바쳤다. 헌공이 고기를 먹으려는 순간 옆에서 여희가 말리며 "제육은 먼 곳에서 온 것이니 마땅히 점검해 보아야 합니다."라고 말했다. 그런 후 고기를 땅에 던져 개에게 먹이자 개가 죽었다. 어린 환관에게도 먹였더니 그도 죽었다. 여희가 흐느끼며 말했다.

"어찌 태자가 이토록 잔인하단 말인가! 자신의 아버지를 죽여 그 자리를 대신하려고 하니 하물며 다른 사람이야 오죽하겠는가? 군왕께서는 늙고 목숨이 아침저녁에 달려 있는데 잠시도 기다리지 못하고 죽이려고 하다니!" 그런 후 헌공에게 일러 바쳤다. "태자가 이런 일을 저지르는 것은 오직 천첩과 해제가 있기 때문입니다. 원하건대 첩은 우리 모자가 다른 나라에 숨어 지내며 자살하더라도 우리 모자가 태자에 의해 어육이 되지 않길 바랍니다. 전에 군왕께서 그를 폐출시키려고 했을 때 소첩은 그것을 한스러워했는데 지금 보니 확실히 소첩의 실수였습니다."

태자는 그 소식을 듣고 신성으로 도망쳤다. 누군가가 태자에게 말했다.

"독약을 만든 것은 여희인데 태자는 왜 스스로 해명하지 않으십니까?"

태자가 말했다.

"우리 군왕께서는 연로해 여희가 아니면 잠도 편히 못 주무시고 식사도 달게 못 드시오. 만약 그것을 해명한다면 군왕께서는 여희에게 노여워하실 테니 그리 할 수 없습니다."

누군가가 태자에게 말했다. "다른 나라로 도망치는 것이 좋겠습니다."

그러자 태자는 "이 더러운 이름을 뒤집어쓰고 밖으로 도망친다면 누가 나를 용납하겠소. 내 스스로 목숨을 끊을 뿐이오."라고 말하고 자살했다.

이렇게 여희는 일단 태자 신생을 제거하는 데 성공했다.

태자 신생은 비교적 손쉬운 상대였지만 중이와 이오는 달랐다. 중이는 훗날 춘추 제2대 패자가 되는 문공이고 이오는 내실 있는 국가 운영으로 문공의 패업을 쉽게 만든 혜공惠公이다. 특히 중이는 젊을 때부터 선비를 좋아해 17세 때 이미 조최趙衰, 호언狐偃, 가타賈佗, 선진先軫, 위무자魏武子 같은 유능한 선비 5명을 측근으로 얻었다. 그들에게 신생의 죽음은 충격이었다. 그들이 미처 대응할 틈도 없이 참소하는 말들이 흘러나왔다. 중이와 이오가 헌공을 알현하기 위해 오자 누군가가 여희에게 말했다.

　　"두 공자는 여희께서 태자를 참언으로 죽인 것을 원망하고 있습니다."

　　여희는 두려워 헌공에게 두 공자를 헐뜯으며 말했다.

　　"신생이 제육에 독약을 넣었을 때 두 공자는 그것을 알고 있었습니다."

　　여희는 어린 아들을 위협할 수 있는 중이와 이오를 살려둘 생각이 없었다. 두 공자는 그 소식을 듣고 두려움에 중이는 포성으로 달아나고 이오는 굴성으로 달아나 성을 지키며 방비했다. 헌공은 두 아들이 말도 없이 돌아간 데 노여워하며 음모를 꾸민다고 여겨 환관 발제를 보내 포성을 치게 했다. 대부 가화에게는 굴성에 있는 이오를 치게 했다. 이오는 매우 실리적인 인물이었고 중이는 신생만큼 고지식하진 않지만 이오만큼 실리적이진 않았다. 중이는 헌공이 보낸 군사들에게 대항하지 말라고 말했다. 환관 발제가 중이에게 스스로 목숨을 끊을 것을 재촉했다. 중이가 성벽을 넘어 도망치려고 하자 발제는 그 뒤를 쫓아가 그의 옷소매를 베었지만 생포하진 못했다. 이오를 치기 위해 굴성으로 간 군대도 목적을 이루지 못했다. 이오는 성을 막고 견실히 방어하며 1년 동안이나 버렸다. 중이는 성에서 탈출했지만 어디로 갈지 난감해 점을 치려고 하자 호언狐偃이 말했다. 호언은 적족으로 중이의 외숙부였다.

"점을 치지 맙시다. 제나라와 초나라는 가는 길이 멀고 앞으로 크게 될 것이니 곤란한 지경에서 달아날 곳이 아닙니다. 길이 멀면 본국과 통하지 않고 크게 될 나라로 가기 어렵습니다. 또한 곤란한 처지에 간다면 후회가 많습니다. 곤란하고 후회만 많을 뿐 돌아올 희망은 없습니다. 적나라가 좋을 듯합니다. 적은 우리 진과 가깝고 서로 교통하지 않습니다. 또한 우매해 진晉과 원한을 쌓은 바가 많고 떠나면 쉽게 닿을 수 있습니다. 서로 통하지 않으니 숨기 좋고 진나라와 원한이 많으니 그들과 고락을 나누며 진과 제후들의 형세를 살피다보면 일을 이룰 수도 있습니다."

중국은 중원을 중심으로 동서남북 이민족을 모두 오랑캐로 여겨 동이東夷, 서융西戎, 남만南蠻, 북적北狄이라고 불렀다. 적나라는 진나라 북쪽의 이민족이다. 그곳은 중이 어머니의 모국이니 어느 나라보다 안전하다고 생각했을 것이다. 이렇게 중이는 적나라 땅으로 달아났다. 당시 중이의 나이 42세였다. 수행한 5명과 이름이 안 알려진 수십 명이 동행했다.

1년 동안이나 버틴 이오도 도주 계획을 세웠다. 이오도 어머니의 나라 적나라로 달아나려고 했다. 그때 기예冀芮가 말했다.

"안 됩니다. 중이가 이미 그곳에 있는데 지금 간다면 진나라가 적나라를 분명히 칠 것입니다. 적은 진나라를 두려워하므로 그 화가 우리에게 미칠 것입니다. 양寨나라로 도망가는 것이 나을 것입니다. 양나라는 진秦나라와 가깝고 진나라는 강합니다. 우리 군주가 죽으면 그들에게 당신의 귀국을 요청할 수 있을 것입니다."

그 말을 듣고 이오는 양나라로 달아났다.

헌공은 병환이 위중해 순식에게 말했다.

"내가 해제에게 뒤를 이으려고 하는데 나이가 어려 여러 대신들이 복종하지 않고 난을 일으킬까 두렵소. 그대가 추대할 수 있겠소?"

이에 순식이 "할 수 있습니다."라고 답하자 헌공은 "그것을 어떻게 입증할 수 있겠소?"라고 물었다. 순식은 "죽었다가 살아나셔도 산 자로서 부끄럽지 않게 할 것임을 보증합니다."라고 답했다. 이에 해제를 순식에게 부탁했다. 순식은 재상이 되어 국정을 주관했다. 헌공이 세상을 떠나자 이극과 비정邳鄭은 중이를 맞기 위해 세 공자의 무리들에게 의지해 난을 일으키고 순식에게 말했다.

"세 공자(신생, 중이, 이오)를 따르던 무리들이 장차 난을 일으키려고 하고 진秦나라와 진晉나라 사람들이 도우려고 합니다. 그대는 앞으로 어찌할 생각이십니까?"

이에 순식은 "나는 선왕의 유언을 어길 수 없다!"라고 말했다.

헌공의 장례식장에서 이극이 해제를 살해하는 사건이 일어났다. 헌공을 아직 안장하지도 않았는데 말이다. 순식이 따라 죽으려고 하자 누군가가 해제의 동생 도자를 세워 그를 돕는 것이 낫지 않겠는지 물었다. 이에 순식이 도자를 세우고 헌공을 안장했다. 또다시 이극이 도자를 시해하자 순식은 그를 따라 죽었다. 이극 등이 해제와 도자를 죽이고 사람을 적나라에 보내 공자 중이를 맞아 그를 왕으로 세우고자 했다. 중이는 사양하며 말했다.

"아버지의 명을 어기고 도망쳤고 아버지께서 돌아가셨는데도 자식의 예로 장례조차 모시지 못했는데 나 중이가 어찌 감히 나라로 들어가겠소? 대부들은 다른 공자를 추대하시오."

사자가 돌아와 이극에게 보고하자 이극은 양나라에 가 있던 이오에게 사람을 보내 그를 맞게 했다. 이오가 가려고 하자 여성呂省과 극예郤芮가 말했다.

"안에 세울 만한 공자가 있는데도 굳이 밖에서 구하려는 것은 믿기 어렵습니다. 만약 진秦나라로 가 강대국의 권위를 빌리지 않고 들어간다면 위험할 것입니다."

이에 극예에게 후한 뇌물을 가지고 진秦나라로 가게 하면 "들어갈 수만 있다면 진晉나라의 하서 땅을 진秦나라에게 줄 것입니다."라고 약속했다. 이극에게도 편지를 보내 "정말 자리에 오른다면 분양汾陽 성읍을 그대에게 봉해주겠다."라고 말했다. 이렇게 진秦나라 목공穆公은 즉시 군대를 내어 진나라로 이오를 보냈고 이오는 즉위해 혜공惠公이 되었다. 약 15년 동안 혜공이 진을 다스린 후 죽자 태자 어가 뒤를 이으니 그가 바로 회공懷公이다.

그럼 적나라로 도망친 중이는 그동안 어떻게 지냈을까? 적나라는 구여咎如를 토벌하고 두 여자를 얻어 큰딸은 중이에게 시집보내 백조伯鯈와 숙유叔劉를 낳았다. 중이가 적나라에서 머문 지 5년 만에 진나라 헌공이 죽었다.

혜공 7년, 중이를 두려워해 환관 이제를 시켜 장사들과 함께 중이를 죽이라고 시켰다. 권력은 이렇게 비정한 것이다. 중이가 그 소식을 듣고 조최 등과 상의해 말했다.

"처음 내가 적나라로 달아났으나 적나라가 도와줄 것이라고 기대하진 않았소. 다만 거리가 가까워 쉽게 갈 수 있어 잠시 머물렀을 뿐이오. 이만하면 오래 머물렀으니 큰 나라로 옮기고 싶소. 제환공은 선행을 좋아하고 패왕이 되고 제후들을 돕는 데 뜻이 있소. 관중과 습붕이 죽었다니 지금이야말로 유능한 선비들의 도움을 얻고자 하는데 내가 왜 안 가겠는가?"라고 말하고 제나라로 떠났다.

중이가 그의 아내에게 말했다.

"25년 동안 기다려도 내가 오지 않으면 재가하시오."

그러자 아내는 웃으며 "25년이면 제 무덤의 측백나무도 자라 있을 것이지만 소첩은 당신을 기다릴 것입니다."라고 말했다. 중이는 12년 동안 적나라에서 머문 후 그를 따르는 무리와 함께 제나라로 출발했다. 당시 그의 나이 55세였다. 제나라로 가는 길에 위衛나라를 지나가는데 위나라 문공文公이 무례하게 대했다. 위 문공은 앞으로 중이가 크게 되리라 생각하지 못했을 것이다. 얼마나 대접을 못 받았는지 일행은 식량도 부족했던 모양이다. 그곳을 떠나 오록五鹿을 지나는데 배가 고파 어느 농부에게 음식을 구걸하자 흙을 그릇에 담아 내놓았다.

중이가 노하자 조최가 말했다.

"흙은 땅을 갖게 된다는 것이니 주군께서는 절을 하고 받아야 합니다."

　농부의 입장에서도 난감했을 것이다. 처음 적나라로 도망갈 때 수십 명과 함께 갔다고 했으니 그때도 이 정도 인원은 되었을 것이다. 그러니 수십 명에게 밥을 준다는 것은 보통일이 아니다. 흙을 그릇에 담아 내놓은 것을 보니 농부는 꽤 강단 있었던 인물 같다. 사서에는 이 농부의 이름이 기록되어 있지 않다. 농부의 강단까지야 좋지만 그에게 사람을 알아보는 지인지감知人之鑑이 있었다면 어떻게 되었을까? 훗날 중이가 왕위에 올랐을 때 어떻게든 보상받지 않았을까? 조최의 인물됨이 범상치 않다. '꿈보다 해몽'이라는 말처럼 부정적인 상황을 긍정적인 상황으로 해석하는 능력은 조직 리더에게 중요하다. 어려울 때 절망하지 않고 해결책을 찾아내려면 이런 긍정적인 사고가 필요할 때가 많다.

　제나라에 이르자 제 환공이 후히 예우해 그의 종족 여자(강 씨)를 아내로 주고 말 20승을 주니 편히 지낼 수 있었다. 중이가 제나라에 온 지 2년 후 환공이 죽고 수조堅刁 등이 내란을 일으켜 효공孝公이 즉위하자 여러 번 제후 군대가 쳐들어왔다. 제나라에 머문 지 5년이 흘렀다. 어느덧 60세였다. 이 정도 나이면 열정이나 도전의식은 식고 여생을 즐기고 싶은 것이 인지상정이다. 중이는 제나라에서 얻은 강 씨를 사랑하게 되어 떠날 마음이 사라졌다. 중이는 그렇다 치고 그를 따르는 무리들은 무엇인가? 그들은 본국으로 돌아가 권력을 누리고 싶은 욕구가 남아 있었다.

　조최와 구범이 뽕나무 아래에서 어떻게 처신할지 상의 중이었는데 강 씨의 시종이 뽕나무 위에서 그들의 계획을 엿듣고 강 씨에게 알려주었다. 강 씨는 시종을 죽이고 중이에게 서둘러 떠날 것을 권했지만 중이는 떠날 마음이 없었다. 중이가 말했다.

"사람이 태어나 편하고 즐거우면 누가 다른 것을 알려고 하겠소? 반드시 여기서 죽을 것이니 떠날 수 없소!"

중이에게 야망이 있었다면 아마도 혼란한 제나라를 떠나려고 했을 것이다. 그러나 예순을 바라보는 그는 정말 안락한 삶을 살고 싶었다. 하지만 그를 따르는 사람들의 생각은 달랐다. 모두 진나라에 터전을 둔 명문가 자제들로 속절없이 제나라에서 늙는 것을 견딜 수 없어 몰래 제나라를 떠나기 위해 상의했던 것이다. 중이의 말을 듣고 답답한 마음에 강 씨가 말했다.

"당신은 한 나라의 공자로서 곤궁해 이곳에 오셨지만 저 사람들은 당신에 의해 운명이 결정됩니다. 당신이 빨리 나라로 돌아가 수고스런 신하들에게 보답하지 않고 여색만 마음에 품고 있으니 이 점을 부끄러워해야 한다고 생각합니다. 또한 추구하는 바가 없다면 언제 공을 이루시겠습니까?"

그러고는 조최 등과 상의해 중이를 술에 취하게 만들어 수레에 태워 떠나보냈다.

세상만사 혼자 할 수 있는 일은 없다. 역사에 이름을 남긴 인물들의 주변에는 그들을 자극하고 조언하고 협력하는 조력자들이 있었다. 옆에 어떤 조력자가 있는가에 따라 운명이 바뀐 사람들이 얼마나 많은가? 리더가 조직 구성원들에게 동기를 부여해야 하지만 반대로 리더에게 동기를 부여해줄 사람도 필요하다. 그런 면에서 중이는 행운아였다. 일행이 멀리 떠나고나서야 깨어난 중이는 대노하며 창을 들어 호언을 죽이려고 했다. 호언이 말했다.

"신을 죽여 당신의 뜻을 이루게 하는 것이 저의 바람입니다."

중이는 "일이 성사되지 못하면 내가 외삼촌의 살코기를 먹을 것이오."라고 농담했다. 호언이 달아나며 말했다.

"일이 성공하지 못하면 저 호언의 살은 비릴 것이니 어찌 먹을 수 있으리오."

중이는 할 수 없이 멈추었다. 호언은 외삼촌이자 충복인데 중이가 죽일 리 없었다. 농담을 즐기는 그들은 한바탕 놀이를 벌였을 뿐이다.

그들은 자신의 환국을 도와줄 후원자를 찾아 떠났다. 먼저 가까운 조衛나라에 닿았다. 당시 조나라는 초나라의 영향권 안에 있었다. 애매한 지리적 위치에 약소국이어서 중이를 환국시킬 힘이 없었다. 다만 당시 관례대로 중이 일행은 노자 마련을 위해 들른 것이다. 조나라는 제나라와 초나라 사이에 끼어 편할 날이 없었는데 이렇게 지나가는 빈객들이 반가울 리 없었다. 중이가 나이도 많으니 환국해 집권할 가능성도 낮다고 보았을 것이다. 그래서 대우가 시원치 않았다. 그런데 조나라 공공共公이 예의를 갖추지 않고 중이가 목욕할 때 통갈비뼈를 구경하려고 했다. 다만 조나라 대부 희부기釐負羈의 처는 눈치가 빨랐다. 비록 망명 중이었지만 그녀는 그 무리를 범상치 않게 본 것 같다.

"여보, 내가 진나라 공자를 따르는 사람들을 보니 모두 재상감입니다. 저들이 돕는다면 공자는 반드시 귀국할 것입니다. 귀국하면 제후들의 우두머리가 될 것이고 우두머리가 되어 무례한 자를 정벌하면 우리 조나라가 일순위입니다. 당신은 따로 손을 써야 합니다."

여기까지만 보더라도 여성들이 남성들보다 강단 있고 감각이 뛰어나다는 사실을 알 수 있다. 적나라나 제나라 시절 중이의 부인들이나 지금 희부기의 부인을 보면 여성의 위대함을 엿볼 수 있는데도 여성의 이름은 잘 등장하지 않는다. 'ㅇㅇ의 처', 제희齊姬, 여희驪姬, 제강齊姜으로 부르는데 각각 '제나라 여자', '여나라 여자', '제나라 강 씨'를 가리킨다. 희부기釐負羈는 공공에게 간했다.

"진나라 공자는 어질고 우리와 같은 성씨이고 곤궁해 우리나라를 지나는데 어찌 예의를 갖추지 않습니까?"

공공은 그의 말을 듣지 않고 이렇게 말했다.

"지금 제후국 공자들 중 떠도는 사람이 한둘이오? 망명자들은 모두 무례한데 내가 예의를 다해야 할 이유가 무엇이오?"

희부기는 개인적으로 중이에게 음식을 보내면서 음식 밑에 옥구슬을 넣어 두었다. 여비에 보태라는 성의 표시이자 일종의 보험이었다. 중이는 그의 음식만 받고 옥구슬을 돌려보냈다.

중이가 조나라를 떠나 송나라를 지나게 되었다. 송나라 양공襄公은 당시 얼마 전 초나라에게 대패당하고 홍수泓水에서 부상당한 상태였다. 대부 공손고가 조언했다.

"진나라 공자는 망명 중이지만 인재들을 이끌고 다닙니다. 호언은 그의 스승 격이고 조최는 문재가 있고 충성스럽습니다. 가타는 공족으로 지식이 풍부하고 공경스럽습니다. 공자는 그들을 항상 예로 모시고 있습니다. 현사들을 예로 대하니 보답받을 것입니다. 잘 생각해 대접해야 합니다."

그래서 중이를 국빈 대우했지만 송나라는 중이를 환국시킬 힘이 없었다. 송나라 사마司馬 공손고公孫固가 친한 호언을 불러 말했다.

"송나라는 소국이고 최근 전쟁에서 패해 당신들의 환국을 도울 수 없으니 더 큰 나라를 찾아 떠나시죠."

이에 일행은 즉시 떠났다. 어느 날 그들이 정鄭나라를 지나게 되었는데 정나라 문공文公이 그를 무례하게 대했다. 정나라 숙첨叔瞻이 그의 군주에게 간언했다.

"진나라 공자는 어질고 그를 따르는 사람들 모두 재상감입니다. 게다가 중이는 같은 성씨입니다. 우리 정나라는 여왕厲王에서 나왔고 진나라는 무왕武王에서 나왔습니다."

그러나 문공은 그 말을 듣지 않았다. 문공은 "망명한 공자들 중 이곳을 거쳐간 자들이 많은데 어찌 일일이 예를 갖춘단 말이오?"라고 말했다. 숙첨은 "주군께서 예우하지 않으신다면 차라리 그를 죽여 나라의 화근이 되지 않도록 하는 편이 낫습니다."라고 말했지만 문공은 이 말도 듣지 않았다.

중이는 정나라를 떠나 초楚나라로 갔다. 초나라 성왕成王은 그를 제후의 예로 대했지만 중이는 마다하며 받아들이지 않았다. 조최가 말했다.

"당신이 외국에서 떠돈 지난 10여 년 동안 소국들도 당신을 무시했는데 대국이야 오죽하겠습니까? 지금 초나라는 대국인데도 한사코 당신을 예우하겠다니 당신은 겸양하지 말아야 합니다. 하늘이 당신에게 길을 열어 준 것입니다."

이에 중이는 객의 예로 초나라 성왕을 만났다. 성왕은 중이를 환대했으나 중이는 매우 겸손히 처신했다. 성왕이 중이에게 물었다.

"그대가 귀국하면 나에게 무엇으로 보답하겠소?"

중이가 말했다.

"깃털이 달린 짐승이나 이빨과 뿔이 있는 짐승과 옥과 비단은 군왕에게도 남아도니 제가 어떻게 보답하면 되겠습니까?"

성왕이 말했다.

"그렇더라도 무엇으로든 내게 보답해야 하지 않겠소?"

중이가 이렇게 답했다.

"부득이 넓은 평원과 연못에서 병거와 만나면 제가 왕을 피해 30리씩 3번 총 90리를 물러나겠습니다. 그래도 왕께서 치고자 하신다면 저는 활과 채찍을 들어 군주와 겨루겠습니다."

그 말을 들은 초나라 장수 자옥子玉이 화를 내며 말했다.

"왕께서 진나라 공자를 극진히 환대하셨거늘 지금 중이가 이렇게 불손한 말을 하니 그를 죽이게 해주십시오. 그가 죽지 않고 귀국한다면 반드시 우리 초나라에게 위협이 될 것입니다"

성왕이 말했다.

"안되오. 초나라 군사가 위협받는다면 그것은 나의 부덕 때문이오. 내가 부덕한데 그를 죽인들 무슨 도움이 되겠소. 하늘이 우리 초나라를 보우한다면 누가 우리 초나라를 위협할 것이며 초나라가 하늘의 보우를 받지 못한다면 저 자를 죽인들 저 중원을 호령할 군주가 없을 리 있겠는가? 또한 저 진나라 공자는 민첩하고 문재도 있구려. 진나라 공자는 어질지만 나라 밖에서 곤경에 처한 지 오래고 그를 따르는 사람들 모두 나라의 그릇으로 이것은 하늘이 보우하는 것이니 어떻게 그를 죽일 수 있겠소?"

굴욕을 견디고 마침내 왕위에 오르다

중이가 초나라에 머무는 수개월 사이 진秦나라에 억류되어 있던 진晉나라 태자 어가 본국으로 달아나 버렸다. 어는 혜공의 아들이다. 혜공이 병을 얻자 어는 점점 불안해졌다.

"나는 형제들이 많다. 우리 군주께서 돌아가시면 진은 반드시 나를 억류할 것이고 본국도 나를 버리고 다른 형제를 왕으로 세울 것이 분명하다."

적국에 잡혀 있는 어리고 기죽은 어가 충분히 할 수 있는 생각이었다. 그래서 도망친 것이다. 그러나 어가 본국으로 도망친 것은 춘추시대의 관례에 안 맞는 사건이었다. 인질교환은 엄연히 국가 간의 약속이다. 진 목공은 어의 행동에 분노했고 중이가 초나라에 있다는 말을 듣고 그를 불렀다. 초나라 성왕이 말했다.

"초나라는 길이 멀어 다시 여러 나라를 지나가야만 진晉에 도착할 수 있을 것이오. 진秦나라와 진晉나라는 서로 국경이 맞닿아 있고 진秦나라 군주가 어지니 그대는 힘써 노력하시오."

그는 많은 예물을 중이에게 주었다.

중이가 진秦나라에 이르자 진나라 목공穆公은 종실 여자 5명을 중이의 아내로 삼게 했는데 어의 처 회영도 함께 있었다. 그러나 중이는 태자 어의 삼촌이므로 조카의 전처를 받지 않으려고 하니 사공司空 계자季子가 말했다.

"그 나라도 정벌하려는데 하물며 그 전처 정도야 어떻습니까? 잠시 받아들여 진秦나라와 친분을 맺어 귀국해야 하거늘 당신께서는 하찮은 예의에 얽매여 큰 치욕을 잊으실 겁니까?"

결국 그는 회영을 받아들였다. 진 목공이 크게 기뻐하며 중이와 함께 술을 마셨다. 목공이 보기에 중이는 믿을 만한 인물이었다. 큰 계략은 호언이 짰고 접대 장소에서는 조최가 보좌했다. 진 목공은 중이를 진나라 군주로 세우기로 결심했다. 진晉나라 혜공惠公 14년 가을의 일이었다.

같은 해 9월, 혜공이 죽자 태자 어가 왕위에 올랐다. 11월 혜공을 안장했다. 12월 진晉나라 대부 난지와 극곡 등이 중이가 진秦나라에 있다는 말을 듣고 몰래 찾아와 중이와 조최 등에게 돌아올 것을 권하자 내응하는 자들이 매우 많았다. 이에 진나라 목공은 군사를 내어 중이가 진나라로 돌아가는 것을 도와주었다. 중이는 나라를 떠나 망명한 지 19년 만에 귀국했는데 그의 나이 62세였다. 진나라 사람 대부분이 그를 따랐다. 이렇게 왕위에 오른 문공이 나라를 다스리는 실력은 어땠을까? 인재를 어떻게 판별해 등용하고 활용했을까? 「사기」 〈초세가〉에서는 문공의 정치를 다음의 한 줄로 표현했다.

'문공은 정치를 잘하고 백성들에게 은혜를 베풀었다'

문공은 정확히 9년 동안 통치하며 진(晉)나라를 춘추전국시대의 최강국으로 만들었다. 그 비결은 사람이었다. 문공 사후에도 진나라가 패권국 지위를 잃지 않은 것은 수많은 인재들 덕분에 가능했다. 문공이 인재를 보는 기준은 무엇이었을까? 문공은 즉위 후 자신을 따르는 유랑자들과 공신들에게 상을 내렸다. 큰 공신에게는 봉읍을 3번 내리고 작은 공신에게는 직위를 올려주었다. 그러나 논공행상은 아무리 잘해도 불만이 있는 법이다. 함께 망명생활을 했던 도숙호가 구범을 보고 불만을 토로했다.

"제가 문공을 따라 망명한 지 어언 13년, 그동안 고생으로 얼굴은 검을 대로 검어졌고 손발은 모두 부르터 딱지가 떨어졌소. 그런데 임금이 돌아와 3가지 등급의 상을 베풀면서도 제게는 미치지 않으니 임금이 나를 잊은 것은 아닐런지요? 그렇지 않다면 내게 큰 잘못이 있었거나. 그대는 시험 삼아 나의 말을 임금에게 해주실 수 없겠소?"

부탁대로 구범이 도숙호의 말을 임금에게 전하자 문공이 말했다.

"아! 어찌 그를 잊겠소? 내가 상을 내리는 기준은 이렇다오. 명석하고 어질며 덕행이 있고 성실하며 나를 도에 탐닉하게 해주며 나를 인(仁)으로 설득하고 나의 잘못을 드러내 씻어주며 나의 이름을 밝혀주어 나를 인간으로 만들어준 자, 나는 이런 자에게 최고 상을 준다오. 그리고 예禮로 나의 잘못을 예방해주며 나를 마땅한 이치로 간해주고 나의 울타리가 되어 내가 죄를 짓지 않도록 이끌어주며 자주 나를 이끌고 어진 이의 문을 찾도록 하는 자, 나는 이런 자에게 차상을 준다오. 또한 용감하고 장대해 나를 엄호하고 방어하되 어려움에 처하면 자신이 나서 그 뒤에 막아서고 나를 환란으로부터 구해주는 자, 이런 자에게 그 다음 상을 베푼다오. 그대는 홀로 듣지 못했소? 죽은 자는 아무리 귀해도 살아 있는 자만 못하고 도망한 자는 아무리 똑똑해도 남아서 나라를 지킨 자보다 못하다고 했소. 내가 3가지 등급으로 상을 내릴 때 힘쓰고 고통 받은 선비가 최저 등급 상을 받았지만 그 노고지사勞苦之士 중에는 그 자가 가장 높았소. 내 어찌 그를 잊겠소?"³

논공행상의 기준을 보면 인재를 등용하고 활용하는 방법을 미루어 짐작할 수 있다. 문공은 이런 식으로 인재를 구해 활용했기 때문에 춘추전국시대의 두 번째 패자霸者가 될 수 있었다. 그럼 중이, 즉 진 문공에게는 어떤 특징들이 있었을까? 앞의 이야기를 더듬어보면 그가 기나긴 고난의 망명생활을 마치고 왕이 될 수 있었던 덕목을 찾을 수 있다. 중이뿐만 아니라 당시 사서에 기록한 훌륭한 리더들은 비슷한 덕목이 있었다. 그들이 지닌 훌륭한 덕목은 '인忍 · 인認 · 인人' 3가지였다.

성공한 리더에게는 3인이 있다

첫째는 인忍이다. 참고 견디며 때를 기다리는 능력이다. 목표에 대한 간절함이 있어야만 기다릴 수 있다. 간절한 사람은 무작정 기다리지 않고 미래를 준비한다. 그렇다고 모든 계획과 준비가 생각대로 순탄하게 진행되는 것은 아니다. 잘못도 있고 실수도 있다. 그래서 자신을 되돌아보는 반성이 필요하다. 때로는 멸시와 무시도 당한다. 회복 불능의 절망에 빠질 수도 있다. 감당할 수 없을 만큼 힘든 상황, 너무 힘들어 한 발짝도 나가기 힘든 상황 그래서 모든 것을 포기하고 싶은 유혹이 아른거릴 때 그것을 이겨내는 능력이 훌륭한 리더에게 있었다. 결국 굽힌 무릎을 펴고 몸을 일으켰다.

중이는 여희에 의해 쫓겨났다. 그 과정에서 죽음의 위기도 있었다. 타국을 떠돌며 치욕을 당한 적도 한두 번이 아니었다. 음식 구걸도 했다. 나이는 들고 돌아갈 희망도 보이지 않았다. 그래서 모든 것을 포기하고 안락한 삶에 빠져들기도 했다. 유혹은 항상 달콤하지만 그는 포기하지 않고 때를 기다렸다. 꾸준히 기회를 엿보고 가능한 것부터 하나씩 진행했다.

춘추전국시대에는 역경을 이기고 승리한 리더들이 많다. 진나라의 전국 통일 기반을 닦은 범저는 누명을 쓰고 갈비뼈와 이가 부러진 채 멍석에 싸여 뒷간에 버려졌다. 그곳에서 술취한 사람들의 오줌을 맞아가며 버텨냈다. 월 구천왕은 오나라 왕 부차의 수레를 끌고 그의 대변을 맛보는 굴욕 끝에 복수에 성공했다. 고난의 정도와 형태가 다르고 그들이 이루려는 목표도 달랐지만 결국 그들이 얻은 것은 부와 명예, 권력이었다. 그리고 사서에 이름을 올렸다.

둘째는 인認이다. 세상을 만들어가는 지혜다. 참고 견디기만 한다고 리더가 될 수 없을 뿐만 아니라 역사에 이름을 남길 성과도 낼 수 없다. 전략을 세우고 세상을 읽는 통찰력이 있어야 한다. 여기에는 직관과 분석력이 필수다. 세상을 읽고 앞일을 미루어 짐작하는 능력이 없다면 매사 주먹구구가 되기 쉽다. 오판으로 무리수를 두거나 지나친 믿음과 낙관으로 일을 망치기도 한다. 훌륭한 리더는 새로운 것을 받아들여 개혁하고 남들이 생각하지 못한 것을 찾아내고 그것을 유리하게 활용하는 능력이 있다. 세상을 읽어내는 능력은 저절로 얻을 수 없다. 경험과 학습과 고뇌가 뒤섞여 화학작용이 일어나야 한다. 중이와 그의 추종자들은 전략과 세상을 읽는 능력이 있었다.

춘추전국시대 초기, 위나라를 부국강병으로 이끈 위문후는 위ㆍ조ㆍ한 삼진三晉: 원래 진나라는 3개 나라로 나뉘었으므로 보통 삼진이라고 부른다이 힘을 합쳐 진秦나라의 동진을 막아야 한다는 분명한 전략이 있었다. 조나라 무령왕은 당시로는 혁신적인 기마부대를 창설해 국력을 키웠다. 리더가 분석과 통찰에 기반한 전략을 수립하고 그것을 수행할 혁신적이고 창의적인 대안을 마련하면 그 나라는 강국으로 성장했다.

셋째는 인人이다. 사람을 얻고 활용하는 능력이다. 이 세상에 혼자 할 수 있는 일은 없다. 역사에 이름을 남긴 리더들의 주변에는 사람이 있었다. 중이는 젊을 때부터 선비를 좋아해 17세 때 이미 조최

趙衰, 호언狐偃, 가타賈佗, 선진先軫, 위무자魏武子 같은 유능한 선비 5명을 주변에 두었다. 혼자였다면 결코 왕위에 오르지 못했을 것이다. 중이는 그들과 협력하거나 활용하거나 권토중래할 수 있었다. 사람을 분별해 쓰는 것이 리더의 능력이다. 「전국책」을 보면 요가姚賈가 진秦 왕에게 말한 대목이 있다.

"태공망은 제나라에서 아내에게 쫓겨난 필부였으며 조가에서 도살장을 했으나 고기 썩는 것도 모를 정도로 멍청해 그곳에서도 자량으로부터 쫓겨났습니다. 그 후 극진에서 품팔이라도 해보려고 했지만 부려주는 자가 아무도 없었습니다. 그런데 문왕만큼은 이를 알아보고 등용해 패자가 될 수 있었습니다. 또한 관중은 비 땅의 장사꾼에 불과했습니다. 남양에서 궁핍한 생활도 해보았고 노나라에서 중죄를 지었지만 겨우 사형을 면했고 환공이 이를 알아보고 등용한 끝에 환공은 춘추오패 중 첫 인물이 된 것입니다.

백리해는 처음 우虞 나라의 거지로 5마리 검은 염소가죽 값에 팔려 나갔습니다. 그러나 진 목공이 이를 알아보고 재상으로 삼아 서융을 제패해 패자가 되었습니다. 또한 진 문공은 중산의 도적의 힘을 빌어 성복싸움에서 대승을 거둘 수 있었습니다. 이 선비 4명은 모두 비천한 출신으로 천하의 놀림거리였지만 명석한 군주에 의해 등용됨으로써 공을 세울 수 있었습니다. 현명한 군주는 출신의 미천 여부를 따지지 않으며 더구나 옛날의 잘못을 듣고 판단하지 않습니다. 자신을 위해 쓸 만한지만 살필 뿐입니다."

이처럼 인재를 등용해 활용하는 능력은 매우 중요하다. 인재를 얻었다면 그들이 소신껏 일할 여건을 만들어주어야 한다. 그러려면 리더는 구성원과 소통하고 그들이 원하는 것을 채워주며 마음껏 일할 동기부여 능력이 필요하다. 지적능력보다 타인을 이해하고 공감할 줄 아는 감성 지능을 강조하는 이유다.

당신은 3인忍·認·人이 있는가? 자신 있게 말한다면 이미 성공했거나 곧 성공할 사람이다. 3인은 학습 가능한 능력일까? 아니면 타고나야 할까? 답은 이 책 안에 들어 있다. 이제 춘추전국시대 리더들이 3가지 인을 어떻게 손에 넣고 활용했는지 역사의 숲길로 들어가 보자.

1장

인忍

몸을
일으키는
능력

1. 간절함과 절박함

🌀 시련을 극복하고 뜻을 이룬 범저

위魏나라 사람 범저范雎는 제후들을 찾아 유세해 왕을 섬기려고 했지만 가난해 활동자금을 마련하지 못하자 우선 위나라 중대부 수가須賈를 섬겼다. 범저는 수가가 위나라 소왕의 명을 받아 제齊나라에 사신으로 가게 되어 따라갔다. 그곳에서 수개월 동안 머물렀으나 수가는 제나라로부터 회답을 제대로 받지 못했다. 제나라 양왕은 범저가 변론에 뛰어나다는 말을 듣고 사람을 보내 금 10근, 쇠고기, 술 등을 보냈다. 범저는 거절하며 받지 않았으나 그 사실을 안 수가는 범저가 위나라의 기밀을 제나라에 팔아먹고 그 선물을 받은 것으로 의심하고 격노했다. 수가는 범저로부터 쇠고기와 술만 받고 금은 돌려보냈다.

　그 정도에서 끝났으면 좋았겠지만 위나라로 돌아온 수가는 범저의 일을 재상 위제에게 즉시 보고했다. 위제도 대노해 범저를 처벌할 것을 명했다. 범저는 심한 매를 맞고 갈비뼈와 이빨이 부러져 나갔다. 견디다 못한 그는 마침내 죽은 척 움직이지 않았다. 사인들은 그를 멍석에 둘둘 말아 뒷간에 버려두고 술에 취한 뭇사람들이 번갈아 오줌을 누게 했다. 다시 없는 모욕을 안겨 훗날 국가기밀을 함부로 누설하는 자가 없도록 할 의도였다. 범저는 멍석에 싸인 채 경비에게 이렇게 말했다.

　"당신이 나를 여기서 벗어나게만 해준다면 반드시 후한 사례를 하겠소."

　그래서 경비병은 그 멍석 속의 시체를 내다버리겠다고 말했다. 위제는 술에 취해 이를 허락했다.

　"그리하라."

　범저는 가까스로 죽음에서 벗어날 수 있었다. 그런데 곧 위제가 후회하고 범저를 다시 찾을 것을 지시했지만 범저는 이미 위나라 사람 정안평의 보호를 받아 이름을 장록으로 바꾸고 숨은 후였다.

　그 무렵 진秦나라 소왕이 알자 왕계를 위나라에 사신으로 보냈다. 정안평은 신분을 속이고 왕계의 하인으로 들어갔는데 때마침 왕계가 이렇게 물었다.

　"혹시 우리 진나라로 데려갈 훌륭한 인물이 위나라에 없소?"

　정안평은 속으로 쾌재를 부르며 이렇게 말했다.

"저의 마을에 장록 선생이 계십니다. 때마침 당신을 뵙고 천하대세에 대해 말씀드리고 싶답니다. 그러나 그에게는 원수가 있어 낮에는 돌아다닐 수 없습니다."

왕계가 말했다.

"그럼 밤에 함께 와 주시오."

그날 밤 정안평은 장록과 함께 왕계를 만났다. 이야기가 모두 끝나기도 전에 왕계는 범저의 훌륭한 재능을 알아차렸다.

"선생은 나를 삼정 남쪽에서 기다려주시오."

왕계는 범저와 이렇게 은밀히 약속하고 헤어졌다. 왕계는 위나라를 하직하고 가는 길에 삼정 남쪽에서 수레에 범저를 태우고 진나라로 들어갔다. 일행이 호 땅에 이르자 서쪽에서 수레와 기마대가 다가오는 것이 보였다. 범저가 왕계에게 물었다.

"저기 오는 사람이 누구입니까?"

왕계가 설명해 주었다.

"진나라 재상 양후가 동쪽 고을들을 순시하고 있습니다."

범저가 말했다.

"제가 듣기로 양후는 진나라 정권을 마음대로 휘두르며 제후들 나라의 세객들이 국내에 들어오는 것을 꺼린다던데 아마도 나를 보면 욕보일 것입니다. 차라리 수레 안에 잠시 숨어 있겠습니다."

잠시 후 과연 양후가 다가와 수레를 멈추고 수고를 위로하며 말했다.

"관동에 무슨 변화라도 있소?"

왕계가 답했다.

"없습니다."

양후가 다시 물었다.

"혹시 제후의 세객 따위를 데려오진 않았겠지요? 그런 자들은 아무 쓸모없는 자들로 남의 나라를 어지럽힐 뿐이오."

왕계가 속이며 말했다.

"감히 그럴 리 있겠습니까?"

그러자 양후는 그대로 돌아가버렸다. 범저는 이렇게 말했다.

"양후는 지모 있는 사람이라고 들었는데 뜻밖에 소홀한 점이 있군요. 아까 수레 안에 사람이 숨어 있는지 의심하면서도 막상 뒤져보는 것을 잊고 가버렸습니다."

범저는 수레에서 뛰어내려 달아나며 말했다.

"뒤져보기 위해 틀림없이 다시 올 것입니다."

10리쯤 갔을 때 과연 양후의 명령을 받은 기마병이 되돌아와 수레 속을 뒤졌다. 그러나 아무도 안 보이자 돌아가버렸다. 왕계는 드디어 범저를 동반하고 진나라 수도 함양으로 들어가 진나라 왕에게 사신으로 다녀온 일을 보고하며 말했다.

"위나라에 장록 선생이라는 인물이 있는데 천하의 변사입니다. 그의 말이 '진나라는 계란을 쌓아 놓은 것처럼 위기를 맞고 있으나 내 의견을 받아들이면 무사할 수 있을 것이오. 그러나 그것은 글로 전할 수 없소'라고 말해 데려왔습니다."

그러나 진나라 왕은 믿지 않았다. 숙사를 정해주었지만 하찮게 대우할 뿐이었다. 범저는 진나라 왕으로부터 연락이 오기만 1년 남짓 기다렸다. 당시 소왕이 즉위한 지 36년째였다. 그동안 소왕은 남쪽으로 초나라의 언과 도읍 영을 공격해 함락시키고 초나라 회왕을 진나라에 억류해 객사시켰으며 동쪽으로는 제나라를 공격해 점령했다.

한편 진나라는 자주 삼진(위·한·조)으로부터 시달린 적이 있어 그곳 출신 유세가들의 말을 믿지 않고 싫어했다. 양후와 화양군은 소왕의 어머니 선태후의 아우였고 경양군과 고릉군은 소왕의 동생이었다. 양후는 재상이 되었고 나머지 3명은 번갈아 장군이 되어 봉읍을 받았으며 그들의 개인 재물은 왕실의 재력을 능가할 정도였다.

그 무렵 양후가 진나라 장군이 되자 곧 한나라와 위나라를 넘어 제나라 강수까지 치려고 했다. 그것은 자신의 봉읍인 도 땅을 넓힐 욕심이었다. 그런 상황에서 진소왕의 속내는 어땠을까? 왕권을 위협받을 때 범저는 소왕에게 글을 올렸다. 내용은 두 가지였다. 첫째, 명군이 정치하면 유능하고 공로가 커 관직과 봉록을 받으며 무능한 자는 관직에 오르지 못한다. 둘째, 인재등용에 관한 것으로 왕은 나라를 번창시킬 인재를 온 천하에서 찾아야 한다. 범저의 편지는 도전적인 질문으로 시작한다.

"저를 내버려두신 것은 신이 어리석어 마음에 들지 않기 때문입니까? 아니면 신을 천거한 사람의 지위가 낮아 신의 말을 들을 필요조차 없다고 생각하시는 겁니까? 만약 어느 쪽도 아니라면 구경을 다니시고 남은 여가에 대왕을 뵐 영광을 주시기 바랍니다. 그때 신이 드리는 말씀에 한 마디라도 쓸모없는 것이 있다면 삼가 대왕의 처형을 달게 받겠습니다."

이에 진나라 소왕은 크게 기뻐하며 왕계에게 용서부터 구하고 수레를 보내 범저를 불러왔다. 궁중으로 범저를 청해 들여 사과했다.

"과인은 선생을 진작 만나 가르침을 받아야 했소. 때마침 의거 나라와 문제가 긴박해 조석으로 태후의 지시를 받아야 해 바쁜 나날을 보냈소. 그 문제도 그럭저럭 마무리되었으니 선생의 가르침을 받을 수 있게 되었소. 과인 스스로 어리석음을 민망하게 여기고 있소. 그럼 삼가 주인과 손의 예로 가르침을 받겠소."

그러나 범저는 이를 사양했다.

그 날 범저가 소왕과 만나는 광경을 본 신하들은 모두 숙연히 낯빛을 바꾸었다. 진나라 소왕은 좌우를 물리치고 단 둘이 되자 무릎을 꿇어 간청했다. 이 정도면 소왕도 보통이 아니다. 그만큼 간절하고 절박했기 때문일 것이다.

"선생은 과인에게 무엇을 가르쳐 주시겠소?"

그러자 범저는 이렇게 대답할 뿐이었다.

"예, 예."

잠시 후 진나라 왕이 다시 무릎을 꿇고 물었다.

"선생께서는 과인에게 무엇을 가르쳐 주시겠소?"

범저는 여전히 대답만 할 뿐이었다.

"예, 예."

이런 일이 세 번이나 거듭되자 진나라 왕은 무릎을 꿇은 채 말했다.

"선생께서는 끝내 과인에게 가르침을 주지 않으려는 것이오?"

그제야 범저가 입을 열었다. 하지만 범저가 빙빙 돌려 말하자 소왕은 무릎을 꿇은 채 사정했다.

"선생께서는 어찌 그런 말씀을 하시오? 우리 진나라는 멀리 떨어져 있고 과인은 어리석고 똑똑하지 못한 사람입니다. 그런데 선생께서 욕됨을 무릅쓰고 와주셨으니 이는 하늘이 과인으로 하여금 선생의 도움을 받아 선왕의 종묘를 이어갈 수 있도록 한 것입니다. 과인이 선생의 가르침을 받게 된 것은 하늘이 우리 선왕을 위해 그 고아인 과인을 버리지 않았기 때문입니다. 그런데 선생께서는 어떻게 그런 말씀을 하십니까? 앞으로는 대소사를 안 가리고 위로는 태후에 관한 일부터 아래로는 대신에 관한 일까지 모든 것을 가르쳐 주시고 과인을 의심하지 말아 주시오."

이 말에 범저가 절을 하자 진왕도 절로써 예를 갖추었다. 그때 범저는 원교근공책[1]과 왕권강화를 위한 내정개혁을 말했다. 그리하여 진나라 소왕은 범저를 객경에 임명하고 군사에 관한 일을 상의하게 되었다. 마침내 소왕은 범저의 계책을 받아들였다.

☯ 편할 것인가, 변할 것인가

'참고 견뎌라', '고진감래', '인내는 쓰고 열매는 달다'라는 격언은 너무 많이 들어 별 감동이 없을 것이다. 모두 아는 이야기를 다시 꺼내려니 너무 진부한 주제라는 생각이다. 그런데 우리가 많이 들었다는 것은 그만큼 중요하다는 뜻이 아닐까? 감동이 없다고 가치가 없는 것일까? 아니다. 너무 흔히 듣다보니 공기나 물처럼 그 소중함을 잊고 사는 것은 아닐까?

춘추전국시대의 리더들을 살펴보면 그 자리에 쉽게 오른 인물은 단 한 명도 없다. 물론 훌륭한 가문에서 태어나 쉽게 자리를 물려받은 사람도 있지만 그들도 수많은 경쟁자를 물리쳐야 했고 그 자리를 유지하기 위해 노력했다. 자리만 높다고 리더가 된 것이 아니다. 역사는 무슨 일을 했는가로 기억한다. 그런 의미에서 적어도 사서에 이름을 올리려면 참고 견디며 준비하는 시간을 보내야 했다. 인忍은 리더가 자신의 몸을 일으키는 가장 기본적인 능력이었다. 「설원說苑」에 등장하는 이야기를 살펴보자.

양구거가 안자晏子에게 말했다.

"저는 죽어도 선생님께 미치지 못할 것 같습니다"

그러자 안자가 말했다.

"나는 일하는 자는 항상 성공했고 걷는 자는 틀림없이 도착한다고 들었습니다. 나는 보통사람과 다른 것이 아무 것도 없소. 다만 항상 일하되 포기하지 않았고 항상 걷되 쉬지 않았을 뿐이오. 그것 때문에 나를 넘어서지 못할 뿐인 것 같소!"

영월은 중모 땅 가난한 시골 출신이었다. 농사짓는 고생이 싫었던 그는 친구에게 말했다.

"이 고생을 어떻게 면할 수 있겠는가?"

그러자 친구가 일러주었다.

"공부 외에는 다른 방법이 없다. 20년 후를 기약하고 공부하면 뭔가 이루겠지!"

그러자 영월은 자신감을 보였다.

"좋다! 나는 15년 후를 기약하고 남들이 쉴 때 쉬지 않으며 남들이 잠 잘 때 일어나 해보리라!"

과연 그는 13년 동안 공부해 주周 위공威公이 그를 스승으로 삼을 정도 가 되었다. 뛰는 자가 빠르다지만 2리도 못가 멈추어야 하고 걷는 자가 느리다지만 1백리를 가서야 쉰다. 지금 영월 같은 재주로도 오랫동안 쉬 지 않고 노력해 마침내 제후의 스승이 되었으니 이 어찌 맞는 말이 아니 리오.

영월과 같은 사례는 사서에서 얼마든지 찾아볼 수 있다.

전한前漢시대 광형은 공부할 때 집이 가난해 촛불을 켤 수 없어 벽을 뚫고 이웃집 불빛으로 독서하고 책이 없어 책이 많은 사람과 친하게 지 내며 그 책을 빌려 읽고 큰 선비가 되었다. 역시 전한前漢 때 매신買臣은 집이 너무 가난해 나무를 베 생계를 유지하면서도 책을 읽자 부인은 말 리다 못해 집을 나가버렸다. 훗날 매신은 무제武帝에게 「춘추春秋」와 「초사 楚辭」 등을 강론해 회계태수會稽太守가 되었다. 매신이 부임하는 길에 오나 라에서 옛 부인과 그 남편을 발견하고 관청에서 숙식하게 했지만 옛 부 인은 자살했다.

공자孔子가 진陣·채蔡의 국경 근처에서 재난을 당해 식량마저 떨어져 제자들이 배를 곯을 때였다. 그런데도 공자는 두 기둥 사이에서 노래를 부르고 있었다. 이에 자로子路가 들어가 불평을 털어놓았다.

"선생님께서는 이 지경에도 노래를 부르시니 그것도 예禮입니까?"

공자는 대답도 없이 노래를 모두 마치고 말했다.

"유由야! 군자가 음악을 좋아하는 것은 교만을 덜기 위함이며 소인이 음악을 좋아하는 것은 두려움을 없애기 위함이다. 이런 깊은 뜻을 누가 알겠느냐? 너조차 나를 알지 못하면서 나를 따라다녀 무엇을 배우겠느냐?"

자로는 그래도 즐겁지 않아 방패를 들고 춤추다가 세 곡이 끝나자 나가버렸다. 그 후로 7일 동안 공자는 음악을 멈추지 않았다. 그러자 자로가 다시 원망감에 공자를 뵙고 "선생님의 연주는 지금 때가 맞는 것입니까?"라고 불평했다.

이번에도 공자는 대답하지 않더니 음악이 끝나자 이렇게 말했다.

"유야! 옛날 제환공은 거에서 곤액을 치를 때 비로소 패자가 될 생각을 했고 구천은 회계산으로 쫓겨갔을 때 패자를 꿈꾸었으며 진문공은 여 씨의 핍박을 받을 때 패자가 되기로 결심했다. 유폐를 당해보지 않으면 생각이 원대하지 못하고 몸이 제약을 받아보지 않으면 지혜가 넓어지지 않는다. 어찌 너는 지혜롭다면서 이 때를 찾아내지 못하고 불우하다고 여기느냐?"

그러고는 일어섰다.

이튿날 그 곤액에서 풀려나게 되었다. 자공이 수레 고삐를 잡아

몰면서 "친구들이여! 선생님을 따르다가 이런 곤경에 빠졌으니 어찌 잊을 수 있으리오!"라고 말했다. 그러자 공자가 말했다.

"그것이 무슨 말이냐? 속담에 이르지 않았느냐? '세 번 팔을 꺾어봐야 양의良醫가 된다.' 무릇 진나라와 채나라 국경의 일은 나에게 큰 다행이었다. 그렇다면 너희도 나를 따랐으니 모두 행복한 사람들이다. 남의 임금이 된 자가 곤경에 처해보지 않으면 왕도를 이룰 수 없고 선비로서 곤액을 겪어보지 않으면 이름을 올릴 수 없다고 들었다. 옛날 탕湯은 여 땅에서 곤액을 당했고 문왕은 유리에 유폐당했으며 진 목공은 효산에서 곤액을 당했고 제환공은 장작에서 곤액을 당했으며 구천은 회계까지 쫓겨갔고 진 문공은 여희의 핍박을 받았다. 따라서 곤액이 도를 낳는 것은 찬 것이 따뜻한 것을 낳고 따뜻한 것이 찬 것을 낳는 이치와 같다. 현자만 이것을 알며 말로 표현하기 어렵다. 역易에 '곤은 형통하고 곧게만 한다면 대인에게는 길해 허물이 없으리라. 그러나 말해주어도 믿어주지 않는다.'라고 했으니 바로 성인이 남에게 일러주고 싶어도 설명할 방법이 없음을 말한 것이니 정말 맞는 말이로다."[2]

공자는 제자들에게 어려움을 알아야만 성공할 수 있다는 사실을 설명하면서 현자만 알 수 있다고 덧붙였다. 이 사실을 말해주고 싶어도 믿으려고 하지 않으니 말로 표현하기 어렵다고도 했다. 보통사람들은 정말 이 사실을 모를까? 나는 안다고 생각한다. 다만 견디지 못할 뿐이다. 포기하면 편하기 때문이다.

인간은 편하고 싶은 본능이 있다. 한자 편할 편便자는 변소 변자,

대소변 변자로도 읽을 수 있다. 왜일까? 정확한 이유는 따로 있겠지만 나는 이렇게 생각했다. 사람이 인생을 너무 편히 마음대로 살면 나중에 똥 같은 존재가 된다는 뜻 아닐까? 10대 때 인생을 편히 살면 20대 때 똥이 된다. 20대 때 인생을 편히 살면 30대 때 똥 같은 존재가 된다. 평생 편히 살면 나이를 먹어도 똥처럼 가치 없는 존재가 된다. 똥도 귀하다고 생각하는 사람이 있을 것이다. 맞다. 거름의 역할은 나름대로 소중하다. 거름이 있어야만 아름다운 꽃을 피울 수 있기 때문이다.

그렇다고 똥이 되고 싶은 사람이 있을까? 100명 중 100명 모두 꽃이 되고 싶지 똥이 되고 싶은 사람은 없다. 내가 꽃 같은 존재가 되어 거름 역할을 할 때 그것이 보람 있고 가치가 있고 뜻 있는 일이다. 인생을 엉망으로 살아 결국 똥 같은 존재밖에 안되어 어쩔 수 없는 거름 역할이라면 무슨 의미가 있단 말인가? 진짜 똥은 거름 역할이라도 하지만 인간이 똥이 되면 거름 역할도 못한다. 오히려 없어도 되는, 쓸모없는 인간이 될 뿐이다. 인간은 꽃과 같은 존재가 되어야만 거름 역할도 가능하다.

그래서 우리는 변(變)해야 한다. 변할 변자 위의 글자(龻)는 실이나 말이 헝클어진듯 사물이 뒤섞인 모양이다. 아래 글자(攵)는 '회초리로 치다'라는 뜻이다. 실이 엉킨 것처럼 엉망인 상태를 회초리로 때려 바로잡는 것, 이것이 변하는 것이다. 즉 변한다는 것은 회초리로 맞는 고통이 따른다는 뜻이다. 고통을 견디는 자와 포기하는 자는 각자 가는 길이 다르고 결과도 다르다.

주인공으로 살고 싶은가? 엑스트라로 살고 싶은가? 대부분 주인공으로 살고 싶어 한다. 영화나 드라마를 보라. 일단 엑스트라들은 잘 죽는다. 칼에 살짝만 스쳐도 죽어야 한다. 분명히 안 맞은 것 같은데 10미터나 날아가 죽어야 한다. 그러나 주인공은 절대로 죽지 않는다. 총에 맞아도 칼에 찔려도 절벽에서 떨어져도 산다. 분명히 죽었다고 생각했는데 다음 회를 보면 멀쩡히 살아 있다.

이것은 무엇을 의미하는가? 총에 맞는 고통, 칼에 찔리는 아픔, 절벽에서 떨어지는 절망감을 이겨내야만 주인공이 된다는 뜻이다. 어려움이 닥치면 넘어져 일어나지 못하고 자존심 상한다고 포기한다면 인생에서 결코 주인공이 될 수 없다. 이름을 사서에 남기기는커녕 아무도 기억해주지 않는다.

⬡ 걱정이 없으면 성공도 없다

진소왕이나 범저는 신분이나 상황은 달랐지만 공통점이 있었다. 상황이 간절하고 절박했다. 간절함과 절박함의 바탕에는 불안감이 있다. 불안감은 강한 동기를 부여하는 긍정적인 면이 있다. 그럼 범저와 진소왕은 무엇이 간절하고 절박했을까? 무엇이 그들을 불안하게 했을까?

먼저 범저를 보자. 그는 가난했다. 그래서 성공이 간절했다. 아울러 자신을 모함해 죽이려던 수가와 왕제에게 복수하고 싶은 마음도 컸을 것이다. 합종설로 6개 나라의 재상이 된 소진은 이렇게 말했다.

"도대체 선비로서 머리를 숙여가며 학문을 하고도 벼슬과 영화를 얻을 수 없다면 아무리 많은 책을 읽은들 무슨 소용이 있는가?"

"이 한 몸 부귀하면 친척도 우러러 보지만 비천해지면 업신여기는데 하물며 남이라면 어떻겠는가!"

당시 성공이 선비들에게 얼마나 간절했는지 엿볼 수 있는 대목이다. 범저는 억울한 누명을 쓰고 죽을 위기에 처했다. 당신이 그런 처지라고 가정해보자. 세상 부조리와 자신의 박복함을 한탄하며 자포자기할 것인가 아니면 그 위기에서 벗어나 다음 기회를 엿보겠는가? 역사에 이름을 남긴 리더들은 그런 순간 절대로 포기하지 않았다. 쉽게 포기하지도 타협하지도 않았다.

절박함은 꿈이 있어 생긴다. 생각해보라. 이룰 목표가 없는데 간절하고 절박할 이유가 있겠는가? 꿈이 있는 사람에게만 그것을 달성하지 못할 것 같은 불안감과 실패하면 안 된다는 절박함이 있다. 멸시당하지 않으려는 욕구, 남들보다 뒤처질지도 모른다는 불안, 아직 부족하다는 결핍, 아직 완전하지 않다는 초조감이 성공 지렛대 역할을 하는 것이다.

진소왕의 절박함과 간절함은 무엇이었을까? 그는 무엇이 불안했을까? 진소왕이 불안했던 이유는 외삼촌 양후 때문이었다. 범저가 진소왕을 설득하는 장면 중에 이런 대목이 있다.

양후는 대왕의 중요한 권력을 장악해 마음대로 사신을 보내 제후들을 다루고 천하의 땅을 나누어 사람을 봉하고 적을 무찌르고 나라를 치는 등 진나라 국사를 전횡하고 있습니다. 싸움에서 이기면 그 이익을 자신의 봉읍인 도 땅 소유로 만들고 싸움에서 패하면 백성들을 원망하며 다른 나라에 그 화를 돌립니다.

지금 진나라에서는 지방 수령을 비롯한 모든 높은 벼슬아치부터 왕 좌우의 신하들까지 상국 양후의 측근이 아닌 자가 없습니다. 신이 보건대 대왕께서는 조정에서 철저히 고립되어 있습니다. 신은 만세 후 진나라를 통치할 사람이 대왕의 자손이 아닐 수도 있음을 두려워합니다.

양후는 소왕의 외삼촌으로서 권력을 장악하고 마음대로 사신을 보내 제후들을 다루고 천하의 땅을 나누어 사람을 봉하고 적을 무찌르고 나라를 치는 등 진나라 국사를 제멋대로 전횡하고 있었다. 외교권과 인사권을 주무르며 왕보다 큰 권력을 갖고 있으니 소왕은 권력을 잃을지도 모른다는 불안감과 함께 왕권강화가 절실했다. 가진 것을 잃을지도 모른다는 현재의 불안감은 절박함으로 바뀌고 사람에게 행동 변화를 유도하거나 위험을 무릅쓰게 만든다.

마음이 편한 사람은 아무 것도 성취할 수 없다. 늦잠이나 자고 할 일이 있어도 잠이 잘 오고 상황을 항상 안이하게 해석해 '설마 어떻게 되겠지?'라고 안주한다. 스트레스가 없으니 마음은 편할지 모르지만 할 수 있는 일은 아무 것도 없다. 역사에 이름을 남긴 리더들은 그렇지 않았다. 항상 결핍에 시달렸고 수모를 당해도 오뚝이처럼 일어나 꿈을 향해 끊임없이 전진했다. 불안과 두려움으로 인한 절박감은 강력한 동기가 되었다.

심리학자 줄리 K. 노럼(Julie K. Norem)은 자신의 저서 「걱정 많은 사람이 잘되는 이유」에서 비관적 사고방식의 긍정적인 효과를 다루었다. 그는 걱정이 많은 사람들을 '방어적 비관주의자'라고 불렀는데 그들은 항상 최악의 경우를 상정하고 불안감을 느끼며 잘못될 가능성이 있는 모든 상황을 상상한다. 그들은 불안감으로부터 동기를 부여받는다. 일단 최악의 경우를 상정하면 그 상황을 피하려는 동기가 생기고 실패하지 않기 위해 구체적인 모든 사항을 치밀히 준비해 자신이 상황을 장악했다는 자신감을 얻는다. 그들의 자신감은 앞으로 겪을 어려움에 대한 무지나 환상에서 솟아나오지 않고 현실적인 평가와 철두철미한 계획에서 나온다. 불리한 상황을 일부러 원하는 사람이 있을까? 그렇지 않을 것이다. 원치 않지만 상황이 사람을 절박함으로 내몰 때가 많다. 결핍이 그렇다. 결핍은 자신의 의지와 상관없이 존재한다.

🏵 결핍이 동기를 부여한다

부족해야만 간절함이 생긴다. 어려움에 처해 절박함을 느껴야만 새로운 해결책을 찾아낸다. 정상적인 상황에서는 도저히 생각해낼 수 없는 아이디어를 생각해내고 불가능한 일을 가능하게 만든다. 선택의 여지가 없을 만큼 절박해야만 필사적이 된다. 소진의 탄식을 기억하는가? 그가 합종설을 내세워 6개 나라에서 동시에 재상이 되어 고향을 지나갈 때 소진의 형제와 아내, 처족들은 제대로 눈도 못 뜨고 고개를 들어 바라보지도 못했다. 그때 소진은 탄식하며 말했다.

"만약 나에게 이 낙양성 밖에 비탈 밭 두어 뙈기만 주었다면 내 어찌 지금 6개 나라 재상의 도장을 차고 다닐 수 있었겠는가!"

이것이 소진의 결핍이었다. 결핍 해결을 위해서도 벼슬은 간절했다. 재산이 있었다면 유력자에게 다리를 놓아 자리를 살 수도 있었지만 그가 가진 것은 아무 것도 없었다. 그런 절박함이 성공을 향한 강한 동기를 부여했다.

심리학자 마빈 아이젠슈타트(Marvin Eisenstadt)는 혁신가, 예술가, 기업가를 인터뷰하며 매우 중요한 사실을 알아냈다.[3] 그들 중 놀랄 만큼 많은 사람들이 어릴 때 부모를 여의었다. 그가 걸출한 리더 573명을 조사한 결과, ¼이 10세 이전에 부모 중 한 명을 잃었다. 34.5%는 15세 때까지, 45%는 20세 때까지 부모 중 한 명을 잃었다. 질병과 사고와 전쟁 때문에 오늘날보다 기대수명이 훨씬 낮았던 20세기 이전에도 그것은 놀라운 수치였다.

아이젠슈타트와 비슷한 시기에 역사학자 루실 이레몽거(Lucille Iremonger)는 19세기 초부터 제2차 세계대전 사이 역대 영국 총리들의 역사를 썼다.[4] 그는 그들이 어떤 배경과 자질로 세계 최강국이던 영국 정계의 정상까지 오를 수 있었는지 궁금했다. 표본집단 총리들 중 67%는 16세 이전에 부모 중 한 명을 잃었다. 그것은 총리를 배출하는 대부분의 영국 상류층에서 같은 기간 부모를 잃은 비율의 2배였다. 미국 대통령들 사이에서도 같은 패턴을 볼 수 있다. 초대 대통령 조지 워싱턴부터 버락 오바마까지 미국 대통령 44명 중 12명이 젊을 때 아버지를 여의었다.

심리학자 딘 사이먼턴(Dean Simonton)은 어릴 때 뛰어난 재능을 보인 아이들이 기대에 부응하지 못하는 것은 '과도한 심리적 건강상태' 때문이라고 진단했다.[5] 편한 마음이 오히려 독이 되었다는 뜻이다. 뛰어난 재능에도 불구하고 기대에 부응하지 못하는 사람들은 '특정한 혁명적 아이디어로 대성공을 거두기에는 너무 전통적이고 순종적이고 상상력이 부족한' 아이들이었다. 재능을 가진 아이나 신동들은 풍족한 지원을 아끼지 않는 가정환경 속에서 탄생할 가능성이 높다 보니 그들에게는 결핍이 없다. '특정한 혁명적 아이디어로 대성공을 거두기에는' 동기가 약할 수밖에 없다. 반대로 놀라운 성과를 만드는 천재는 그보다 불리한 가정환경 속에서 자라는 이상한 경향이 있다고 주장했다. 열악한 가정환경이라는 결핍이 그들에게 동기를 부여한 것이다.

춘추전국시대의 리더들도 결핍이 많았다. 결핍은 고난으로 이어질 가능성이 높다. 자연스럽게 인내심을 기를 수 있었고 새로운 방법을 찾아 나섰고 필사적으로 노력했다. 위에서 살펴본 범저도 결핍투성이었다. 집이 가난해 활동자금을 마음대로 마련하지 못하자 우선 위나라 중대부 수가須賈를 섬겼다. 소진과 비슷하지 않은가?

만약 그가 높은 벼슬을 살 만큼 넉넉했다고 가정해보자. 수가를 섬기며 죽을 뻔한 고초도 당하지 않았을 것이고 진나라로 건너갈 이유도 없었을 것이다. 그는 위나라의 평범한 벼슬아치로 살았을 것이다. 군이 모험할 필요가 없지 않은가? 리더들은 결핍을 열정으로 바꾸었다. 그렇다고 결핍을 일부러 자초할 필요는 없다. 어쩔 수 없이 고난의 수렁에 빠졌을 때 정신까지 수렁에 빠지진 말라는 뜻이다. 어쩌면 그것이 위대함으로 향하는 시작이 될지 누가 알겠는가? 그렇다고 인내하고 기다리면 저절로 기회가 올까? 아니다. 리더들은 두려움과 절박함을 극복하기 위해 자신을 되돌아보고 철저히 미래를 준비했다.

2. 반성과 준비

🌀 반성 없이는 앞으로 나아갈 수 없다

이번 이야기의 주인공은 월越왕 구천이다. 그가 오나라에 맞선 전쟁에서 패하고 절망과 굴욕을 견디며 착실히 준비해 결국 승리하는 모습에서 배워야 할 교훈이 많다. 「사기」와 「춘추전국 이야기」 기록을 참고해 이야기를 풀어가 보자.

먼저 오나라가 월나라를 쳤다. 월왕 구천은 고소에서 오나라 군대를 맞아 승리를 거두고 오왕 합려의 손가락에 상처를 입혔다. 이로써 오나라 군대는 퇴각했으나 그 후 합려는 손가락 상처가 원인이 되어 죽고 말았다. 임종 당시 그는 태자 부차에게 이런 유언을 내렸다.

"너는 구천이 이 아비를 죽인 것을 잊을 수 있겠느냐?"

부차가 대답했다.

"감히 잊지 못하옵니다."

그 날 저녁 합려는 죽었다. 부차는 왕이 되자 백비를 태재로 임명해 군사들에게 싸움과 활쏘기를 가르쳤다. 월왕 구천은 오왕 부차가 밤낮으로 군대를 훈련시켜 월나라에 복수하려고 한다는 소문을 듣고 범려의 반대에도 불구하고 오나라를 공격했다. 오왕은 민첩한 병사들을 선발해 월나라를 쳐 부초산에서 승리했다. 월왕 구천은 패잔병 5천 명을 거느리고 회계산에 들어가 지켰는데 오왕은 그들을 뒤쫓아가 포위했다. 그때 구천이 깊이 탄식하며 말했다.

"여기서 나는 끝나는가?"

그러자 문종이 말했다.

"탕湯이 하대에 억류되었고 문왕文王은 유리에 갇혔으며 진나라 중이는 적나라로 달아났고 제나라 소백은 거나라로 도망쳤지만 훗날 그들은 왕 노릇을 하고 패권을 차지했습니다. 이를 본다면 현재 당신의 처지가 어찌 복이 될 수 없다고 하십니까?"

월왕이 범려에게 물었다.

"그대의 말을 듣지 않아 결국 이 지경에 빠졌으니 어쩌면 좋겠소?"

그러자 범려가 대답했다.

"충만함을 간직하려면 하늘과 함께 하고 기우는 것을 안정시키려면 사람과 함께 해야 하며 사리를 절제하려면 땅과 함께 해야 합니다. 겸허한 말씀과 후한 예물을 준비해 그에게 보내십시오. 만약

이 사람이 허락하지 않으면 왕께서 스스로 볼모가 되어 그를 섬기십시오."

구천은 그 말에 동의하고 대부 문종으로 하여금 오나라 태재 백비에게 후한 뇌물을 보내 강화를 요청했다. 그때 월왕은 문종을 통해 나라를 바치는 동시에 오나라의 신하가 되고 자신의 아내를 첩으로 바치겠다는 뜻을 전했다. 오왕이 이를 허락하려고 하자 오자서가 간했다.

"하늘이 월나라를 우리 오나라에게 주는 것이니 허락하지 마십시오."

문종이 돌아와 구천에게 보고하자 구천은 아내와 자식을 죽이고 보물을 불태우고 죽음으로 맞서 싸우려고 했다. 문종이 구천을 말리며 말했다.

"오나라 태재 백비는 탐욕스러우니 뇌물로 그를 유인할 수 있을 것입니다. 몰래 이것을 알리십시오."

이에 구천은 즉시 문종으로 하여금 미녀와 보물을 가져가 백비에게 바치게 했다. 백비는 뇌물을 받고 대부 문종을 오왕에게 알현하도록 주선했다. 문종은 머리를 조아려 말했다.

"원컨대 대왕께서 구천의 죄를 용서해주시고 저의 보물을 모두 받아주시기 바랍니다. 용서해주지 않으시면 구천은 장차 그의 처자식을 모두 죽이고 보물을 불태우고 5천 명을 모아 싸우려고 할 것이니 반드시 감당하셔야만 합니다."

백비는 이 틈을 타 오왕을 설득했다.

"월나라가 마음속으로 신하가 되었으니 그를 용서해 주시면 우리나라의 이익이 됩니다."

오왕이 허락하려고 하자 오자서가 나아가 간언했다.

"지금 월나라를 멸하지 않는다면 훗날 반드시 후회합니다. 구천은 어진 군주이고 문종과 범려는 훌륭한 신하이니 지금 그들을 월나라로 돌려보내면 난을 일으킬 것입니다."

그러나 오왕은 그의 말을 듣지 않고 태재 백비의 계책에 따라 월나라와 강화를 맺었다. 기사회생한 구천은 약속대로 오나라로 가야만 했다. 떠나기 전 그는 신하들을 모아놓고 참회했다.

"과인이 제 힘이 부족한 것도 모르고 대국과 원수를 맺어 백성의 뼈를 버려두게 되었으니 이는 과인의 잘못입니다. 과인의 잘못을 고쳐주십시오."

그는 죽은 자들을 묻어주고 다친 자들을 찾아보고 살아남은 자들을 북돋우고 근심 있는 집에 찾아가 슬퍼해주고 경사가 있는 집을 찾아가 축하해주고 가는 이는 전송하고 오는 이는 환영하고 백성의 미움을 받는 자는 없애고 백성의 부족한 것은 보충해 주었다. 그리고 떠날 시간이 되자 범려를 불렀다.

"범려는 나를 위해 본국을 지켜주시오."

하지만 범려는 다른 생각이 있었다.

"우리 영토 안에서 백성을 다스리는 일에서는 제가 문종만 못합니다. 영토 밖에서 적국을 제어하고 때를 기다려 결단을 내리는 일은 문종이 저보다 못합니다."

구천은 이를 허락했다. 그때부터 구천은 굴욕적인 오나라 생활을 시작했다. 구천은 범려와 함께 관리 300명을 이끌고 오나라로 들어가 부차의 수레를 끄는 말의 고삐를 잡았다. 범려는 오자서가 구천을 노린다는 것을 알고 백비에게 줄을 대고 기회를 주지 않았다. 때마침 부차가 병에 걸리자 범려가 부차에게 제안했다.

"오왕은 이번에 병으로 죽진 않을 것입니다. 곧 회복될 것이니 대왕께서는 유의하소서."

"내가 이렇게 궁한 지경에 빠지고도 죽지 않음은 공의 계책을 믿기 때문이오. 숨기지 말고 모두 말해주오. 되든 안 되든 모두 공의 뜻대로 하겠소."

"신이 오왕을 자세히 살펴보니 정말 사람이 아니었습니다. 입으로는 걸핏하면 성탕(상나라의 창시자)의 의義를 뇌까리지만 행동은 따라가지 못하는 자입니다. 대왕께서는 찾아가 병을 살피겠다고 청하십시오. 허락이 떨어지면 오왕의 똥을 얻어와 맛을 보고 안색을 살핀 후 죽지 않을 것이라며 축하하고 병이 나을 날짜를 찍어주시기 바랍니다. 대왕께서 날짜를 맞추어 믿음을 얻는다면 걱정할 일이 무엇이겠습니까?"

그리고 백비를 통해 알현할 기회를 얻었다. 이어서 부차의 대변이 준비되었다. 구천은 대소변을 찍어 맛본 후 기뻐하며 축하를 올렸다.

"천한 죄인 구천이 대왕께 축하드립니다. 대왕의 병은 사일巳日에 호전되어 3월 임신일이면 완쾌될 것입니다."

그러자 부차는 궁금해 물었다.

"그대가 그것을 어찌 아는가?"

"일찍이 하신下臣이 스승을 모신 적이 있사온데 변을 맛보는 법을 배웠습니다. 대변은 곡식의 맛을 따르니 변의 맛이 곡식이 나는 시절의 맛을 따르면 좋고 거스르면 죽는다고 합니다. 지금 대왕의 변을 맛보니 맛이 쓰고 십니다. 이 맛은 당연히 봄과 여름의 기에 순응하는 것입니다. 그러니 제가 안 것입니다."

부차는 감탄했다.

"그대는 정말 어진 사람이오."

과연 부차의 병은 나았다. 그로 인해 부차는 더 이상 구천을 의심하지 않고 돌려보낼 마음을 갖게 되었다.

🌸 치밀한 준비가 성공으로 이끈다

오왕이 용서해주자 구천은 월나라로 돌아가 몸소 고통을 겪으며 고심하는데 앉은 자리에는 쓸개를 두고 앉아 있든 누워 있든 항상 쓸개를 바라보며 마시거나 먹을 때도 쓸개를 맛보았다. 그러고는 자신에게 말했다.

"너는 회계산의 치욕을 잊었는가?"

그는 직접 밭을 갈아 농사짓고 부인은 직접 길쌈질을 했으며 고기는 먹지 않았고 화려한 옷은 입지 않았으며 몸을 낮추고 어진 사람에게 겸손하고 손님을 후하게 접대하며 가난한 사람을 돕고 죽은 자를 애도하며 백성들과 수고를 함께 했다. 얼마 안 가 구천은 월나라를 강국으로 만들었다. 신하들이 훌륭한 계책을 올리면 그대로 시행하면서 의심하거나 물러서지 않았다.

구천의 첫 번째 시행 정책은 인구증대였다. 당시 구천이 다스리던 영역은 너비가 100리에 지나지 않았다. 사방이 소택지니 수도 근처에서 정전제를 시도할 엄두도 못냈다. 그러나 남방은 소택지에 벼를 심고 사철 물고기를 잡을 수 있고 풀이 무성하니 개나 돼지 등 가축을 키우기 적합했다. 그는 좁은 땅을 인구로 보충해 국력을 키우는 정책을 썼다. 구천은 나라의 부형들을 모아놓고 선포했다.

"과인이 듣건대 옛날 훌륭한 군주에게 사방의 인민들이 귀부_{歸附}하기를 마치 물이 아래로 향하는 것과 같다고 합니다. 지금 과인은 그런 능력이 없으니 장차 여러분과 함께 인구를 늘리고자 합니다."

사방에서 사람들이 몰려들지 않으면 내부에서 많이 낳으면 된다는 것이었다. 그리고 이렇게 명했다.

- 젊은 남자와 나이든 여자의 결혼을 금한다.
- 늙은 남자와 젊은 여자의 결혼을 금한다.
- 여자가 17세가 되어도 결혼하지 않으면 그 부모가 죄를 받는다.
- 남자가 20세가 되어도 결혼하지 않으면 그 부모가 죄를 받는다.
- 장차 출산하려는 자가 관에 고하면 관의 의사가 찾아가 분만을 지킨다.
- 아들을 낳으면 술 2병에 돼지 1마리, 딸을 낳으면 술 2병에 개 1마리를 준다.
- 세 쌍둥이를 낳으면 관이 보모를 붙여주고 쌍둥이를 낳으면 관이 양식을 대준다.

• 장자가 죽으면 3년 동안 부세를 면하고 나머지 아들이 죽으면 3개월 동안 부세를 면한다.

구천의 명령은 간결하고 실질적이다. 아이를 낳으면 국가가 책임지고 젊은이가 죽으면 국가가 함께 슬퍼한다는 것이었다. 결혼하라, 아이를 낳아라, 아들딸 가리지 말라, 많이 낳아라, 그럼 국가가 보살펴줄 것이다. 젊은이를 존중하고 보살펴라. 젊은이는 국가의 동량이다. 젊은이가 죽으면 국가가 슬퍼한다. 자식이 죽으면 반드시 찾아가 자기 자식처럼 묻어주었다. 출산은 물론 아동복지에도 힘을 기울여 홀아비, 과부, 병자, 극빈자 가정의 아이들은 관이 거두어 키웠다. 가히 전면적인 아동복지 정책이라고 할 수 있다.

인구증대 정령 발표 후 구천은 자신을 연마했다. 뛰어난 선비가 있으면 의식주를 모두 제공하고 그들로부터 배우며 타국에서 뛰어난 인사가 찾아오면 찾아가 예로 대했다. 구천은 쌀을 배에 싣고 다니면서 떠돌아다니는 젊은이들을 보면 반드시 배불리 먹이고 마시게 하고 이름을 물었다. 자신이 씨를 뿌린 것이 아니면 먹지 않고 자신의 부인이 베를 짜 만든 옷이 아니면 입지 않고 10년 동안 이렇게 백성들에게 부세를 걷지 않으니 백성들은 3년 치 양식이 남았다.

얼마 후 오왕은 제나라의 새 임금이 아직 나이가 어리고 대신들이 세력다툼을 벌인다는 말을 듣고 기회로 여겨 군사를 일으켜 북쪽으로 제나라를 치려고 했다. 그때 오자서가 다시 간언했다.

"구천은 맛있는 음식을 먹지 않으며 죽은 백성을 조문하고 병든 자를 위문해 훗날 그들을 요긴히 쓸 생각을 하고 있습니다. 구천이 살아 있는 한, 이것은 분명히 오나라의 걱정거리가 될 것입니다. 지금 월나라는 오나라에게 사람 뱃속에 병이 든 것과 같습니다. 그런데 왕께서는 월나라를 먼저 처치하지 않고 제나라를 치는 데 힘을 쏟으려고 하시니 어찌 잘못이 아니겠습니까!"

그러나 오왕은 아랑곳 않고 제나라를 공격해 애릉에서 제나라 군대를 크게 이긴 후 여세를 몰아 추나라와 노나라 임금까지 위협하고 돌아왔다. 그 후 오왕은 오자서를 점점 더 멀리하며 그의 계책을 들으려고 하지 않았다. 그로부터 4년 후 오왕은 다시 북쪽으로 제나라를 치려고 했다. 그때 월왕 구천은 공자의 제자 자공의 모책을 썼다.

자공이 월나라를 방문하는 장면부터 이야기를 시작해보자. 자공이 온다는 소식을 들은 구천은 길을 깨끗이 쓸고 교외까지 마중 나가 몸소 자공의 수레를 몰아 숙사까지 모셔가며 그곳까지 온 이유를 물었다. 그러자 자공이 이렇게 말했다.

"이번에 제가 오왕을 보고 노나라를 도와 제나라를 치도록 권했습니다. 오왕은 그것을 바라지만 다만 월나라가 걱정되어 '월나라를 쳐 없앨 때까지 기다려주면 그렇게 하겠다.'라고 하더이다. 지금 오나라가 월나라를 깨뜨릴 것이 분명합니다. 그리고 보복할 뜻도 없으면서 상대방의 의심을 사는 것은 서툰 계략입니다. 남에게 보복할 뜻이 있더라도 상대방이 그것을 알아차리도록 하는 것은 위험합니다. 실천에 옮기기도 전에 계획이 새는 것은 위험합니다. 이 3가지는 일을 추진하는 데 큰 방해가 됩니다."

그러자 구천은 자공에게 머리를 조아리며 두 번 절하고 말했다.

"일찍이 저는 자신의 힘도 헤아리지 못하고 오나라와 싸워 패함으로써 회계에서 치욕을 당하고 말았습니다. 그때의 분함은 아직까지도 뼛속에 사무쳐 있습니다. 그때부터 오늘까지 밤낮 복수할 생각에 입술과 혀가 타들어가고 있습니다. 그저 오왕을 죽이고 나도 함께 죽길 바랄 뿐입니다."

월왕 구천은 자공에게 자신의 속내를 보이고 있다. 전쟁에 패해 오나라의 속국으로 전락한 신세지만 일국의 왕이 자공이 온다는 소식에 길을 쓸고 교외까지 마중나와 몸소 수레를 몰아 숙사까지 모셔갔다. 그것도 모자라 머리를 조아리고 절하며 속내를 드러내고 자공에게 복수할 방법을 물었다. 구천이 오나라에 복수할 좋은 방법을 묻자 자공은 이렇게 일러 주었다.

"오왕은 성질이 사납고 잔인해 신하들은 견디기 힘든 지경입니다. 나라는 거듭되는 전쟁으로 극도로 피폐해졌고 사졸들은 더 이상 참을 수 없는 형편입니다. 백성들은 왕을 원망하고 대신들은 충성을 바치지 않고 있습니다. 태제太宰 백비伯嚭는 말로는 정치를 하고 있지만 임금의 잘못을 그대로 따르며 자신의 사욕만 채우려고 하니 진정 나라를 망치는 정치입니다. 만약 왕께서 원군을 보내 오왕의 뜻을 받들며 귀중한 보물을 바쳐 환심을 사고 정중히 예를 갖추면 그는 안심하고 제나라를 칠 것입니다. 오왕이 제나라에게 패한다면 그것은 왕의 복이며 이긴다면 분명히 군사를 이끌고 진晉나라로 향할 것입니다. 그렇게 되면 저는 북쪽으로 올라가 진晉나라 왕을 만나 오나라를 함께 치도록 설득하겠습니다. 그럼 분명히 오나라를 약하게 만들 수 있습니다. 오나라 정예부대는 제나라와의 싸움에서 모두 꺾이고 중

무장한 군사는 진나라에서 고통을 겪을 것이니 왕께서 이렇게 지친 오나라를 누르면 분명히 멸망할 것입니다."

구천은 크게 기뻐하며 이를 승낙하고 자공에게 황금 100일鎰과 칼 1자루, 훌륭한 창 2자루를 선사했지만 자공은 그것을 받지 않고 떠나 오왕에게 보고했다.

"신은 삼가 대왕의 말씀을 월왕에게 전했습니다. 월왕은 크게 송구스러워하며 '불행히도 저는 어릴 때 아버지를 여의고 분수도 생각하지 못한 채 오나라에 죄를 범했지만 싸움에 패해 몸은 능욕당하고 회계에서 숨어 살아 나라는 빈터가 되어 잡초만 무성해졌습니다. 하지만 다행히 대왕의 은혜를 입어 다시 조상 제사를 받들게 되었습니다. 죽어도 이 은혜를 잊을 수 없습니다. 어떻게 오나라에 대한 음모를 꾸밀 수 있겠습니까?'라고 말하더이다."

그로부터 5일 후 월나라는 대부 문종文種을 오나라에 사신으로 보내 머리를 조아리며 오왕에게 이렇게 말했다.

"동해 월나라 구천의 사자 신 문종은 사자로서 예를 갖추어 대왕의 신하를 통해 문안드리옵니다. 듣건대 대왕께서 이번에 군사를 일으켜 강국을 무찌르고 약소국을 구원하기 위해 포악한 제나라를 징계해 주나라 왕실을 편안히 하려고 하신다기에 우리 월나라는 국내의 군사 3천 명을 모두 동원하려고 합니다. 또한 구천은 스스로 갑옷을 두르고 무기를 들어 앞장서 적의 화살과 돌을 받고자 합니다. 그리하여 월나라의 천한 신하 문종은 선대로부터 물려받은 갑옷 20벌과 도끼 장인이 만든 굴로屈盧와 차고 다니면 빛나는 칼을 받들어 출정을 축하드립니다."

이렇게 월나라는 오나라를 돕는 척하며 귀중한 보물을 태재 백비에게 바쳐 환심을 샀다. 이미 백비는 자주 월나라의 뇌물을 받고 있었으므로 더없이 월나라를 좋아해 신임하며 밤낮으로 오왕에게 월나라를 두둔했다. 이에 오왕은 백비처럼 월나라를 믿게 되었다. 이에 오자서가 말했다.

"오나라에게 월나라는 뱃속의 병과 같습니다. 지금 월나라의 아부에 찬 거짓말을 믿고 제나라를 탐내지만 제나라를 깨부수고 그 땅을 빼앗더라도 자갈밭과 같아 아무 가치도 없습니다. 바라건대 왕께서는 제나라를 버려두고 월나라를 먼저 처리하십시오. 그렇게 안 하면 훗날 후회해도 소용없을 것입니다."

역시 오왕은 오자서의 간언을 받아들이지 않았고 이번에는 오자서를 제나라에 사신으로 보냈다. 자서는 떠나기 전 그 아들에게 이렇게 일렀다.

"나는 왕에게 여러 번 자주 간언했으나 왕은 내 말을 듣지 않았다. 나는 머지않아 오나라가 망하는 것을 보겠지만 너까지 오나라의 멸망에 휩쓸려 죽는 것은 무익한 일이다."

그리하여 그 아들을 데려가 제나라 포 씨에게 부탁해두고 돌아와 오왕에게 정세를 보고했다. 오나라 태재 백비는 일찍부터 오자서와 사이가 나빠 이렇게 모략했다.

"오자서는 흉폭하고 인정이 없으며 사람을 의심해 해치려는 마음이 있습니다. 그는 왕께 원망을 품고 있으니 장차 큰 화근이 될 것입니다. 앞서 왕께서 제나라를 치려고 했을 때 반대했지만 결국 제나

라를 쳐 큰 공을 세우셨습니다. 그때 자서는 마땅히 기뻐야 했지만
자신의 주장이 받아들여지지 않아 오히려 부끄러워하며 원망하고 있
습니다. 지금 왕께서 다시 제나라를 치려는데 자서는 극력 반대해 출
병을 막으려고 합니다. 그것은 단순히 오나라가 패해 자신의 주장이
옳았음이 증명되길 바랄 뿐입니다. 이제 왕께서 몸소 출정하고 국내
전 병력이 동원되어 제나라를 치면 오자서는 자신의 의견이 받아들
여지지 않은 데 대한 불만에서 함께 따라가길 꺼려하며 병을 핑계로
가지 않으려고 할 것입니다. 왕께서 대비책을 강구해야 할 줄로 아옵
니다. 이런 상황에서 그가 재앙을 일으키는 것도 별로 어려운 일이
아닙니다. 그리고 사람을 시켜 알아보니 자서는 사신으로 제나라에
갔을 때 자신의 아들을 제나라 포 씨에게 맡기고 왔다고 하옵니다.
이것으로 보아 자서는 신하의 몸으로 안으로 뜻을 얻지 못했다고 해
서 밖으로 제후들을 의지하려고 하며 자신은 선왕의 모신이었는데도
지금 버림받고 있다고 항상 앙심을 품고 있는 것입니다. 왕께서는 서
둘러 대책을 강구하셔야 합니다."

그러자 오왕이 말했다.

"경이 말하지 않아도 나도 의심하고 있었소."

그리하여 오자서에게 사람을 보내 촉루라는 칼을 내리며 일렀다.

"그대는 이 칼로 죽으시오."

오자서는 하늘을 우러러 보며 탄식했다.

"슬프도다. 참소를 일삼는 신하 백비가 나라를 어지럽히는데 오
히려 왕은 충신인 나를 죽이려고 하다니! 나는 그의 아버지를 패자로
만들어 주었고 그가 태자가 되기 전 여러 왕자들이 태자가 되기 위해

경쟁할 때 죽음을 무릅쓰고 그를 태자로 정하도록 해주었다. 그렇지 않았다면 그는 태자가 될 수 없었다. 그가 태자에 올라 오나라를 내게 나누어 주겠다고 했지만 나는 감히 그것을 원하지 않았다. 그런데 지금 아첨하는 신하의 말만 듣고 나를 죽이려고 하는구나!"

그리고 그의 가신들에게 이렇게 명했다.

"반드시 내 무덤 위에 가래나무를 심어 관을 짤 목재로 쓰도록 하라. 그리고 내 눈알을 빼내 오나라 수도 동문 위에 걸어두어 월나라 군사들이 쳐들어와 오나라를 없애버리는 것을 똑똑히 볼 수 있도록 하라."

그리고 자서는 스스로 목을 베 죽었다. 오왕은 그 말을 듣고 대노해 자서의 시체를 끌어내 말가죽으로 만든 자루에 넣어 강물에 던져버렸다. 오나라 사람들은 그를 불쌍히 여겨 강물 기슭에 오자서를 추모하는 사당을 세우고 산을 서산이라고 불렀다.

오자서를 죽인 후 오왕 부차는 진晉 대신 춘추의 패자가 될 야심을 실천에 옮겼다. 마침내 오왕은 9개 고을의 군대를 동원해 제나라를 치게 되었다. 예정대로 오왕은 제나라와 애릉艾陵에서 싸워 제나라 군을 대파하고 장군 7명이 이끄는 군사를 포로로 잡았다. 오왕은 돌아가지 않고 군대를 이끌고 진나라로 진격했다. 그리하여 황지黃池에서 진나라 군대와 만나 자웅을 겨루었지만 오나라는 대패하고 말았다. 월왕이 이 소식을 듣자마자 강수江水를 건너 오나라를 습격해 들어가 오나라 도성에서 7리 떨어진 곳에 진을 쳤다. 오왕은 급보를 접하고 진나라를 버리고 돌아와 오호五湖에서 월나라와 싸웠으나 세 번 모두 패하고 결국 월나라 군대에게 도성까지 내주었다. 월나라 군사는 오왕 부차를 죽이고 재상 백비를 사형에 처했다. 월나라 왕은 오나라에게 승리를 거둔 지 3년 후 동방제후들의 패자가 되었다.

한 편의 영화를 본 것 같다. 이 격랑의 역사 속에서 부차와 구천이 무엇을 잘하고 잘못했는지 반성과 준비의 관점에서 들여다보자. 그들로부터 배울 교훈은 쓰러진 그 자리에서 목표를 정하고 결국 목표를 이루었다는 사실이다. 그들은 쓰러졌을 때 변화를 위한 중대한 결심을 했다. 그들은 변화 앞에 서서 수많은 상황들을 생각해보고 그들이 할 수 있는 최선의 선택을 했다.

부차는 부왕 합려의 원수를 갚기 위해 착실히 준비해 월나라를 정복했다. 거기까진 좋았지만 그는 3가지 면에서 실수했다. 그렇지 않았다면 춘추전국시대 말기 패자의 지위를 오래 유지할 수 있었을 것이다. 첫째, 오자서의 충언을 무시했다. 둘째, 백비의 감언이설에 놀아났다. 셋째, 욕심이 과했다. 한마디로 그는 오만했다. 오만은 상황을 오판하게 만들었다. 리더가 눈여겨 볼 대목이다. 구천은 실수를 반성하고 미래를 준비한 착실한 리더였다. 물론 범려와 문종이라는 걸출한 신하들의 도움이 있었지만 그런 인재를 등용한 것도 구천의 능력이다. 리더에게 사람을 보는 눈이 없으면 곁에 훌륭한 조력자를 둘 수 없다. 구천은 오나라를 무리하게 공격해 나라가 망할 지경에 처했다. 그때 오왕 부차의 신하를 자청하며 그의 똥까지 먹는 수모를 이겨냈다. 보통사람은 할 수 없는 일이다.

다시 월나라로 돌아왔을 때는 어땠는가? 구천 앞에 놓인 문제는 부국강병이었다. 그는 경솔한 판단으로 오나라를 섣불리 공격한 과

오를 뼈저리게 반성하며 와신상담했다. 과거를 잊으면 미래를 세울 수 없다. 그는 철저히 반성하며 미래를 계획했다. 인구를 늘리고 백성들과 동거동락하며 신뢰를 얻었다. 오왕 부차가 오자서의 말을 듣지 않은 반면, 구천은 범려의 말을 경청하고 존중했다. 구천은 착실히 준비하며 미래를 계획했지만 부차는 욕심과 오만으로 형세판단조차 면밀하지 못했다.

✸ 변화의 시기를 포착하라

우리는 변하지 않을 수 없는 시대에 살고 있다. 반성과 준비는 변화를 동반해야만 의미가 있다. 하지만 아무 때나 변할 수는 없다. 우리는 언제 변해야 할까? 이대로는 안 되겠다고 느끼는 순간이 변화를 꾀할 시기다. 그 시기를 2가지로 나눌 수 있다.[1]

첫째, 변화의 시기가 부정적으로 찾아올 때다. 사업이 망하거나 실직할 경우다. 대부분 이런 일이 닥치면 좌절하거나 두려움에 빠진다. 범저를 보자. 억울한 누명을 쓰고 죽을 위기에 처했다. 범저도 인간인데 좌절감이나 두려움이 왜 없었겠는가? 이런 부정적인 상황에서는 대처가 중요하다. 리더들은 주저앉지 않고 변화를 모색했다.

부정적인 변화의 시기는 상황이 절박해 변화의 동기가 충분하다고 볼 수 있으나 오히려 이런 상황은 정신력을 약하게 만들 수 있다.

아무리 애써도 안 되는 상황이라고 절망하기 때문이다. 사방이 꽉 막혀 출구가 안 보이는 답답한 상황에서 어떻게 변화하고 무엇을 준비해야 할지 길을 안다는 것은 쉽지 않다. 이럴 때 많은 사람들이 자살로 생을 포기하는 이유다. 부정적인 변화의 시기가 닥쳐왔을 때는 자신감 회복이 우선이다. 이 문제는 뒤에서 다시 살펴보자.

둘째는 긍정적인 변화의 시기가 찾아올 때다. 문제는 없지만 지루함과 회의를 느낄 때가 있다. 내 길이 아니고 이제 나의 인생을 살고 싶고 내가 할 수 있는 새로운 일을 찾으려는 생각이 들 때다. 이때는 용기가 필요하다. 국내에서 유일하게 만돌린을 제대로 전공한 연주자 김병규 씨는 긍정적인 변화의 시기를 잘 포착한 인물이다.[2] 대기업 엔지니어였던 그는 39세 때 회사를 그만두고 40세 때 본격적으로 만돌린에 도전했다.

재직 시절 그는 전자도면 관리 등의 핵심업무를 맡았다.

"수개월 동안 밤새며 지피에스(GPS)로 엘리베이터 고장을 자동 감지하는 프로젝트를 내놓았어요. 그런데 너무 신기술이라며 회사가 관심을 보이지 않더군요."

그 일을 겪으며 그는 가슴에 품어온 만돌린의 꿈을 꺼냈다.

"항상 40세 전까지만 회사생활을 하고 그 후에는 만돌린으로 제2의 인생을 살고 싶었어요. 언젠가 회사에 쓸모없는 사람이 되느니 일찍 제 꿈을 펼쳐보고 싶었죠."

아내도 "그토록 하고 싶던 만돌린을 제대로 배워보라"며 힘을 실어주었다. 그는 세계적 만돌린 권위자, 이태리 파도바 음대 우고 오를란디 교수에게 직접 편지를 써 입학허가를 받았다. 26세 이상은 안 받는 학교이지만 교수는 그의 학구열에 감복했다. 하지만 휴강 공고를 알아듣지 못해 빈 강의실을 헤매고 젊은 학생들의 패기어린 연주에 기가 죽기도 했다. 처음에는 4~5시간 동안 하던 연습을 15시간 이상으로 늘렸다. 만돌린 곡의 의도를 알기 위해 역사적 배경과 작곡가의 생애를 살펴보고 유적지까지 찾아다녔다.

"테크닉만으로는 졸업하기 힘들었을지 몰라요. 교수는 곡에 대한 이해력을 인정해주었어요."

4년 만에 7년 코스를 졸업하고 국내 최초의 만돌린 전공자가 되어 2001년 돌아왔다. 귀국 후 그는 개인 홈페이지를 만들어 만돌린을 홍보하고 학교와 교회가 보이면 무조건 들어가 만돌린에 대해 설명했다. 그가 만든 만돌린 동호회 회원은 현재 200여 명으로 15년째 매년 봄 만돌린 페스티벌을 개최하고 있다. 매년 80회 이상 협연하며 미국과 유럽에 해외공연도 다닌다. 한국에 돌아왔을 때 그의 통장 잔고는 500만 원. 지금은 한 달에 딱 그만큼씩 번다고 했다. 그는 "한 번 뿐인 인생, 전반전은 가족을 위해 살았다면 후반전은 나를 위해 살아보는 것도 필요하다. 과감히 도전하라"라고 조언했다.

그렇더라도 김병규 씨가 새로운 길을 선택하기는 쉽지 않았을 것이다. 부정적인 변화의 시기는 상황에 밀려 어쩔 수 없이 변화해야 하지만 긍정적인 변화의 시기에는 결단이 필요하다. 안정적인 직장을 포기하고 새롭고 익숙하지 않은 일을 하려면 용기가 있어야 한다. 경제적 문제가 닥칠 수도 있다. 한순간 많은 것을 잃을 수도 있다. 게다가 부양가족 문제, 가장이라는 책임감 등도 주저하게 만든다. 그래서 많은 사람들이 '사는 게 다 그렇지!'라며 변화의 시기를 놓치고 만다. 과감한 도전이 필요한 이유다. 부정적인 변화의 시기든 긍정적인 변화의 시기든 중요한 것은 우리가 그 기회에 적절히 대응하는 것이다. 바꾸어야 할 때 바꾸지 못하면 인생은 아름답지 못하다.

대기업 계열사로부터 강의 의뢰를 받은 적이 있다. 이런 경우가 종종 있는데 강의하기가 무척 난감하다. 대상은 회사가 명예퇴직을 권하지만 거부하고 버티기에 들어간 직원들이다. 대부분 40대 후반부터 50대 초중반이었다. 그들의 심정을 이해하지 못하는 것은 아니다. 대부분 자녀들이 대학생이거나 대학 입학을 앞두어 재정 지출이 가장 많을 때 회사를 나와야 하니 앞날이 막막했을 것이다. 그들이라고 자존심이 없겠는가? 가족을 위해 참는 것이다. 나와서 무엇을 하든 어디에 들어가든 그 정도 연봉을 기대하기도 어려운 상황 아닌가? 그러니 수년 동안 '눈치 밥' 먹어가며 꿋꿋이 버티는 것이다. 그들이 변화의 시기를 더 일찍 포착하고 준비했다면 얼마나 좋았을까?

🏵 자신감으로 무장하라

부정적인 변화의 시기, 즉 부정적인 일은 부정적인 생각을 몰고온다. 이때 많은 사람들이 자신감을 잃는다. 위기의 순간 상반된 결과를 가져온 사례를 살펴보자. 먼저 월나라 구천왕이다. 그가 어떤 굴욕을 당하고 어떻게 반성하고 무엇을 준비했는지는 앞에서 자세히 다루었다. 그는 결국 오나라를 멸하는 결과를 얻었는데 걸출한 신하도 있었고 부차의 오만이 한몫 거들었고 때마침 자공의 아이디어를 쓸 행운도 있었지만 무엇보다 그에게는 자신감이 있었다. 자신감이 있어 치욕을 지렛대로 사용할 수 있었다. 그리하여 실패를 견디고 반성하고 준비할 수 있었다. 자신감이 없었다면 이런 순간을 견디고 복수에 성공할 수 없었을 것이다.

반면, 항우는 부정적인 변화의 시기가 닥치자 자결하고 말았다. 자살은 도전할 용기가 없기 때문이다. 자신감이 있다면 자살할 이유가 없다. 항우에게 자신감이 없다니? 그의 자신감은 오만이었다. 위에서 언급한 부차의 경우와 같다. 「사기」〈항우본기〉에서 항우의 마지막을 들여다보자.

항왕(항우)의 군대는 해하에 방어벽을 구축했는데 군사 수는 적고 양식은 모두 떨어지고 한의 군대와 제후 병사들이 겹겹이 에워싸고 있었다. 밤이 되자 한의 군대 사방에서 초의 노랫소리가 들렸다. 항왕이 깜짝 놀라며 "한이 초를 이미 손에 넣었단 말인가!"라고 말했다. 밤중에 항왕이 일어나 군막에서 술을 마셨다. 항왕은 '우'라는 미인을 예뻐해 항상 데리고 다녔고, 항상 '추'라는 준마를 타고 다녔다. 이윽고 항왕은 복받쳐 오르는 비통한 심정으로 시를 지었다.

힘은 산을 뽑고 기개는 세상을 덮고도 남건만
때가 불리하고 추도 달리려고 하지 않는구나!

추가 달리려고 하지 않으니 어찌할까!

우여, 우여! 그대는 또 어찌할까!

몇 번이나 노래를 부르니 미인도 이에 화답했다. 항왕이 눈물을 흘리며 울자 좌우 모두 눈물을 흘리며 차마 얼굴을 쳐다보지 못했다. 그리고는 항왕이 곧바로 말에 올라타니 휘하 장사들 중 말을 타고 따르는 자가 800명이 넘었다. 그날 밤 그들은 포위를 뚫고 남쪽으로 내달렸다. 날이 밝고서야 이 사실을 안 한의 군대는 기장 관영에서 기병 5,000기를 이끌고 뒤쫓았다. 항왕이 회수를 건널 무렵 그를 따르는 기병은 100여 기에 지나지 않았다.

항왕은 음릉에 이르러 길을 잃었다. 한 농부에게 물으니 "왼쪽으로 가십시오."라고 거짓말했다. 왼쪽으로 갔더니 큰 늪에 빠졌고 한이 그 틈에 바짝 뒤쫓아오게 되었다. 항왕이 다시 병사를 이끌고 동쪽으로 가 도성에 이르니 겨우 28기만 남아 있었다. 뒤쫓아 오는 한의 기병 수는 수천 기에 달했다. 항왕은 벗어날 수 없다고 판단하고 기병들에게 말했다.

"내가 군사를 일으킨 지 8년째다. 몸소 70여 차례 전투를 치렀다. 맞선 자는 격파하고 공격한 자에게는 항복을 받으면서 패배를 몰랐기에 마침내 천하를 제패했다. 그러나 지금 갑자기 이곳에서 곤경에 처했으니 이는 하늘이 나를 망하게 하려는 것이지 내가 싸움을 잘못한 죄가 아니다. 정녕 오늘 죽기를 각오하고 그대들을 위해 통쾌하게 싸워 반드시 3번 승리함으로써 포위망을 뚫고 적장의 목을 베고 깃발을 쓰러뜨릴 것이다. 그리하여 하늘이 나를 망하게 하려는 것이지 내가 싸움을 잘못한 죄가 아니라는 사실을 그대들이 알게 하겠노라."

항왕은 곧 기병을 4개 부대로 나누어 사방으로 돌진시켰다. 한의 군대가 겹겹이 포위했다. 항왕이 기병에게 "내가 그대들을 위해 저 장수를 베리라"라고 말하고 기병들에게 사방으로 말을 달려 내려가 산 동쪽 세 지점에서 만나자고 약속했다. 이어 항왕은 함성을 지르며 말을 아래로 몰아 달려가니 한의 군대는 엎어지고 쓰러졌다. 마침내 한의 장수 한 명을 베었다. 이때 적천후가 기장이 되어 항왕을 뒤쫓았는데 항왕이 눈을 부라리며 꾸짖으니 적천후의 사람과 말이 모두 놀라 몇 리 밖으로 줄행랑쳤다. 항왕은 세 지점에서 기병들과 만났다.

항왕이 간 곳을 놓친 한의 군대는 군을 셋으로 나누어 다시 항왕을 포위했다. 항왕이 말을 달려 다시 한의 도위 하나를 베고 수백 명을 죽였다. 그러고는 다시 기병을 모으니 단 두 명이 죽었을 뿐이었다. 이에 기병들에게 "어떠냐?"라고 묻자 기병들이 모두 엎드려 "대왕의 말씀대로입니다."라고 대답했다. 항왕은 동쪽으로 오강을 건너려고 시도했다. 오강의 정장이 배를 강 언덕에 대고 기다리다가 항왕에게 "강동은 작지만 땅이 사방 천리요, 백성 수가 수십만이니 왕이 되시기에 충분한 곳입니다. 원하건대 대왕께서는 서둘러 건너십시오. 지금 저에게만 배가 있으니 한의 군대가 오더라도 건널 수 없습니다."라고 말했다. 항왕은 웃으며 말했다.

"하늘이 나를 망하게 하려는데 내가 건너 무엇하겠는가! 게다가 강동의 젊은이 8천 명이 나와 함께 강을 건너 서쪽으로 갔다가 지금

한 명도 돌아오지 못했다. 설령 강동의 부형들이 나를 불쌍히 여겨 왕으로 삼은들 무슨 면목으로 그들을 대하겠는가? 그들이 말하지 않아도 이 항적의 마음은 부끄럽지 않을 수 있겠는가?"

그러고는 정장에게 "그대가 장자라는 것을 안다. 내가 이 말을 5년 동안이나 탔는데 당해낸 적이 없었다. 하루에 천리를 달렸다. 녀석을 차마 죽일 수 없으니 그대에게 주겠다."라고 말했다. 곧 기병들에게 말에서 내려 걷게 하고 짧은 무기만 들고 싸우게 했다. 항적 혼자 한나라 군사 수백 명을 죽였다. 항왕도 열 군데 이상 부상을 당했다.

항왕이 한의 기사 여마동을 돌아보며 "네 놈은 예전의 내 부하가 아니더냐?"라고 묻자 여마동이 정면으로 항왕을 바라보더니 왕예에게 "이 자가 바로 항왕입니다."라고 지목했다. 그러자 항왕은 "듣자하니 내 머리에 천금과 읍 1만 호가 걸려 있다고 하니 내가 너를 위해 덕을 베풀겠다."라고 말한 후 스스로 목을 찔러 죽었다. 사마천은 항우를 이렇게 평가했다.

자신의 전공을 자랑하고 사사로운 지혜만 앞세워 옛것을 배우지 못했다. 패왕의 대업이라며 천하를 힘으로 정복하고 경영하려고 하니 5년 만에 나라를 망치고 몸은 동성에서 죽으면서 여전히 깨닫지 못하고 자신을 책망할 줄 몰랐으니 이것이 잘못이다. 그런데도 '하늘이 나를 망하게 하려는 것이지 내가 싸움을 잘못한 죄가 아니다'라며 핑계를 댔으니 어찌 황당하지 않은가?

'하늘이 나를 망하게 한다'라는 말은 운이 없다는 말 아닌가? 부정적인 변화의 시기가 닥치면 이렇게 운을 탓하는 사람들이 있다. 나름대로 열심히 하는데도 일이 풀리지 않을 때 꼭 운이 없다며 푸념한다. 이것이야말로 '깨닫지 못하고 자신을 책망할 줄 모르는' 처사다. 오만이다. 자신감은 무엇인가? 자신의 능력을 믿는 것이다. 실패나 좌절 따위로 나락에 떨어져 있지만 자신에게 능력이 있다는 사실을 믿는 것이다.

진정한 자신감을 찾으려면 자신의 과거와 현재의 모습에 자부심을 느껴야 한다. 자신을 깎아내리는 말이나 생각을 하면 안 된다. '나는 못해', '내 주제에'처럼 자신을 비하하거나 '내가 뭘 하겠어?' 같은 부정적인 질문은 얼마 안 남은 자신감마저 깡그리 긁어버린다. 마음속에서 자신감이 사라지는 순간에도 '의도적'으로 자신감을 불어넣는 말을 중얼거리는 것이 중요하다. 그리고 의도적으로 자신 있게 행동해야 한다. 의도적인 자기암시는 생각보다 강한 영향력이 있다. 의도적이라는 말은 사실 그렇지 않지만 일부러 그렇게 한다는 뜻이다. 과연 효과가 있을까? 심리학자의 실험을 살펴보자.

심리학자 윌리엄 제임스(William James)는 이미 100여 년 전 〈심리학 원리〉에서 가설을 세웠다. 즉, 기분이 나쁘지만 의도적으로 좋은 감정 상태를 만들려면 입술을 올리며 미소를 짓고 벌떡 일어나 신나는 생각을 하고 활기차게 움직이면 된다는 것이다. 가설뿐이던 것을 과학적으로 실험해 증명한 인물은 심리학자 제임스 레어드(James Laird)다.[3]

레어드는 피실험자들에게 안면근육의 전기적 반응검사 실험을 설명하면서 눈썹 중앙, 입 가장자리, 턱 가장자리에 전극을 붙이고 감정 변화가 실험 결과에 영향을 미칠 수 있으니 오류 방지를 위해 실험 동안 일어나는 감정 변화를 알려달라고 했다. 이 실험에서 전극은 가짜였다. 그것은 피실험자들이 자연스럽게 웃거나 찡그리게 만들기 위한 핑계였다. 눈썹 사이의 전극들이 맞닿게 해 화난 표정을 유도하고 턱 주위에 붙은 전극들을 맞닿게 해 입을 자연스럽게 꽉 다물게 했다. 그리고 입 꼬리 부근은 전극들을 귀 쪽으로 잡아당겨 웃는 표정을 짓게 했다.

이렇게 특정한 표정을 짓도록 해놓고 레어드는 사람들에게 공격, 불안, 기쁨, 후회 같은 다양한 감정 목록을 보여주었다. 그리고 그중 다양한 표정을 지을 때의 느낌을 지목하라고 시켰다. 결과는 매우 놀라웠다. 100년 훨씬 전에 제임스가 예측한 대로 사람들은 웃는 표정을 지으면서 행복감을 느꼈고 찡그리면서 분노를 느낀 것으로 드러났다.

모든 실험을 마치고 레어드는 피실험자들과 면담할 때 실험 도중 다양한 감정을 느낀 이유를 물어보았지만 특정한 표정을 지었기 때문이라고 답한 사람은 거의 없었다. 대부분 이유를 제대로 설명하지 못했다. 그 중 한 명은 실험 도중 찡그린 표정에 대해 이렇게 설명했다.

"화낼 이유는 전혀 없었어요. 이상하게도 그냥 화가 난다는 생각이 들더라고요. 물론 말도 안 되죠. 실험 중이고 화낼 이유가 전혀 없다는 것도 잘 알고 있었으니까요. 하지만 그때는 어쩔 수 없었어요."

　이런 사실에 관심을 가진 것은 폴 에크먼(Paul Ekman)이다. 에크먼은 단순한 표정 변화로 인간의 감정을 바꿀 수 있다는 사실에 호기심을 느꼈다. 표정과 감정 상태의 상관관계를 깊이 연구한 그는 저서 「얼굴 심리학(Emotions Revealed)」에서 특정한 표정을 지으면 감정 상태에 변화를 일으킨다는 사실을 밝히고 있다. 우리가 특정한 감정 상태가 되면 감정은 우리 뇌의 일부에 변화를 일으켜 심장박동, 호흡, 땀 분비를 비롯해 많은 생리적 변화를 준다. 또한 감정은 신호를 내보내 우리의 표정, 목소리, 몸짓에 변화를 일으키기도 한다. 이런 변화는 우리가 선택하는 것이 아니라 자연스럽게 일어나는 것이다. 여기서 감정이 표정, 목소리, 몸짓에 변화를 일으킨다는 사실에 주목하자. 반대로 에크먼은 표정, 목소리, 몸짓에 변화를 주면 감정 상태를 바꿀 수 있다고 결론내렸다. 이후 많은 심리학자들의 연구로 밝혀진 사실은 다음과 같다.

- 씩씩하게 걸으면 행복감이 올라간다.
- 춤과 같은 부드러운 동작은 행복감을 높여준다.
- 부드러운 악수를 나누면 높은 행복감을 느낀다.

　자신감이 떨어졌을 때 의도적으로 자신감을 높이는 행동, 즉 자신감 있게 걷거나 미소 짓거나 '나는 할 수 있다.' 같은 중얼거림은 자기암시가 되어 자신감 회복에 도움이 된다.

❖ 무엇을 준비할 것인가

변화의 시점에 직면했을 때 준비를 위해 맨 먼저 할 일은 자신을 아는 것이다. 현재 자신의 상황, 실력, 장점, 자신이 가야 할 곳을 정확히 알지 못하면 제대로 준비할 수 없다. 이때 명심할 점은 지레짐작으로 자신의 한계를 긋지 않는 것이다. 그렇다고 무작정 무한한 가능성이 있다고 오판해도 안 된다. 노력하면 무엇이든 이룰 수 있다는 어줍은 자기계발서에 현혹되지 말자. 그러므로 자신의 약점과 강점을 면밀히 파악한 후 갈 곳을 정하는 것은 변화를 위해 매우 중요한 문제다. 자신의 역량을 냉정히 따져보지 않고 방향을 잡으면 실패할 수밖에 없다.

준비를 위해 두 번째로 할 일은 본받을 만한 사람을 고르는 것이다. 김연아가 피겨스케이트를 처음 시작했을 당시 피겨 스케이트 1인자였던 미셸 콴을 롤 모델로 삼고 그녀를 닮기 위해 노력했던 일화는 유명하다. 「부자가 되려면 부자에게 점심을 사라」를 쓴 혼다 겐은 어릴 때부터 돈 버는 법과 성공한 사업가들의 이야기에 관심이 많았다. 그는 대학시절 여러 분야에서 성공한 사람들을 꼭 만나보고 싶어서 그들에게 한 번 만나고 싶다는 편지를 썼다. 그리고 만날 기회가 되면 그들에게 이런 질문을 했다.

- "어릴 때 선생님은 어떤 생각을 하셨습니까?"
- "어떤 책이 도움이 되었습니까?"
- "누구를 만나셨습니까?"

• "인생의 목표는 무엇이었습니까?"

혼다 겐은 그들을 만나 얻은 정보 그대로 실천하며 그들처럼 살기 위해 노력했다. 준비를 위해 세 번째 할 일은 실력 쌓기다. 사실이 세 번째가 가장 어렵고 시간도 많이 걸린다. 자신의 약점과 강점을 면밀히 검토해 목표를 정하면 그 목표를 달성하기 위한 실력을 쌓아야 한다. 실력을 쌓지 않으면서 운이 나쁘다, 나는 왜 되는 일이 없을까, 재능이 없다, 간절히 원하면 이루어진다라고 말할 필요가 없다. 자신의 분야에서 최고가 되려는 의지로 3가지 차원에서 실력을 쌓아야 한다. 지식, 기술, 태도다.

지식은 머리로 하는 차원이다. 자신이 목표하는 분야에서 이론적 지식을 쌓아야 한다. 학교에서 연구한다면 지극히 당연하지만 직장인이나 자영업자라도 자기 분야의 전문가가 되려면 꾸준히 공부해야 한다. 무슨 일을 하든지 해당 분야에서는 항상 새로운 지식이 만들어지기 때문이다. 지식은 책을 읽거나 강의를 들으면서도 쌓을 수 있다.

기술은 신체 차원이다. 예술이나 체육 분야의 최고가 되고 싶다면 역량을 키우기 위해 연습해야 한다. 외과의사라면 수술을 위한 손놀림 기술을 연습해야 한다. 치과의사도 마찬가지다. 요리사, 악기연주자, 가수, 자동차 정비공 등 기술을 향상시켜야 하는 분야는 수없이 많다. 축구선수 이영표나 야구선수 이승엽이 연습벌레라는 사실은 모두 알고 있다. 유명 요리사의 눈물겨운 이야기를 한두 번 들어보았을 것이다. 기술 향상을 위해서는 타고난 재능보다 '신중히 계획된 연습'이 중요하다고 전문가들은 말한다.

심층연습은 지루한 반복 과정이다. 농구선수가 자유투를 연습한다고 상상해보자. 이 농구선수의 목표는 던진 공이 링 안을 정확히 통과하는 것이다. 이 선수는 이 목표를 성취하기 위해 공을 던질 것이다. 공을 던지면 얼마나 벗어났는지 알 수 있다. 링에서 벗어난 차이를 줄이는 것이 그의 목표가 된다. 이 과정을 반복하다보면 정확히 골인시킬 수 있다. 정확히 골인시켰을 때 그 동작과 감각을 인지해 그대로 반복한다면 선수의 근육이 그 동작을 외우게 되고 공을 던질 때마다 골인시킬 수 있는 단계가 된다. 여기서 중요한 것이 있다. 골인시키는 동작을 근육이 기억할 수 있는지 여부다. 근육은 기억하지 못한다. 뇌가 기억한다. 근육이나 우리 몸은 뇌의 명령대로 움직일 뿐이다. 이 과정을 제대로 이해하기 위해 '뇌 과학'으로 잠시 관심을 돌려보자.

심층연습을 반복적으로 했을 때 기술을 어떻게 연마할 수 있는지를 밝히기 위해 대니얼 코일(Daniel Coyle)은 뇌 속의 미엘린(Myelin)이라는 물질에 관심을 가졌다. 대니얼 코일은 여러 뇌 신경학자들의 연구 결과를 검토하며 미엘린의 놀라운 능력을 이렇게 설명하고 있다.[5]

인간의 모든 동작 · 사고 · 감정은 신경섬유 회로인 뉴런사슬을 통해 정확한 타이밍에 맞추어 이동하는 미세한 전기신호다. 미엘린은 그 신경섬유를 감싸고 있는 절연물질로서 신호의 강도·속도·정확도를 높여준다. 즉, 미엘린은 절연용 검정 테이프처럼 신경섬유 주위를 감싼 고밀도 지방질로 전기자극이 새나가지 못하도록 막는 역할을 한다. 특정 회로에 신호가 많이 발사될수록 미엘린은 해당 회로를 더 완벽히 최적화하며 결과적으로 우리의 동작과 사고의 강도·속도·정확도는 더 향상된다.

농구선수가 공을 링 안에 넣기 위해 던지는 동작은 뉴런사슬을 따라 신호가 전달되어 팔이 움직여야만 가능하다. 이때 신호가 정확히 전달되도록 뉴런사슬을 감싼 물질이 미엘린이다. 미엘린이 뉴런사슬을 더 두껍게 감쌀수록 더 정확한 신호를 보낼 수 있다. 미엘린을 두껍게 만들어 신호를 더 정확히 전달하려면 반복연습밖에 없다. 즉, 농구선수가 골인시키는 동작을 반복연습할수록 미엘린은 두꺼워지고 더 정확한 신호를 보내게 되어 오차 없이 골인시킬 수 있는 것이다.

자! 이제 분명해졌다. 당신이 하는 일에 몸으로 하는 기술이 필요하다면 미엘린을 두껍게 만드는 연습을 해야 한다. 전문가와 보통 사람의 다른 점은 더 높은 성과를 위해 신중히 계획된 연습을 얼마나 오랫동안 했는가에 좌우된다는 것이다. 신중히 계획된 연습 단계는 다음과 같다.[6] 실천해볼 만하다.

〈1단계〉
성과를 높일 목적으로 설계한다. 특별히 개선할 필요가 있는 특정 부분을 예리하게 찾아내 그 부분만 집중 훈련하는 것이다. 단지 과거에 해오던 일을 반복하면 전에 이미 도달한 수준을 유지할 뿐이다. 위대한 성과자들은 자신의 활동 전 과정에서 특정 부분만 떼어내 그 연습에만 집중한다. 그 부분의 실력이 향상되면 다음 단계로 넘어간다.

〈2단계〉

무수히 반복연습한다. 연습의 목적은 성장이다. 단순히 반복적인 연습은 효과적이지 않다. 신중히 계획된 연습은 성장영역에서 필요한 적절한 연습을 선택하고 반복하는 것이다. 최고의 성과자들은 한계 설정이 무의미할 정도로 같은 연습을 반복한다.

〈3단계〉

끊임없이 결과의 피드백을 받는다. 어떤 기술이든 연습할 수는 있지만 그 효과를 확인하지 못하면 성과를 향상시킬 수 없다. 즉, 제대로 연습되었는지 알아야 하는 것이다. 교사나 코치 멘토의 피드백이 필요한 이유다.

잘 못하는 부분을 찾아내 수없이 반복하는 '신중히 계획된 연습'은 재미없고 고통스럽다보니 정신적으로 매우 힘들다. 제프 콜빈은 신중히 계획된 연습이 힘들고 지루하다는 사실은 확실히 희소식이라고 말한다. 사람들이 그런 연습을 하지 않기 때문이다. 신중히 계획된 연습을 하겠다고 결심하는 순간 당신은 그만큼 차별화된 존재가 될 수 있기 때문이다.

태도는 정신력, 마음가짐이다. 정신력이 실력이 될지 의심할지 모르지만 강한 정신력은 신중히 계획된 연습을 위해 중요하다. 꾸준히 지식을 쌓는 데도 정신력이 중요하다. 정신력은 근육과 같다. 근육은 운동으로 강화할 수 있다. 꾸준히 운동한다면 전보다 더 무거운 것을 들어 올릴 수 있다. 힘들이지 않고 더 높은 산을 오를 수도 있다. 정신력도 근육처럼 고갈되지만 꾸준히 노력하면 근육처럼 힘을 키울 수 있다.

3. 충동조절 능력

🔅 인생 전체에 영향을 미치는 충동조절 능력

인忍에 해당하는 세 번째 이야기는 충동조절 능력이다. 충동조절 능력은 3가지 차원에서 발휘할 수 있다.

첫 번째는 감정조절 능력이다. 감정조절에 실패하면 분노, 복수심, 성급함, 고함, 비난, 빈정거림, 욕설, 공격적인 행동이 나타난다. 여기에는 부모나 자식을 죽인 살인범에 대한 증오나 분노부터 상대방이 약속시간을 어겼을 때 느끼는 사소한 감정까지 포함된다.

두 번째는 유혹에 저항하는 능력이다. 마약, 알코올, 흡연, 수면욕구를 억제하는 능력이다. 시험 기간 동안 재미있는 TV드라마를 보고 싶은 유혹이나 컴퓨터게임을 하고 싶은 유혹, 비정상적인 성욕,

체중조절을 할 때의 식욕 등이 포함된다.

세 번째는 역할 수행 능력이다. 학생이 숙제 제출 기한을 지킨다거나 직장에서 보고서를 제때 제출하는 것이 포함될 수 있다. 힘들고 어렵더라도 인내심을 발휘해 성과를 창출하려는 능력을 말한다.

1960년대 월터 미셸(Walter Mischel)이 수행한 '마시멜로' 실험은 충동조절 능력이 삶에 미치는 영향을 잘 보여준다. 아이를 방에 데려가 마시멜로를 보여주고 연구자들이 나갔다가 다시 돌아올 때까지 15분 동안 먹지 않으면 1개를 더 준다는 조건을 걸었다. 연구자들이 나가자마자 홀랑 마시멜로를 먹어치우는 아이와 달리 잘 참아내는 아이도 있었다. 나중의 더 큰 보상을 위해 충동을 조절한 것이다. 간단한 실험이지만 많은 사실을 시사하는 실험이다. 잘 참아낸 아이들은 학업성적이 우수했고 학교에서 말썽도 덜 부렸다. 상류대학에 입학했고 성인이 된 이후 더 많은 돈을 벌었다. 그들은 범죄에 빠질 가능성도 낮았고 비만 위험도 적었다. 충동조절 능력이 삶 전체에 영향을 미친 것이다.

유아시절 마시멜로를 먹고 싶은 충동을 잘 참아낸 아이의 우수한 학업성적 결과는 유혹을 참아내는 능력이 성과와 관련 있음을 잘 보여준다. 컴퓨터게임을 하고 싶은 충동을 참는 능력, 자고 싶은 충동을 참는 능력, 쉬고 싶은 유혹을 이기는 능력, 화내고 싶은 충동을 이기는 능력, 포기하고 싶은 충동을 견디는 능력 모두 여기에 해당한다. 하기 싫은 일을 기꺼이 하는 능력도 성공하는 사람에게 필요한 자질이다.

최고가 되려면 너무 힘들어 도저히 감당할 수 없어 당장 그만두고 싶을 때 그 유혹을 이겨내고 버티는 인내력이 필요하다. 우리는 이미 충동조절 능력을 보여주는 이야기를 많이 보았다. 중이는 언제 끝날지도 모르는 막막한 망명생활에서 모든 것을 내려놓고 포기하고 싶은 충동을 잘 견뎌냈다. 범저는 죽기 일보직전 포기하지 않고 일어났다. 구천은 어땠는가? 똥을 먹는 굴욕의 순간에도 잘 참아냈다. 「사기」〈열전〉에는 이런 이야기들이 많이 실려 있다. 사마천도 비슷한 처지를 겪었으니 동병상련이었을 것이다. 한 가지 의문이 든다. 많은 사람들은 충동조절에 왜 실패할까? 어느 시점까지는 잘 견디지만 오래 참지 못하는 이유는 무엇일까?

☯ 중도에 왜 포기할까

　　충동조절을 하려면 자제력이나 의지력이 필요한데 그리 만만치 않다. 무한재가 아니기 때문이다. 심리학자들의 실험 결과에 따르면 자제력과 의지력은 사용할수록 고갈되는 것으로 밝혀졌다. 자제력이나 의지력이 고갈된다는 사실을 확인하기 위해 '음식지각력' 연구에 참여했던 대학생들의 행동방식을 살펴보자.[1]

　　학생들은 약간 배고픈 상태에서 실험실에 모였다. 실험 시작 3시간 전부터 아무 것도 먹지 말고 나오라는 지시를 받았기 때문이다.

연구원들이 안내한 방에서는 맛있는 냄새가 그들의 후각을 자극했다. 방금 전 그 안에서 연구원들이 초콜릿 칩 쿠키를 구웠기 때문이다. 방 중앙의 테이블 위에는 사발 2개가 놓여 있었다. 하나에는 초콜릿 캔디와 갓 구운 초콜릿 칩 쿠키가 시식용으로 들어 있었고 다른 하나에는 무가 가득 담겨 있었다.

연구원들은 실험 방법을 설명했다. "우리가 무와 초콜릿을 준비한 이유는 2가지 맛이 극명히 다르기 때문입니다. 오늘 이 자리에서 음식을 먹고 느낀 미각을 잘 기억해두었다가 내일 설문에 응하시면 됩니다."

실험 참가자 절반에게는 쿠키 2~3개와 초콜릿 캔디만 먹고 절대로 무는 먹지 말라고 지시했고 나머지 절반에게는 무 몇 개만 먹고 쿠키와 캔디는 절대로 먹지 말라고 지시했다. 학생들이 먹는 동안 연구원들은 의도적으로 방에서 떠났다. 유혹을 매우 가학적으로 유발하기 위해서였다. 그들은 불쌍한 무 팀이 따로 앉아 무를 깨작거리며 갓 구운 쿠키를 부러운 눈길로 힐끗거리길 바랐다. 쿠키를 먹는 팀은 무를 먹고 싶은 생각을 떨쳐내느라 크게 고생하진 않았다. 유혹에도 불구하고 참가자들은 지시받은 것만 먹었고 쿠키를 슬쩍 훔친 무 팀원도 없었다. 의지력을 발휘한 것이다.

잠시 후 '미각 연구'는 공식 종료를 선언하고 다른 연구원들이 방안으로 들어와 전혀 관련 없어 보이는 두 번째 연구 과제를 제시했다. "지금부터는 고등학생과 대학생 중 어느 쪽이 문제 해결에 능한지 실험하겠습니다." 이렇게 말한 것은 대학생들의 승부욕을 자극해 그들이 진지한 태도로 임하게 만들 의도였다. 실험에 참가한 학생들은 모두 대학생이었다.

학생들에게 제시한 것은 선을 중복해 그려도 안 되고 종이에서 연필을 떼어도 안 되는 규칙에서 얇은 반투명 용지 위에 복잡한 도형을 베끼는 퍼즐이었다. 횟수는 무제한이라며 용지는 무한정 제공했지만 사실 그 퍼즐은 푸는 것이 불가능하도록 고안되었다. 연구원들은 학생들이 어렵고 난감한 임무를 얼마나 오래 참고 수행하다가 포기하는지 알고 싶었던 것이다.

앞의 실험에서 초콜릿 칩 쿠키를 배당받아 무를 먹고 싶은 충동에서 저항할 필요가 없던 '유혹받은 적 없는' 학생들은 그 임무에 평균 19분 동안 임했고 문제 해결을 위해 성의있는 시도를 34번 수행했다. 무 팀은 그들보다 끈기가 없었다. 쿠키 팀이 소비한 시간의 절반에도 못 미치는 겨우 8분 후 포기했고 겨우 19번 시도했을 뿐이다. 그들은 왜 그렇게 쉽게 포기했을까? 자제력이 고갈되었기 때문이다. 쿠키를 먹고 싶은 충동을 참느라 자제력을 이미 많이 소모했기 때문이다. 이와 비슷한 여러 연구들에서 심리학자들은 자제력이 소모성 자원임을 밝혀냈다.

소모성 자원이더라도 충동 감정을 억제하고 수많은 유혹을 이기고 일을 미루지 않고 제때 해치우는 의지력은 리더에게 반드시 필요하다. 아무 때나 분노하고 하기 싫다고 피하고 어렵다고 포기하면 절대로 리더가 될 수 없다. 반가운 것은 의지력도 키울 수 있다는 사실이다. 근육을 키우기 위해 근력운동을 하듯이 의지력을 키우기 위해 마음훈련을 할 수 있다. 그러므로 우리는 자제력과 의지력을 길러 충동을 효과적으로 조절할 수 있다. 어떤 방법이 있을까?

🏵 의지력을 키우는 여러 방법

분노가 끓어오르는 충동적인 상황에서 의지력을 발휘하는 방법은 '일단 멈춤'이다. 자신의 감정을 억제하지 못하고 기분대로 행동하면 치명적일 수 있다. 평소 감정적인 언행으로 실수가 잦다면 유용한 방법이다. 감정폭발은 대부분 대화 도중에 일어난다. 원만히 대화가 풀리지 않으면 말다툼을 시작하는데 바로 그 순간 잘 대처해야 한다. 분노 상황이 되면 우리 몸에서는 스트레스 호르몬이 쏟아져 나온다. 스트레스 호르몬은 심장박동을 빠르게 하고 사람을 열 받게 만든다. 인체의 이 자동시스템이 정신과 육체에 유익할 것이 없지만 우리 몸은 무의적이고 자동적으로 변해간다.

이때 '일단 멈춤'을 기억하자. 이것은 눈에 뵈는 게 없는 '무분별'한 상황에서 분별력을 갖도록 도와준다. 무의식적 단계를 의식 단계로 바꾸어 놓는 것이다. 자신도 모르게 자동적으로 행해지던 행동을 의식할 수 있는 수준으로 환원하는 것이다. 특정 상황이 당신을 분노시킨다면 즉각적이고 자동적으로 말을 쏟아내거나 행동하지 말고 일단 멈추고 그 순간을 벗어나보자. 산책을 해도 좋고 심호흡을 해도 좋다. 그럼 5분 후에 후회할 일을 막을 수 있다.

일단 멈추고 질문해보자. 진정 내가 바라는 것은 무엇인가? 그렇다고 원하는 것을 위해 비굴해지라는 뜻은 아니다. 현재의 상황을 진정시키는 방향으로 가라는 것이다. 흥분한 상태에서는 결말이 좋을 리 없다.

얼마 전 건물임대업자인 팔자 좋은 친구로부터 하소연을 들었다. 자신의 건물에 세 들어 사는 임차인이 거의 1년 가까이 임대료를 내지 않아 대판 싸우고 왔다는 것이다. 친구로부터 들은 내용을 재구성해보았다.

> 임대인: (약간 화난 목소리로) 김 사장님, 임대료가 벌써 1년이나 밀려 보증금도 안 남았는데 어떻게 해결해 주셔야죠.
>
> 임차인: 그런 이야기를 가게 문 열자마자 와서 하십니까?(말을 흘리듯) 재수 없게…
>
> 임대인: 지금 뭐라고 하셨어요? 재수 없다니요? 전화할 때마다 곧바로 넣어준다고 하고 지키지도 않았고 최근 몇 번이나 전화했지만 받지도 않았잖아요! 말만 하면 거짓말이니 믿을 수가 있어야지! 사기꾼처럼 말이야!
>
> 임차인: 뭐요? 사기꾼?
>
> 임대인: (큰 목소리로) 긴 말 필요 없고 밀린 임대료를 정산하든지 가게를 비워주든지 이달 말까지 결정해주세요.
>
> 임차인: 돈 없으니 마음대로 하세요.

두 사람은 무엇을 잘못했을까? 둘 다 감정조절에 실패했다. 임대인은 임대인대로 가게 문을 열자마자 찾아와 화를 냈고 임차인은 화난 상태에서 '재수 없게'라고 막말을 했다. 막말은 막말을 낳는다. 서로 막말을 주고받으며 감정은 더 격해졌고 결국 몸싸움으로 이어질 뻔했지만 주위 만류로 최악의 상황은 막을 수 있었다. 이렇게 분노를 느낄 때 자신의 감정 상태를 스스로 알 수 있으면 큰일을 막을 수 있다. '내가 지금 화나 있구나.', '내 몸에서 스트레스 호르몬이 분비되고 있구나.'를 알 수 있다면 이판사판의 상황을 면할 수 있는 것이다. 그 다음 상대방의 감정 상태를 아는 것이다. 상대방의 기분이 좋은지 나쁜지를 안다면 상대방을 자극해 불필요한 다툼을 막을 수 있다.

치밀어 오르는 감정을 억제하는 좋은 방법은 지금 내가 대화하는 이유를 상기하는 것이다. '지금 이 대화로 내가 얻으려는 것은 무엇인가?'[2] 라고 질문하면 평정심을 되찾을 수 있다. 위의 대화에서 임대인이 임차인을 찾아와 대화하려던 원래 목적은 무엇인가? 당연히 밀린 임대료를 받아내는 것이었다. 임차인을 망신주거나 제압하려는 것은 결코 아니었다. 그런데 화를 내고 욕을 하면 제대로 임대료를 받을 수 있을까? 돈이 있어도 안 주려고 할 것이다. 그러므로 일단 멈추고 대화의 목적을 떠올리며 숨고르기를 하면 분노를 억제할 수 있다.

결심하고도 제대로 실행하지 못한다면 '선제적 예방조치'를 만들어보자. 매년 1월 초가 되면 헬스장이 초만원이라고 한다. 새해를 맞아 새로 결심하고 운동을 시작하는 사람들 때문이다. 그런데 보름만 지나면 다시 평소처럼 되돌아간다고 한다. 담배값이 오르면 담배 소비가 주춤하다가 다시 상승곡선으로 이어지는 것도 마찬가지다. 유혹을 이기는 자기절제가 그만큼 어렵다는 뜻이다. 다이어트, 금연, 금주 노력이 얼마 못가는 것은 그만큼 유혹이 강력하기 때문이다.

트로이 전쟁을 승리로 이끈 오디세우스는 부하들과 고향에 가기로 했다. 그의 고향은 이오니아 해의 이타케 섬이다. 고향으로 가는 길에는 장애물과 유혹들이 많았다. 특히 사이렌 유혹은 견디기 힘들었다. 사이렌은 몸은 새이지만 여자 머리와 목소리를 가진 바다괴물이었다. 거부할 수 없는 매혹적인 목소리로 사람들을 유혹해 배가 바위절벽에 부딪쳐 죽게 만들었다. 사이렌이 사는 섬을 무사히 빠져나가는 배는 거의 없었다. 오디세우스는 알고 있었다. 자신도 사이렌의 노랫소리에 유혹당할 수밖에 없다는 것을. 오디세우는 사이렌이 사는 섬을 무사히 통과하기 위해 미리 방책을 세웠다. 부하들의 귀를 모두 틀어막고 자신은 돛대에 묶인 채 그 섬을 통과하는 것이었다. 완전히 통과하기 전까지 아무도 자신의 명령을 따르지 말라는 명령까지 내렸다. 그리스 신화 이야기다. 오디세우스는 자신의 약점을 알고 있었고 자신을 미리 결박하는 선제적 예방조치로 유혹을 이기고 고향에 돌아갈 수 있었다.

선제적 예방조치에는 여러 방법이 있다. 공개 선언도 선제적 예방조치다. 금연이나 체중감량을 위한 운동 선언 결심을 주위에 알리면 효과를 볼 수 있다. 낭비 습관이 있다면 미리 적금을 드는 것도 같다. 안할 수 없는 상황을 만들어 놓으면 그만두고 싶은 유혹을 견딜 수 있다. 인간은 타인의 시선이나 평가에 예민하기 때문이다. 이런 결심을 공개하지 않고 자신만 알고 있다면 실패하더라도 슬쩍 넘어가게 되어 목표를 이룰 수 없다.

'대안 없애기'도 훌륭한 선제적 예방조치다. 글을 쓰다보면 1~2시간이 지나도 첫 한 줄조차 못 쓸 때가 있다. 하루 종일 끙끙대도 한 장도 못 채울 때도 있다. 이렇게 진도를 못 나가면 대부분 시간만 낭비한다는 생각에 자연스럽게 다른 일을 하게 된다. 참고할 책을 찾아 읽거나 음악을 듣거나 스마트 폰으로 드라마를 다시 시청한다. 사실 1~2시간 동안 끙끙대며 무엇을 쓸지 고민하는 것은 많은 에너지를 소모시킨다. 당연히 글을 쓰겠다는 의지력은 고갈되어 집중력을 발휘하기 쉽지 않다. 다른 일에 마음이 가는 것은 당연하다. 이럴 때는 오히려 아무 것도 하지 않고 멍하니 있는 것이 도움이 된다.

예를 들어 오전 8시부터 12시까지 글을 쓰겠다는 계획을 세웠다고 가정해보자. 이 시간에는 글쓰기 외에는 다른 일을 하지 말자. 멍하니 있거나 커피는 마셔도 되지만 책을 보거나 음악을 듣거나 청소하거나 이메일을 보내거나 전화하거나 인터넷 서핑은 안 된다. 4시간을 온전히 비워두는 것은 매우 효과적이다. 글쓰기 외에는 아무 것도 안 하는 것이다. 그럼 이상한 현상이 벌어진다. 아이디어가 다시 나오고 글이 써지기 시작한다.

실제로 이런 효과를 활용한 글쓰기 훈련 방법도 있다. 글을 쓰려는데 한 줄 쓰기도 버거운 사람이 있다. 그들을 위해 30년 동안 글쓰기 교육에 힘써 온 바버라 베이그(Barbara Baig)는 자유쓰기(Free

Writing)를 권한다. 자유쓰기 원칙은 무슨 일이 있더라도 최소 10분 동안 펜을 계속 놀려야 한다. 절대로 시계를 보면 안되고 그 대신 자명종이나 스톱워치를 활용한다. 멈추고 싶은 생각이 들더라도 이 욕구에 따르면 안 된다. 말하고 싶은 것이 생각날 때까지 똑같은 것을 반복하더라도 멈추지 말고 끝까지 펜을 놀려야 하고 쓰는 도중 다른 표현이 생각나더라도 먼저 쓴 것에 줄을 긋거나 편집하지 말라고 한다.

이렇게 대안을 남기지 않는 방법은 유혹을 이기는 좋은 방법 중 하나다. 독서는 지루할 때가 많다. 습관이 되어 있지 않다면 30분 동안 자리에 앉아 있기 힘들다. 이럴 때도 대안 없애기 방법이 효과적일 수 있다. 예를 들어 오후 7시부터 9시까지를 독서시간으로 정했다고 가정해보자. 오래 앉아 있을 때 답답함을 느끼거나 읽는 책이 지루해 집중할 수 없더라도 정해진 시간 동안 책상에서 떠나지 않는 방법이다. 졸음이 오더라도 책상에 엎드려 잠시 자는 것으로 해결하자. 화장실에 가고 싶은 욕구도 참고 커피 마시고 싶은 욕구도 참으며 무슨 일이 있더라도 책상 앞에 앉아 조금씩이라도 책을 읽다보면 독서는 습관이 된다. 대안 없애기는 실생활에서 유혹을 이기는 방법으로 다양하게 활용할 수 있다. 지갑에 든 현금만큼만 물건을 사고 신용카드를 사용하지 않는다고 정해두면 충동구매를 억제할 수 있다.

할 일을 뒤로 미루는 습관이 있다면 '목표와 계획'을 세워보자. 댄 애리얼리(Dan Ariely)는 미루는 습관의 해결 방법을 실험에서 찾아냈다.[3] 그는 대학생들을 상대로 강의하는 첫날, 12주 강의 동안 3가지 숙제를 제출해야 한다고 말했다. 이 숙제는 최종 학점을 매길 때 높은 비율을 차지한다는 사실도 알렸다. 다만 교실별로 제출 방법을 따로 정했다. 첫 번째 교실에서는 "이번 주 안으로 숙제를 언제 제출할지 날짜를 정하세요. 일단 기한을 정하면 바꿀 수 없어요." 제출 기한을 학생들이 자율적으로 정하고 정한 기일을 어기면 하루 늦을 때마다 1%씩 점수를 깎을 것이라고 말했다. 물론 학생들은 자신이 정한 기한 내에 숙제를 제출해야 하지만 그 기간이 빠르다고 점수를 더 얻는 것은 아니다. 학생들은 자율적으로 아래에 날짜를 적어냈다.

- 첫 번째 숙제는 ＿＿＿＿＿째 주에 제출하겠습니다.
- 두 번째 숙제는 ＿＿＿＿＿째 주에 제출하겠습니다.
- 세 번째 숙제는 ＿＿＿＿＿째 주에 제출하겠습니다.

학생들은 제출 기한을 언제로 잡았을까? 이성적인 학생이라면 맨 마지막 날 한꺼번에 내는 것으로 정했을 것이다. 그러나 학생들은 교수가 나누어준 강의계획표를 이용해 한 학기 동안 제출할 기한을 적절히 배분했다. 이것은 자신에게 미루는 경향이 있다는 사실을 잘 알고 있어 자신을 통제하고 싶은 학생들에게 효과적인 방법이다. 문제는 과연 그런 방식이 학점을 따는 데 도움이 되는가라는 점이다. 이 점을 살펴보기 위해 내용은 같지만 다른 형태로 다른 교실에서 실험을 진행해 점수를 비교했다. 두 번째 교실에서는 학생들에게 마감 기한을 정하지 않을 것이니 학기 마지막 날까지 제출하도록 했다. 미리 제출해도 상관없지만 추가점수는 없었다. 그들은 선택의 자유를 부여받았을 뿐만 아니라 중간 마감일을 지키지 않아도 벌점 받을 가능성도 없었다. 세 번째 교실에서는 독재적 방식을 택해 3가지 숙제 마감일을 각각 4주차, 8주차, 12주차로 정했다. 거기에 선택의 여지나 융통성은 전혀 없었다.

세 교실 중 어느 교실이 가장 좋은 점수를 받았을까? 마감 기한을 정해 놓은 교실의 학생들이 가장 높은 학점을 받았다. 마감 기한을 정하지 않은 학생들이 가장 낮은 점수를 받았고 스스로 마감일을 정한 교실은 중간성적을 거두었다. 이 결과의 의미는 무엇일까? 첫째, 학생들은 과제를 미룬다. 둘째, 자유를 최대한 제한하는 것이 미루기를 방지하는 최선의 방식이다. 그러나 가장 큰 발견은 학생들이 마감 기한을 정할 수 있도록 계획표를 나누어준 것만으로도 더 높은 학점을 따는 데 도움이 되었다는 사실이다.

실험 결과가 알려주는 사실은 이렇다. 학생들은 미루는 경향이 자신에게 있음을 잘 알고 있으며 기회만 있으면 그 습관을 고쳐 더 나은 성과를 얻고 싶어 한다. 결과적으로 마감 기한을 충분히 나누지 않은 학생들이 학급 평균점수를 깎아먹었다. 마감 기한을 적당한 간격으로 띄어 놓지 않은 채 마지막에 몰아 숙제하다보니 서둘게 되고 숙제를 제대로 마무리 못했던 것이다. 하루 늦을 때마다 1%씩 감점하지 않았더라도 결과는 같았을 것이다. 이 실험에서 알 수 있는 사실은 간단하다. 모두에게 미루는 경향이 있지만 그 문제를 자각하고 인정하는 사람은 극복할 수 있다는 것이다.

결심하지만 자꾸 흔들려 제대로 지키지 못한다면 '행동 계기'를 만들어보자. 방아쇠를 당기면 총알이 나가듯이 행동을 개시할 계기를 만들어두면 유혹을 이겨내고 성과를 높일 수 있다. 특히 자꾸 일을 미루고 힘든 일을 만나면 쉽게 포기하는 편이어서 좋은 성과를 못 내는 사람이라면 3W를 활용해 행동 계기를 만들어보자.

언제(When), 어디서(Where), 무엇을(What) 할지 미리 정해놓기만 해도 미루는 습관을 극복할 수 있다. 이것은 '나는 잠자리에 들기 전 30분 동안 서재에서 책을 읽겠다.'와 같은 것이다. 3W를 미리 정해 놓으면 실행가능성이 높다. 미루는 습관이 나오는 이유는 그 일이 싫기 때문이다. 즐거운 일이라면 전혀 미룰 이유가 없다. 세일즈맨이 영하의 추운 겨울날 고객을 만나기 위해 밖에 나가는 것은 매우 싫은 일이다. 학생이 숙제를 미루거나 회사 일을 뒤로 미루는 것은 흔한 일이다. 이때 미루는 습관을 고치려면 해야만 되는 '방아쇠'를 만들면 유리하다.

예를 들어 고객 개척을 위해 밖에 나가야 하는데 계속 미루거나 체중조절을 위해 운동을 결심했는데 계속 미루는 중이라면 행동 계기를 사용하는 것이다. '오늘은 점심을 먹자마자 전단지를 들고 무조건 나가자'라거나 '퇴근하자마자 운동복으로 갈아입고 운동하러 나간다'처럼 행동할 계기를 만드는 것이다.

피터 골비처와 동료 베로니카 브랜드스태터(Veronika Brandstatter)는 방아쇠를 당기는 것과 같은 행동 계기를 만들어두면 행동에 동기를 부여하는 데 매우 효과적임을 알아냈다.[4] 한 연구에서 그들은 크리스마스 이브를 어떻게 보냈는지에 대한 리포트를 제출하면 추가점수를 부여하는 수업에 참여하는 수강생들의 행동을 조사했다. 거기에는 함정이 있었다. 더 높은 점수를 받으려면 12월 26일까지 리포트를 제출해야 한다는 조건이었다. 많은 학생들이 리포트를 쓰려고 했지만 겨우 33%만 시간을 내 리포트를 작성해 제출했다.

이 연구에서 타 그룹 학생들에게는 행동 계기를 설정하도록 했다. 즉, 정확히 언제 어디서 리포트를 쓸 작정인지 미리 적게 했던 것이다(예를 들어 "나는 크리스마스 아침 모든 사람이 잠에서 깨기 전 아버지의 사무실에서 이 리포트를 작성할 것이다"). 그러자 학생의 75%가 리포트를 제출했다. 사소한 정신적 노력을 기울인 것치곤 놀랄 만한 결과였다.

뭔가를 하려는 시간과 장소를 '상상'만 해도 실제로 그 행동을 할 가능성이 높다는 말일까? 그렇기도 하고 아니기도 하다. 행동 계기가 있더라도 당신은(또는 다른 누구라도) 진심으로 하고 싶지 않은 일은 결국 안할 수도 있다. 대학생들은 행동 계기가 있더라도 크리스마스 날 열린 온라인 미적분 캠프에 참가하지 않을 수도 있을 것이다. 그러나 추가점수 연구에서 입증되었듯이 "자신도 해야 한다고 생각하는 일을 하도록" 동기를 부여하는 데는 큰 영향력을 발휘한다. 피터 골비처는 행동 계기의 가치는 "사전에 결정내리는 것"이라고 주장한다.

사례를 통해 우리는 사전 결정 개념도 파악할 수 있다. 골비처의 연구에 참여한 대학생 중 한 명이 되었다고 상상해보라. 크리스마스 기간 동안 당신은 집에 있다. 부모님은 따뜻이 대해주시고 형제자매들과 재미난 대화를 나누고 있다. TV가 켜지고 크리스마스 트리에 불이 들어온다. 나이 든 치와와 프레도는 다정한 눈빛으로 당신을 바라본다. 속을 채운 칠면조, 피칸 파이, 초콜릿 트리플 등 음식도 빼놓을 수 없다. 기타 히어로 게임, 낮잠, 고등학교 동창들로부터 걸려오는 전화도 있다. 사방에 주의를 산만하게 만드는 것들뿐이다. 추가점수를 받기 위해 리포트를 쓰겠다고 사전에 구체적인 결심("나는 크리스마스 날 아침 모든 사람이 잠에서 깨기 전 아버지의 사무실에서 이 리포트를 작성할 것이다"와 같은)을 하지 않은 상태에서 이 '온갖 자극 뷔페' 속으로 걸어 들어간다면 그대로 침몰할 것이다.

예상 밖의 가치가 행동 계기에 담긴 것은 이 때문이다. 골비처는 행동 계기는 "주의를 끄는 유혹과 나쁜 습관, 경합하는 여러 목표 사이에서 최초 목표를 보호하는" 역할을 한다고 주장한다. 골비처는 사람들이 극히 어려운 상황에 처했을 때 행동 계기가 특히 유용하다는 사실을 증명했다. '쉬운' 목표에 도전한 사람들과 '어려운' 목표에 도전한 사람들의 성취 비율을 분석한 연구가 있다. 쉬운 목표의 경우, 행동 계기를 이용해도 성취 비율은 78%에서 84%로 조금밖에 상승하지 않았지만 어려운 목표에 도전한 사람들은 행동 계기를 이용하자 성취 비율이 3배 가까이 상승했다. 목표 완수자 비율은 22%에서 62%까지 치솟았다.

행동 계기가 어려운 상황의 사람들을 어떻게 돕는지 확인하기 위해 고관절 치환술이나 무릎관절 치환술을 받은 환자 연구를 살펴보자. 환자들의 평균연령은 68세였으며 수술받기 전 통증을 경험한 기간은 평균 1년 6개월이었다. 초기에는 수술받기 전보다 모든 것이 불편해진다. 수술 대가로 환자들은 목욕하거나 잠자리에 들거나 심지어 자리에서 일어나는 일상활동에도 도움이 필요하다. 회복에 이르는 길은 길고 고통스러울 수 있다. 물론 빠른 치유는 모든 환자들의 소망이지만 그 중 한 그룹을 선택해 행동 계기를 설정하도록 했다.

예를 들어 다음과 같다. "이번 주에 산책을 나간다면 언제 어디로 갈 계획인지 적어주세요." 결과는 놀라웠다. 평균적으로 행동 계기를 세운 환자들은 3주 만에 혼자 목욕할 수 있었다. 다른 환자들은 7주가 걸렸다 행동 계기 그룹 환자들은 3.5주 만에 일어선 반면, 다른 환자들은 7.7주가 걸렸다. 한 달 후 행동 계기 그룹 환자들은 스스로 차에 타고 내릴 수 있게 되었다. 다른 환자들은 2.5개월이 걸렸다. 골비처는 행동 계기의 본질이 '즉각적 습관' 만들기라고 말한다. 습관은 행동을 자동적으로 유발하는데 이것은 행동 계기의 역할이기도 하다. 행동 계기는 일하기 너무 싫거나 어려운 목표에 도전할 때 유용하게 써먹을 수 있음을 명심하자.

언제 무엇을 하겠다고 미리 정해놓으면 '자이가르닉 효과'를 예방할 수 있다. '자이가르닉 효과'는 끝내지 않은 일이 머릿속에 계속 떠오르는 현상이다. 그런데 일을 마치고 나면 이상하게 더 이상 생각나지 않는다. 대수롭지 않다고 말할 사람도 있겠지만 집중력을 떨어뜨린다. 생각해보라. A 프로젝트를 수행하고 있는데 완성하지 못한 채 나중에 하기로 미루어둔 B 프로젝트가 머릿속에 자꾸 떠오른다면 집중력이 분산되지 않겠는가.

이를 위해 '3W효과'를 보여주는 실험을 살펴보자.[5] 연구자들은 시험 참가자에게 자신의 삶에서 중요한 프로젝트를 생각해보라고 주문했다. 다른 사람에게는 최근 끝낸 임무를 적도록 했다. 또 다른 사람에게는 아직 완성하지 못했지만 곧 끝내야 할 일을 적도록 했다. 세 번째 집단에게는 완성하지 못한 임무를 적을 뿐만 아니라 그 일을 어떻게 마칠지 구체적인 계획을 세우도록 했다. 그리고 서로 관련 없어 보이는 다음 실험 단계로 넘어갔다. 모든 참가자들에게 어느 소설의 첫 장부터 10페이지까지 읽는 숙제를 준 것이다. 연구자들은 그들이 책을 읽는 동안 얼마나 집중하는지 주기적으로 점검한 후 얼마나 집중을 잘했는지 물어보고 소설에 집중하지 못했다면 구체적으로 어떤 생각을 했는지 물어보았다. 또한 그들이 읽은 내용을 얼마나 잘 이해하는지도 물었다.

계획을 세우면 결과는 완전히 달랐다. 완성하지 못한 숙제를 대충 적기만 한 피실험자들은 숙제 완성을 위해 구체적인 계획을 적은 피실험자들보다 소설에 대한 집중력이 많이 떨어졌다. 구체적인 계획을 적은 피실험자들은 비교적 마음이 덜 흐트러졌고 이후 소설 내용을 얼마나 이해했는지 알아본 시험에서도 매우 높은 점수를 받았다. 숙제를 끝내지도 못하고 일 진전이 없었지만 계획 세우는 행동만으로도 마음이 정리되고 '자이가르닉 효과'가 사라진 것이다. 하지만 계획을 세우지 않는 참가자들에게는 '자이가르닉 효과'가 계속 남았다. 그들의 마음은 소설에서 끝내지 못한 임무로 이어졌고 소설 내용을 파악하기 위한 후속 시험에서도 좋은 성적을 받지 못했다.

'자이가르닉 효과'는 계획을 세우라고 무의식이 의식에게 요구하는 현상이다. 스스로 계획할 수 없는 무의식은 그 대신 의식에게 구체적인 시간과 장소, 기회에 대한 계획을 세우라고 요구하는 것이다. 일단 계획을 세우면 무의식은 더 이상 의식을 채근하지 않는다. 이제 완성하지 못한 일이 있다면 그 일을 언제 하겠다고 명시하라. 그래야만 머릿속이 우왕좌왕하지 않는다. 무엇을 하겠다는 계획이 중요하지만 때때로 하지 말아야 할 목록을 만드는 것도 도움이 된다. 우리를 자극하는 것, 충동질하는 것, 몰입과 끈기를 방해하는 것, 열정을 식히는 것들을 구체적으로 적는 것이다.

짐 콜린스(Jim Colins)가 대학원을 다닐 때 교수 한 분이 그에게 말했다.[6]

"자넨 바쁘게만 살 뿐 정리된 삶을 살고 있진 않은 것 같네."

그리고 교수는 콜린스에게 "어느 날 2천만 달러를 상속받았는데 남은 수명이 10년뿐이라면 행동을 어떻게 바꾸겠는가?"라고 물으며 "무엇을 그만둘지" 물었다. 바로 그때 콜린스의 아이디어가 탄생했다. 콜린스는 이것을 '그만두기 목록'이라고 부르며 1년에 한 번씩 새로 편집했다. 콜린스는 이렇게 적고 있다.

"위대한 예술작품은 마지막 부분에 무엇을 넣느냐 못지않게 무엇을 넣지 않느냐에 따라 탄생한다. 어울리지 않는 것은 버려야 한다. 며칠 심지어 수년의 노력이 들어갔더라도 말이다. 그래야만 진정 위대한 예술가가 될 수 있으며 이상적인 그림, 교향곡, 소설, 기업, 가장 중요한 인생을 만들 수 있다."

당신의 의지력을 방해해 성과를 떨어뜨리는 방해꾼 목록을 만들어보자. 예를 들어 다음과 같다.

- 독서하는 시간에는 핸드폰을 보지 않는다.
- 친구나 직장동료의 무리한 부탁이나 요구를 들어주지 않는다.
- 주 1회 이상 술을 마시지 않는다.

이렇게 하지 말아야 할 일과 그만두어야 할 일 목록을 적어 잘 보이는 데 붙여두면 그것을 볼 때마다 경각심이 생길 것이다.

2장

인認

세상을
만들어가는
지혜

1. 전략

✦ 치밀하고 일관성 있게

1장에 등장한 범저 이야기를 이어가 보자. 범저는 억울하게 누명을 쓰고 죽을 뻔했지만 다행히 고비를 넘기고 천신만고 끝에 진나라로 넘어갔다. 거기서도 1년 동안 기다린 후에야 진소왕을 겨우 알현했다. 범저는 이미 진나라의 정치적 상황과 당시 국제정세를 제대로 읽고 소왕과 진나라를 위한 전략을 세웠다. 범저는 진소왕에게 이렇게 말했다.

"대왕의 나라는 사방이 자연 요새로 견고합니다. 북쪽에는 감천과 곡구가 있고 남쪽에는 경수와 위수가 있으며 농·촉을 서쪽에 두고 함곡관과 상판이 동쪽에 있습니다. 그리고 용맹한 100만 명의 군사가 있고 전차는 1천 대나 되어 유리할 때는 나아가 싸우고 불리하면 안에서 지킬 수 있습니다. 그야말로 패업을 이룰 수 있는 땅입니다. 또한 백성들은 사사로운 싸움에는 겁을 내고 나라를 위한 싸움에는 용감합니다. 제왕의 백성입니다. 대왕께서는 이 2가지 모두 갖추고 계십니다. 따라서 군사들의 용맹과 전차만으로도 제후들을 평정할 수 있습니다. 그것은 마치 한로라는 사냥개를 몰아 절름발이 토끼를 잡는 것과 같습니다. 이렇게 하면 패왕의 공업을 성취할 수 있습니다. 그런데 대왕의 뭇 신하들은 모두 그 관직을 감당하지 못하고 지금까지 함곡관을 닫은 지 15년이 되도록 감히 군사를 일으켜 산동을 엿보지 못하고 있습니다. 그것은 양후가 진나라를 위해 꾀하는 데 성의가 없고 대왕의 처사에도 마땅치 못한 점이 있기 때문입니다."

이를 듣자 진나라 왕은 무릎을 꿇은 채 다시 물었다.

"과인의 처사가 부당했던 점에 대해 듣고 싶소."

하지만 좌우로 비밀을 엿듣는 사람이 많은 것 같아 말이 새는 것이 두려워 국내 문제는 언급하지 않았다. 먼저 국외 문제를 다루어 왕의 태도를 살피려고 했다.

범저는 먼 나라와 친교를 맺고 가까운 나라를 공격하는 '원교근공遠交近攻'책을 제시했다. 이것은 진나라의 핵심 외교정책이 되어 전국통일의 초석을 놓는 데 중요한 역할을 했다.

"양후가 한·위나라를 넘어가 제나라 강수를 치려는 것은 훌륭한 계책이 아닙니다. 적은 군사로는 제나라를 이길 수 없고 대군을 보내면 진나라에 해를 끼칩니다. 가능하다면 대왕께서는 진나라에서는 군사를 적게 동원하고 부족한 병력은 한·위나라 군사로 보충하려고 하시지만 그것은 옳지 않은 일이라고 생각합니다. 지금 동맹국인 제나라와 사이가 안 좋다고 타국을 넘어 들어가면서까지 공격하는 것이 옳은 일입니까? 아무래도 이 계책에는 소홀한 점이 있습니다.

옛날 제나라 민왕이 남쪽으로 초나라를 쳐 적을 이기고 장군을 죽이고 영토를 다시 사방 천리나 넓히려고 했지만 결과적으로 제나라는 한 치 땅도 얻지 못했습니다. 그것이 땅을 얻기 싫어서였겠습니까? 땅을 차지할 수 없는 형세였기 때문입니다. 제후들은 제나라가 지쳐 있고 임금과 신하의 사이가 화목하지 못한 것을 알게 되자 군사를 일으켜 제나라를 쳤으며 제나라는 대패해 장수는 치욕을 당하고 군사는 꺾이고 말았던 것입니다. 제나라에서는 모두 왕을 책망해 '누가 그런 계획을 세웠습니까?'라고 물었더니 왕이 '전문이 세웠다'라고 답하자 대신들이 반란을 일으켜 결국 전문이 달아났습니다. 제나라가 싸움에 대패한 것은 초나라를 침으로써 한·위를 강대하게 만들어 주었기 때문입니다. 이것이 바로 '도적에게 무기를 빌려주고 식량을 주는 꼴'입니다. 대왕께서는 먼 나라와 친교를 맺고 가까운 나라를 치는 것이 상책입니다. 그럼 한 치 땅을 얻어도 대왕의 것이 되고 한 자 땅을 얻어도 대왕의 것이 되옵니다. 지금 이런 훌륭한 계책이 있는데 이것을 버리고 먼 나라를 치려고 하다니 어찌 잘못된 일이 아니겠습니까?

옛날 중산국은 영토가 사방 100리나 되었지만 중산에서 가장 가까운 조(趙)나라 혼자 그것을 차지했습니다. 명분은 명분대로 얻고 실리는 조나라에게 돌아간 것입니다. 그래도 천하 어느 나라도 그것을 방해하지 못했습니다. 대체로 지금 한나라와 위나라는 중원에 위치해 천하의 등뼈를 차지하고 있습니다. 대왕께서 패자가 되시려면 반드시 중원의 나라들과 가까워져 천하의 등뼈가 되어 초나라와 조나라를 눌러야 합니다. 초나라가 강하면 초나라를 내 편으로 끌어들이고 조나라가 강하면 조나라를 내 편으로 삼으십시오. 초나라와 조나라 모두 내 편이 되면 제나라는 틀림없이 두려워할 것입니다. 제나라가 두려워하면 그들은 틀림없이 공손히 말하며 많은 예물로 진나라를 섬길 것입니다. 제나라가 내 편이 되면 한·위나라도 저절로 손에 넣을 수 있게 됩니다."

소왕이 다시 말했다.

"과인이 위나라와 친하게 지내려고 한 지 이미 오래되었소. 그러나 위나라는 변덕스런 나라여서 과인은 친할 수 없었소. 위나라와 친해질 방법을 가르쳐 주시오."

범저가 말했다.

"대왕께서 공손히 말하고 많은 예물로 위나라를 섬기십시오. 그래도 안 되면 땅을 떼어 예물로 주십시오. 그래도 안 되면 군사를 일으켜 위나라를 치십시오."

소왕이 동의했다.

"삼가 가르침을 따르겠소."

범저는 계속 진소왕을 설득했다.

"진나라와 한나라는 지형이 얽혀 있어 수를 놓은 것과 같습니다. 한나라는 진나라에게 나무의 좀이나 사람 내장의 병과 같습니다. 천하에 변이 없으면 모르거니와 만약 변이 생기면 진나라의 적으로 한 나라보다 더한 나라가 없습니다. 그러므로 대왕께서는 한나라를 내 편으로 두는 것이 좋습니다."

소왕이 말했다.

"과인도 한나라를 내 편으로 만들고 싶은데 한나라가 듣질 않소. 어쩌면 좋겠소?"

범저가 설명했다.

"어째서 한나라가 진나라 편이 안 될 수 있겠습니까? 대왕께서 군대를 보내 형양을 치면 공과 성고로 통하는 길이 막히고 북쪽 태행산 길목을 끊는다면 상당수 군사들이 남쪽으로 내려올 수밖에 없습니다. 즉, 대왕께서 군사를 일으켜 형양을 친다면 한나라는 세 토막으로 나뉘고 결국 망한다는 것을 한나라가 아는 이상 어찌 진나라의 요구를 듣지 않겠습니까? 한나라가 진나라의 요구를 들어주면 마침내 패업 달성을 위한 계획을 짤 수 있습니다."

범저의 전략은 치밀했다. 진나라는 패업 달성을 위해서는 동쪽으로 향해야 한다. 그렇다고 제나라와 초나라 같은 대국을 공격하면 목적을 달성할 수 없다. 먼 나라와 동맹을 맺어 발을 묶어두고 가까운 나라부터 야금야금 먹어치우자는 전략은 앞으로 계속 유지되는 진나라의 정책이 되었다.

범저의 다음 전략은 내정개혁이었다. 나라가 안정되지 못하면 효과적인 외교정책을 구사할 수 없었다. 범저는 소왕의 신임이 두터워지자 기회를 엿보아 내정개혁 문제를 들고 소왕을 설득했다. 당시 진나라는 소왕의 어머니 선태후가 권력을 좌지우지했을 뿐만 아니라 선태후의 아우 양후와 화양군, 소왕의 동생 고릉군과 경양군의 권력과 재물은 왕실을 능가할 정도였다. 이런 상황에서 소왕이 왕권 강화를 꾀한 것은 지극히 당연했다. 범저의 설득을 들어보자.

"나라를 잘 다스리는 자는 안으로 위엄을 굳히고 밖으로는 권력을 무겁게 한다고 들었습니다. 그런데 양후는 대왕의 중요한 권력을 장악해 사신을 마음대로 보내 제후들을 다루고 천하의 땅을 나누어 사람을 봉하고 적을 무찌르고 나라를 치는 등 진나라 국사를 전횡하고 있습니다. 싸움에서 이기면 그 이익을 자신의 봉읍인 도 땅의 것으로 만들고 싸움에 패하면 백성들을 원망하며 그 화를 다른 나라에 돌립니다. 〈시〉에 나무열매가 너무 많으면 가지가 부러지고 가지가 부러지면 나무의 기를 해치며 도읍이 너무 크면 나라가 위태롭고 신하가 높으면 임금은 낮아진다고 했습니다. 최저 · 요치의 예를 보십시오. 그들은 모두 제나라 국정을 맡고 있었지만 최저는 제나라 장왕의 다리를 활로 쏘아 죽이고 요치는 민왕의 힘줄을 뽑아내 밤새 사당 대들보에 매달아 죽였습니다. 조나라 이태는 국정을 장악하자 무령왕을 사구에 유폐시켜 100일 만에 굶어 죽였습니다. 그런데 지금 진나라에서는 태후와 양후가 국사를 도맡으며 고릉군 · 화양군 · 경양군이 이를 도와 진나라 왕은 안중에도 두지 않는다니 요치 · 이태의 무리와 다를 바 없습니다. 또한 하 · 은 · 주 3대 왕조가 차례대로 망한 것은 임금이 정권을 신하에게만 맡겨둔 채 술에 빠지고 사냥이나 하며 정사를 직접 돌보지 않았기 때문입니다. 또한 정권을 맡은 신하가 현인을 시기하고 유능한 자를 미워하며 밑을 누르고 위를 가로막아 사욕만 채우고 임금을 위한 계책을 세우지 않는데도 임금이 깨닫지 못했기 때문입니다. 그런데 지금 진나라에서는 지방 수령을 비롯한 모든 높은 벼슬아치부터 왕 좌우의 신하들까지 상국 양후의 측근이 아닌 자가 없습니다. 신이 보건대 대왕께서는 조정에서 철저히 고립되어 있습니다. 신은 만세 후 진나라를 통치할 사람이 대왕의 자손이 아닐 수도 있음을 두려워합니다."

소왕은 그 말을 듣자 크게 두려워 태후를 폐하고 양후·고릉군·경양군을 함곡관 밖으로 내쫓고 범저를 재상에 앉혔다. 범저는 국가 정책에 전략적일 뿐만 아니라 개인문제도 전략적으로 접근했다. 이것은 나라에 큰 공헌을 했지만 불행히 생을 마감하는 사람들과 크게 비교된다. 범저는 외교정책이나 내정개혁에서 대성공을 거두며 왕의 신임이 두터웠지만 그가 천거한 측근들은 잇따라 실수를 저질렀다. 우선 그가 추천해 장군에 오른 정안평은 조나라와 전쟁에서 포위당하자 군사 2만 명을 거느린 채 조나라에 항복했다. 그의 천거로 하동 태수가 된 왕계는 제후와 내통하다가 법에 저촉되어 사형을 받게 되었다. 진나라 법에 추천받은 사람이 죄를 범하면 추천한 사람도 똑같은 벌을 받는다. 이에 따라 범저의 죄는 3족을 멸하는 죄이지만 진소왕의 두터운 신임 덕분에 무사히 넘어갔다. 하지만 불안은 여전했다. 이런 상황을 전해들은 연나라 사람 채택(蔡澤)이 범저를 찾아왔다.

채택은 각처를 돌아다니며 공부했고 벼슬을 얻기 위해 크고 작은 제후들을 무수히 찾아다녔지만 뜻을 이루지 못했다. 채택은 범저에게 나타난 일련의 징후들에서 기회를 엿보았다. 채택도 범저 못잖은 전략가임에 틀림없다. 그는 소왕을 만날 기회를 만들기 위해 먼저 다른 사람들에게 이런 소문을 퍼뜨려 범저를 화나게 만들었다.

"연나라 사람 채택은 천하의 영웅호걸로 변론과 지혜가 뛰어난 놀라운 선비다. 그가 진나라 왕을 한 번 만나기만 하면 왕은 그를 좋아해 틀림없이 범저를 궁지에 몰아넣고 결국 그의 지위를 빼앗을 것이다."

범저가 그 소문을 듣고 사람을 보내 채택을 불렀다. 채택은 범저를 만나 그동안 충성스럽고 많은 공을 세운 신하들의 말로를 당당히 설명했다. 상앙·백기·오기·문종 모두 부강한 나라를 만들고 왕에게 충성스런 신하였지만 공을 이루고 물러나지 않아 화를 입었다며 그들을 '펴고 굽힐 줄 모르며 갈 줄만 알고 돌아올 줄 모르는 사람들'이라고 깎아내렸다. 그의 주장을 더 들어보자.

"상공은 진나라 재상 자리에서 계획을 꾸미고 조정에 머문 채 계책만으로 제후를 누르며 (중략) 천하 제후들이 모두 진나라를 두려워하도록 만들었습니다. 이리하여 진나라가 원하는 일을 이루었고 상공의 공은 극도에 이르렀습니다. 지금이야말로 진나라는 서서히 조금씩 공을 나눌 때입니다. 이런 상황에서 물러나지 않는다면 상앙·백기·오기·문종과 같은 처지가 됩니다. 저는 '물을 거울로 삼는 자는 자신의 얼굴을 볼 수 있고 사람을 거울로 삼는 자는 자신의 길흉을 안다'라고 들었습니다. 「서」에 '성공했다면 그 자리에 오래 머물지 말라'라고도 했습니다. 왜 저 4명처럼 화 가운데 몸을 두려고 합니까? 왜 이 기회에 재상의 인수를 돌려주고 어진 사람에게 자리를 물려주고 물러나 바위 밑에서 살며 냇가 경치를 구경하며 살려고 하지 않습니까? 그렇게 산다면 틀림없이 백이와 같은 청렴한 이름을 얻고 영원히 응후로 불리어 자자손손 대대로 제후로 지내며 허유와 연릉계자처럼 겸양의 칭송을 받고 왕자 교·적송자처럼 오래 살 것입니다. 상공은 어느 쪽을 택하시겠습니까? 화를 입어 일생을 마치는 것보다 낫지 않습니까? 현재의 지위를 떠나는 것이 아까워 결단을 못 내린다면 저 4명처럼 화를 입을 것입니다. 「역」에 말하길 '높이 올라간 용은 뉘우칠 날이 있다'라고 했습니다. 이것은 오르기만 하고 내려갈 줄 모르고 펼 줄만 알고 굽힐 줄 모르며 나아가는 것만 알고 돌아설 줄 모르는 자를 일컫는 말입니다. 바라건대 깊이 생각하십시오."

채택의 말을 들은 범저는 그를 상객으로 맞이하고 소왕에게 소개했다. 소왕은 채택을 만나보고 크게 기뻐하며 객경에 임명했다. 범저는 병을 핑계로 재상직에서 물러났다. 성공을 향한 전략도 중요하지만 물러나는 전략도 중요하다.

리더는 조직 목표를 설정하고 그것을 완수할 전략을 짜야 한다. 이때 유연성은 필요하지만 '조석변개'한다면 전략이라고 할 수 없다. 전략은 지향점을 갖고 꾸준히 가는 길과 같다. 수시로 바뀐다면 임기응변이다. 범저의 건의로 진나라는 원교근공 전략을 채택해 유지했다. 이런 일관적인 전략은 진나라가 전국시대를 통일하는 초석이 되었다. 반면, 전략이 없는 리더는 남의 전략에 휘말릴 수밖에 없다.

⚛ 전략적으로 생각하라

올바른 전략을 세우려면 전략적으로 생각할 수 있어야 한다. 전략적 사고를 하려면 현재의 상황을 제대로 분석하고 핵심을 꿰뚫어보는 통찰력이 필요하다. 분석과 통찰력은 잠시 뒤로 미루고 전략적 사고부터 알아보자.

하워드 가드너(Howard Gardner)는 미래를 성공으로 이끌 5가지 마음능력으로 훈련된 마음, 종합하는 마음, 창조하는 마음, 존중하는 마음, 윤리적인 마음을 꼽았다.[1] 전략적 사고를 하려면 그 중 종합하는 마음과 창조하는 마음을 갖추어야 한다. 가드너에 따르면 종합하는 마음[2]은 정보를 다양한 출처에서 얻고 그 정보를 객관적으로 이해하고 평가하는 능력이다. 정보를 수집 · 분석하는 데 많은 에너지를 투자해야 한다. 이렇게 폭넓은 지식과 정보를 바탕으로 과감히 최우선 순위를 정하고 구체적 전략을 수립하고 실행 계획을 세운다.

한마디로 리더는 조직을 위해 해야 할 일을 아는 사람이다. 이 능력은 과거에도 가치가 있었지만 아찔한 속도로 정보량이 증가하는 오늘날의 방대한 정보를 조사하고 유용한 방식으로 구성하는 능력은 어느 때보다 중요해졌다. 훌륭한 리더는 수개월 동안 해온 일들을 되돌아보고 앞으로 어떻게 수행하는 것이 가장 좋을지 예측하기 위해 노력한다. 전략을 아는 리더는 새로운 비전을 개발하고 관계자들과 의견을 나누고 그 혁신적인 아이디어를 어떻게 실현할지 심사숙고하며 구성원들을 한 방향으로 일치시킨다. 한편, 창조하는 마음³은 새로운 아이디어를 내고 익숙치 않은 질문을 제기하며 참신한 사고방식을 불러일으키고 예상치 못한 해답에 도달하는 능력이다.

《리더의 종합 능력과 창조 능력》

전략적 사고를 위한 능력	구체적 실행 능력
종합 능력	• 다양한 출처에서 정보수집 능력 • 수집한 정보를 객관적으로 이해하고 평가하는 능력 • 최우선 순위를 정하는 능력 • 구체적 전략과 실행 계획 수립 능력 • 새로운 비전 개발 능력 • 혁신적 아이디어 실현 능력
창조 능력	• 새로운 아이디어 제안 능력 • 익숙치 않은 질문 능력 • 참신한 사고방식을 불러일으키는 능력 • 예상치 못한 해답에 도달하는 능력

범저가 진소왕을 만나 설득하는 장면을 생각해보자. 그는 전략적 사고를 했다. 진나라 국내 사정과 국제정세에 대한 모든 정보를 수집했고 그 정보를 바탕으로 구체적 전략과 실행 계획을 수립한 후 연소왕을 설득했다. 연소왕을 설득하기 위해 종합 능력과 창조 능력을 유감없이 발휘한 것이다.

무슨 일을 하든지 무의미한 정보는 무시하고 가치 있는 정보를 파악·활용해 최선의 결과를 찾아내야 한다. 여기서 필요한 능력이 전략적 사고다. 정보를 취사선택해 최선의 해결책을 만들어내는 능력이 리더에게 필요하다. 전략을 세웠더라도 리더는 항상 앞뒤를 따져가며 조정해야 한다. 주변 환경은 변하는데 결정한 전략을 일직선으로 고수하는 것은 실패로 가는 길이다. 돌발변수에 올바로 대응하는 유연성의 유무에 따라 성패가 좌우된다. 이제 리더들의 몇 가지 전략을 살펴볼 것이다. 그들은 전략을 세울 때 기발한 발상으로 차별화하고 자신들에게 유리하도록 판을 바꾸었다. 하나씩 자세히 살펴보자.

⬡ 기발한 생각을 하라

연나라 소왕은 악의 장군에게 제나라를 치도록 명령했다. 연나라의 침공으로 제나라는 거의 멸망 직전까지 갔다. 남은 곳은 거와 즉묵뿐이었다. 전단田單은 즉묵을 지키며 연나라에 대항했다. 때마침 연나라에서는 소왕이 죽고 혜왕이 즉위했다. 그때 전단은 매우 기발한 발상으로 연나라를 물리치고 빼앗긴 땅을 되찾았다.

혜왕은 악의와 사이가 안 좋았다. 전단은 그 사실을 알아내고 연나라에 첩자들을 보내 반간계를 썼다.

"이미 제나라 왕은 죽었고 제나라 성들 중 함락되지 않은 곳은 둘뿐이다. 악의는 말로는 제나라를 토벌한다면서 사실 전쟁을 질질 끌며 자신이 제나라 왕이 되려고 하고 있다. 그러나 제나라 사람들이 항복하지 않아 잠시 즉묵 공격을 늦추어 시기를 엿보는 것이다. 제나라 사람들은 다른 장군이 와 즉묵을 쑥대밭으로 만들까봐 두려워할 뿐이다."

연나라 왕은 그렇다고 여기고 악의 대신 기겁을 장군으로 임명했다. 악의는 달아나 조나라에 귀순했고 연나라 병사들은 모두 분개했다.

한편, 전단은 성 안 사람들에게 끼니때마다 반드시 들에 음식을 차려놓고 조상에게 제사를 지낼 것을 명령했다. 날던 새들 모두 성 안에 내려앉아 차려놓은 음식들을 먹었다. 새가 성 안에 내려앉는 것을 연나라 사람들이 보고 이상히 여기자 전단은 이렇게 선전했다.

"신이 내려와 나를 가르쳐주는 것이오."

그리고 성 안 사람들에게도 이렇게 말했다.

"이제 신이 내려와 내 스승이 될 것이다."

그러자 병사 하나가 물었다.

"저 같은 사람도 그 스승이 될 수 있을까요?"

말을 끝내자 그는 몸을 돌려 달아났다. 전단은 곧 일어나 그를 불러 동쪽에 앉히고 그를 스승으로 섬기려고 했다. 그러자 병사가 말했다.

"저는 장군을 속였습니다. 사실 아는 것이 아무 것도 없습니다."

"아무 말도 하지 말라."

그러고는 그를 스승으로 모셨다. 전단은 명령을 내릴 때마다 반드시 스승인 신의 지시라고 말한 후 이렇게 선포했다.

　　"나는 다만 연나라 군사들이 포로로 잡힌 우리 제나라 병사들의 코를 베고 그들을 앞장세워 우리와 싸우게 되면 즉묵이 패할까봐 두려워하고 있다."

　　연나라 군사들은 이 말을 듣자 전단이 말한 그대로 실행했다. 성 안 병사들은 항복한 제나라 병사들이 모조리 코 베는 형벌을 당한 것을 보자 모두 분개해 성을 굳게 지키며 포로가 될까봐 두려울 뿐이었다. 전단은 다시 첩자를 보내 이런 말을 퍼뜨렸다.

　　"나는 연나라 군사들이 성 밖 무덤을 파헤치고 조상을 욕보일까봐 두렵다. 생각만 해도 가슴이 섬뜩해진다."

　　그러자 연나라 군사들은 다시 무덤을 모조리 파헤치고 시체를 불살랐다. 즉묵 병사들은 성 위에서 그 광경을 바라보고 모두 눈물을 흘리며 달려나가 싸우길 원했다. 그들의 분노는 10배나 더했다. 전단은 병사들이 싸울 수 있게 된 것을 보자 몸소 판자와 삽을 들고 병사들의 일을 거들었다. 또한 자기 집 부녀자들까지 군대에 편입시키고 음식을 나누어주어 먹였다. 그런 후 무장한 병사들을 모두 숨겨두고 노인, 아이, 부녀자들을 성 위로 올려 보낸 후 사자를 보내 항복을 약속했다. 연나라 군사들은 모두 '만세'를 외쳤다. 또한 전단은 백성들의 돈을 거두어 1천 일을 모아 즉묵의 부자들을 통해 연나라 장수에게 보내주며 말했다.

　　"즉묵이 항복한다면 저희 집안만 가족들을 포로로 삼거나 재물을 빼앗는 일 없이 편히 살게 해주시오."

연나라 장수들은 기뻐하며 점점 더 방심하게 되었다.

그런 후 전단은 매우 기발한 화우공법火牛攻法을 생각해냈다. 그는 성 안에서 모은 소 1천 마리에 오색으로 용의 모습을 그려 입히고 칼날을 쇠뿔에 붙들어 매고 갈대를 쇠꼬리에 매달아 기름을 묻히고 그 끝에 불을 붙였다. 그리고 성벽에 수십 개 구멍을 뚫어 야밤에 소를 내보내고 장사 5천 명이 뒤를 따르도록 했다. 소들은 꼬리가 뜨거워지자 놀라 연나라 진영을 뛰어들었다. 연나라 병사들은 한밤중이어서 매우 당황했다. 쇠꼬리 횃불은 눈부실 정도로 빛났다. 연나라 병사들이 자세히 살펴보니 전부 용의 모습이었는데 그것에 부딪치기만 하면 모조리 죽거나 다쳤다.

거기에 장사 5천 명이 입에 나뭇가지를 물고 말없이 뛰어들었다. 성 안에서는 북을 울리며 함성을 올렸고 노인과 아이들도 모두 구리그릇을 두드리며 응원했다. 그 소리는 천지를 뒤엎는 것 같았다. 연나라 병사들은 매우 놀라 달아났다. 이 싸움에서 제나라 군사들은 연나라 장군 기겁을 무찔러 죽였다. 연나라 병사들은 정신없이 허둥지둥 달아났다. 제나라 군사들은 도망치는 적을 뒤쫓았는데 그들이 지나가는 성과 고을들은 모두 연나라에 반기를 들고 전단에게 귀순해 나날이 병사 수는 늘어갔다. 매일 연나라 패잔병들은 쫓겨 도망쳤고 연나라의 70여 개 성들은 다시 제나라 것이 되었다.

전쟁의 목표는 승리다. 전쟁에서 반간계나 기만술은 흔한 전략이다. 1950년 6.25사변 때 연합군 총사령관 맥아더 장군은 인천상륙작전에서 북한군에게 허위정보들을 흘리며 성공 확률이 희박했던 역사적 작전을 대성공으로 이끌었다. 승패를 가르는 경기에는 항상 속임수가 있다. 하물며 목숨이 오가고 국가 존망이 달린 전쟁터에서 속임수는 전략 중 하나다. 적어도 남의 속임수에 넘어가면 안 된다. 송양공 사례는 고지식이 전쟁에서 어떤 결과를 초래하는지 잘 보여준다.

　　송宋나라 양공襄公은 홍수泓水에서 초나라 성왕과 싸움을 벌였다. 초나라 병사들이 미처 강을 건너지 못했을 때 목이가 말했다.

　　"저들은 많고 우리는 적으니 저들이 아직 강을 건너지 못했을 때 칩시다."

　　그러나 양공은 듣지 않았다. 그들이 이미 강을 건넜지만 전열을 갖추지 못했을 때 목이가 다시 말했다.

　　"지금이라도 공격하면 됩니다."

　　양공이 말했다.

　　"그들이 전열을 갖출 때까지 기다립시다."

　　초나라 군대가 전열을 갖추고 나서야 송나라 군대는 그들을 공격했다. 송나라 군대는 대패했고 양공은 넓적다리에 부상을 당했다. 송나라 사람들이 모두 양공을 원망하자 양공이 말했다.

　　"군자는 남이 어려움에 빠졌을 때 곤궁에 빠뜨리지 않고 남이 전열을 갖추지 못했을 때 북을 두드리지 않는다."

　　그러자 자어가 말했다.

　　"전쟁은 승리를 공으로 삼아야 하거늘 어찌 일상적인 말을 하십니까? 당신 말대로 하면 우리는 분명히 노예로 전락해 남의 나라를 섬기게 될 뿐인데 무엇 때문에 전쟁을 하십니까?"

이듬해 양공은 넓적다리 상처가 도져 죽었다.

아군의 전력이 적군보다 월등히 강하다면 송양공처럼 여유를 부릴 수도 있지만 초나라 군사가 더 많았다. 강을 건너 전열을 갖추면 정공법으로 어떻게 이길 수 있다는 말인가? 병력이 열세라면 정공법보다 기발한 전략을 구사해야 한다. 자어의 말처럼 전쟁은 승리가 목적이지만 송양공은 너무 고지식했다. 그 결과 전쟁에서 대패하고 양공은 그때 입은 상처가 도져 이듬해 죽고 말았다.

손무는 「손자병법」에서 '군대를 움직여 전쟁하는 것은 일종의 속임수'라고 하지 않았던가. 손무는 기병奇兵의 중요성을 강조했다. 기병은 변칙전략을 뜻한다. 정상적인 방법으로 승리를 장담할 수 없을 때 사용한다. 병력이 적군보다 약하다면 당연히 정병보다 기병으로 맞서야 한다. 변칙전략은 때와 상황에 따른 임기응변 전략으로 그 수법은 무궁무진하다. 전단도 연나라를 물리치기 위해 얼마나 많은 '기奇 전략'을 사용했던가? 송병락은 「전략의 신」에서 '기 전략'을 이렇게 소개했다.

상대방에게 예상 밖의 결과를 안겨주는 것은 모두 '기'에 속한다. 이것은 아무리 어려운 문제에 직면하더라도 기상천외한 해결책이 있음을 시사한다. 기를 나타내는 다음 단어들을 보면서 기의 의미를 곱씹어보자. 읽을 때 기묘한 전략, 이해할 수 없는 전략처럼 단어 끝에 전략을 붙여 읽어보자.

"기묘한, 놀라운, 독창적, 변칙적, 보기 드문, 이해할 수 없는, 비밀스런, 비대칭적인, 비범한, 비정규적, 비정상적, 상상을 초월하는, 새로운, 신기한, 예상 밖의, 이상한, 진귀한, 파격적, 혁신적, 희귀한, 희한한, 기상천외 전략…"

성경에 등장하는 '기 전략'을 소개하겠다. 야곱의 딸 디나가 밖에 나갔을 때 이방인 세겜이 그녀를 보고 무척 마음에 들어 강간했다. 세겜은 마음 깊이 디나를 사랑해 그의 아버지 하몰에게 디나를 아내로 달라고 간청했다. 야곱은 그가 딸 디나를 더럽혔다는 말을 들었지만 들에서 목축하는 아들들이 돌아올 때까지 조용히 기다렸다. 야곱의 아들들은 들에서 그 소식을 듣고 돌아와 모두 근심하고 분노했다. 수치스럽게 이방인에게 강간을 당했기 때문이다. 하몰이 야곱과 그의 아들들에게 말했다.

"내 아들 세겜이 너희 딸을 무척 사랑하니 그를 세겜에게 주어 아내로 삼게 하라. 너희가 우리와 통혼해 너희 딸을 우리에게 주며 우리 딸을 너희가 데려가고 너희가 우리와 함께 거주하되 너희 앞에 땅이 있으니 여기 머물러 매매하며 여기서 기업을 얻으라."

그러자 세겜도 말했다.

"디나를 내게 주어 내 아내가 되게 해주면 너희의 모든 청을 들어주겠다. 아무리 큰 혼수와 예물을 청해도 너희가 말한 대로 해주겠다."

야곱의 아들들이 세겜과 그의 아버지 하몰에게 대답했다.

"그렇게는 못하겠다. 할례를 안 받은 사람에게 우리 누이를 줄

수는 없다. 이것은 우리에게 수치이지만 한 가지 조건을 들어주면 못할 것도 없다. 너희 모든 남자들이 우리처럼 할례를 받는다면 우리 딸을 주고 너희 딸을 우리가 데려오며 너희와 함께 거주해 한 민족이 되겠다. 너희가 우리 요구를 안 받아들이고 할례를 받지 않는다면 곧 우리 딸을 데려가겠다."

하몰과 그의 아들 세겜은 그의 말을 따르기로 했다. 둘은 그들의 성읍 문으로 가 성읍 사람들에게 말했다.

"이 사람들은 우리와 친목하고 이 땅은 넓어 그들을 용납할 만하니 여기서 그들이 거주하며 매매하게 하고 우리가 그들의 딸들을 아내로 데려오고 우리 딸들도 그들에게 주자. 하지만 그들이 할례를 받았듯이 우리 모든 남자들이 할례를 받아야만 그들이 우리와 함께 거주해 한 민족이 되는 것을 허락할 것이다. 그럼 그들의 가축과 재산, 모든 짐승이 우리 소유가 되지 않겠느냐? 다만 그들의 말대로 하자. 그럼 그들이 우리와 함께 거주할 것이다."

그리하여 성문으로 출입하는 모든 남자가 할례를 받았다. 할례 받은 지 사흘째 그들이 아직 아파할 때 야곱의 두 아들 시므온과 레위가 각자 칼을 가져가 그 성읍을 기습해 모든 남자들, 하몰과 그의 아들 세겜을 죽이고 디나를 세겜의 집에서 데려오고 야곱의 여러 아들들이 그 시체가 있는 성읍으로 가 노략질했다. 양과 소, 나귀와 그 성읍과 들에 있는 것과 그들의 모든 재물을 빼앗으며 그들의 처자식들을 사로잡고 집안의 모든 물건을 노략질했다.

🔷 차별화하라

　　조趙나라 무령왕은 심기가 불편했다. 자신의 치세에 나라의 존재
감이 형편없이 몰락했기 때문이다. 특히 진秦나라의 괴롭힘이 컸다.
전에 한·위와 연합해 진나라를 공격했지만 대패당하고 군사 8만 명
을 잃었다. 그 와중에 제나라의 공격을 받아 패퇴했다. 이듬해에는
진나라에게 중도와 서양을 빼앗기고 2년 후에는 다시 인읍을 빼앗겼
다. 그들은 장군 조장마저 사로잡아갔다. 상황이 악화되자 나라가 멸
망할까봐 무령왕은 불안했다. 그렇다고 걱정만 하고 있을 수는 없었
다. 리더라면 해결책이 있어야 한다. 그의 고민은 깊었다. 어떡해야
할까? 그동안 선왕들이 쌓아온 공적을 이어 나라를 부흥시키려면 강
력한 군사력이 필요했다. '강병' 생각이 머릿속에서 떠나지 않던 그때
'번뜩' 생각이 스치자 누완樓緩을 불렀다.

　　"우리 선왕은 세상일의 변화에 따라 남번南藩; 남방의 변방지역 우두머
리가 되어 장수漳水와 부수滏水의 험난한 지형을 이용해 장성을 건립했
고 인읍藺邑과 곽랑읍郭狼邑을 빼앗고 임읍荏邑에서 임林사람들을 쳐부수
었지만 아직 공을 이루지 못했다. 지금 중산나라는 우리나라의 복심
腹心에 위치해 있으니 북쪽으로 연나라가 있고 동쪽으로 동호東胡가 있
고 서쪽으로 임호, 누번樓煩, 진秦나라, 한나라의 변경이 있으며 우리
에게는 강력한 병사들이 구원해주지 않아 사직이 멸망당하게 되었으
니 어쩌면 좋겠는가? 세상사람들을 높이 뛰어넘는 명성은 반드시 세
상의 습속을 어긋난다는 꾸짖음을 받기 마련이니 나는 호복胡服; 오랑캐
옷을 입고자 한다."

그러자 누완이 말했다.

"옳습니다. 하지만 신하들이 호복을 입는 것을 원치 않을 겁니다."

그때 비의가 왕을 모시고 있었는데 왕은 호복의 필요성을 다시 강조했다.

"내가 호복을 입는 것은 적을 약화시켜 힘을 적게 들이고도 많은 공을 얻을 수 있으니 백성들을 모두 고생시키지 않고도 지난날의 업적을 계승할 수 있소. 무릇 세상에서 뛰어난 공을 세운 사람은 세속의 습속을 위배했다는 모함을 받게 되며 홀로 지혜롭고 사려가 깊은 사람은 오만한 백성들의 원망이 따르기 마련이오. 이제 나는 장차 호복을 입고 말을 타고 활을 쏘며 백성들을 가르치려고 하는데 세상은 반드시 과인에 대해 논할 것이니 과인은 어찌해야 하오?"

그러자 비의가 말했다.

"신이 듣건대 의심하면서 일하면 공을 세우지 못하고 의심하면서 행동하면 이름을 얻지 못한다고 합니다. 왕께서 이미 세상 습속을 거슬렀다는 비난을 받으셨으니 천하 사람들이 논하는 것은 절대로 바라보지 마십시오. 무릇 지극한 덕을 논하는 자는 세속적인 것에 뇌동하지 않으며 큰 공을 이루려는 자는 보통사람들과 도모하지 않습니다. 옛날 순임금은 묘인苗人의 춤을 추어 그들을 감화시켰고 우임금은 나국裸國: 서쪽 나라 이름에서 옷을 입지 않았는데 이것은 욕망을 충족시키고 뜻을 즐겁게 하기 위함이 아니라 덕으로 사람을 감복시키고 일을 성취하는 데 이로웠기 때문입니다. 어리석은 자는 일이 이루어진 줄 모르지만 지혜로운 자는 일이 드러나기 전에도 미리 압니다.

왕께서는 무엇을 의심하십니까?"

왕이 말했다.

"나는 호복을 입어야 하는 이유를 의심하는 것이 아니라 천하 사람들이 나를 비웃을까봐 두려운 것이오. 미친 사람의 즐거움은 지혜로운 자에게는 슬픔이며 어리석은 자가 비웃으면 현명한 자라도 살펴보아야 하는 것이오. 세상에서 나를 따르는 자가 호복의 공을 알 수는 없을 것이니 세상 사람들이 나를 비웃더라도 오랑캐 땅과 중산 나라는 내가 반드시 갖게 될 것이오."

드디어 왕은 호복을 입기로 했다. 왕은 왕설王緤을 보내 무령왕의 숙부인 공자 성成에게 일러 말했다.

"과인은 호복을 입고 조회할 것이니 숙부께서도 호복을 입으셔야 한다고 생각합니다. 집에서는 아버지의 말씀을 듣고 나라에서는 군주의 말에 따르는 것은 예나 지금이나 공인된 행동규범입니다. 아들이 아버지를 거스르지 않고 신하가 군주를 거스르지 않는 것이 형제간의 통용되는 도의입니다. 지금 과인이 의복을 바꾸어 입으라는 교지敎旨를 내렸는데 숙부께서 입지 않으시면 천하 사람들이 이 점을 거론할까봐 두렵습니다. 나라를 다스리는 데는 규범이 있으니 백성을 이롭게 하는 것을 근본으로 삼으며 정치를 듣는 데 원칙이 있으니 명령에 따르는 것이 으뜸입니다. 덕을 밝히려면 먼저 낮은 백성들에게 논의되어야만 하며 정치를 시행하려면 먼저 귀한 사람들에게 믿음을 주어야 합니다. 지금 호복을 입으려는 뜻은 욕망을 충족시키고 뜻을 즐겁게 하려는 것이 아니며 일에는 목적이 있어야만 공적이 나오는 것이니 일을 이루고 공적이 세워진 후에야 좋은 것이라고 할 수 있습니다. 지금 과인은 숙부께서 정치를 듣는 원칙에 어긋나게 해 세상이 숙부를 비난할까봐 두렵습니다. 또한 과인이 듣건대 일이란 나라에 이로우면 행함에 사악함이 없고 왕의 인척에 의지하면 명예에 누가 되지 않으니 이런 이유로 나는 숙부의 의로움을 연모해 호복의 공적을 이루게 하려고 합니다. 왕설로 하여금 숙부를 뵙도록 하겠으니 호복을 입어 주십시오."

공자 성이 두 번 절하고 머리를 조아리며 말했다.

"신은 진실로 왕께서 호복을 입으신다는 말을 들었습니다. 신은 재능도 없고 병상에 있는 몸이라 달려나가 자주 진언드리지 못했습니다. 왕께서 저에게 명하시어 신이 감히 대답함으로써 그 어리석은 충정을 다하고자 합니다."

그러고는 말했다.

"신이 듣기로 중원은 대부분 총명하고 지혜로운 사람들이 사는 곳이고 물건과 재물이 모이고 어질고 성스런 사람이 가르침을 주는 곳이고 인의가 베풀어지는 곳이며 「시경」, 「서경」과 예악이 쓰이는 곳이고 색다르고 기민한 기능이 시험되는 곳이며 먼 곳 사람들이 보러 오는 곳이고 남쪽 오랑캐가 모범으로 삼는 곳이라고 합니다. 지금 왕께서는 이를 버리시고 먼 나라의 복장을 따라 입으려고 하시니 이것은 옛날의 가르침과 도를 바꾸는 것이고 일반사람들의 마음을 거스르는 것이며 학자들의 권고를 거스르는 것이고 중원의 전통에서 벗어나는 것이니 신은 왕께서 이 일을 고려하시길 바랍니다."

사자가 이렇게 보고하자 왕이 말했다.

"나는 원래 숙부께서 병이 났다고 들었는데 내가 직접 가 그에게 요청하겠다."

마침내 왕은 공자 성의 집으로 가 그에게 직접 부탁했다.

"의복이란 입기 편하고 예란 일을 처리하는 데 편하기 위한 것입니다. 성인이 민간풍속을 관찰해 순리에 따라야 하며 실제 상황에 따라 예절을 제정해야 하는 것은 백성을 이롭게 하고 나라를 부강하게 만들기 위한 이유입니다. 머리카락을 자르고 몸에 문신을 하며 팔에 무늬를 아로새기고 옷깃을 왼쪽으로 여미는 것은 구월甌越 백성들의 습속입니다. 이빨을 검게 물들이고 앞이마에 무늬를 새기며 물고기 가죽으로 만든 모자를 쓰고 거친 질감으로 만든 옷을 입는 것은 오나라의 습속입니다. 따라서 예절과 복장은 같지 않지만 그 편리함은 같습니다. 지역이 달라 사용하는 데 변화가 있고 일이 달라 예절도 바뀌는 것입니다. 이 때문에 성인은 진정 그의 나라를 이롭게 하기 위해 그 중 한 가지만 고집하지 않으며 정말 그 일을 하는 데 편리하기 위해 그 예법을 같게 하진 않았습니다. 유자儒者가 스승을 섬기는 것은 같지만 습속은 다르며 중원도 예절은 같지만 교화는 떨어져 있는데 하물며 산골의 편리함은 말할 필요도 없겠지요. 나아가 그 변화를 선택할 때 지혜로운 자는 억지로 일치된 것을 강요하지 않으며 먼 곳과 가까운 곳의 의복에 대해서는 성현들도 한 가지만 고집하지 않았습니다. 편벽한 촌락은 풍속이 다양하고 기이한데 학문을 왜곡하는 사람은 궤변이 많습니다. 모르면서도 의심하지 않고 자신들의 습속과 다르다고 비난하지 않는 것은 널리 의견을 모아 좋은 결과를 위해 최선을 다하기 때문입니다. 지금 숙부께서 말씀하신 것은 습속이고 제가 말하는 것은 습속을 만들기 위한 이유입니다.

우리나라는 동쪽으로 황하와 박락薄洛의 물이 있어 제나라와 중산나라와 더불어 그것을 함께 쓰고 있지만 노를 저을 만한 배의 쓰임이 없습니다. 상산常山부터 대代와 상당上黨에 이르기까지 동쪽으로 연나라와 동호東胡의 변경이 있고 서쪽으로 누번, 진秦나라, 한나라 변경이 있거늘 현재 기마병과 군사의 방비조차 없는 실정입니다. 따라서 과인은 노를 저어 쓸 만한 배도 없는데 물을 끼고 사는 백성들이 어떻게 황하와 장수의 물을 지킬 수 있겠습니까? 복장을 바꾸고 말 타기와 활쏘기를 배워 연나라 삼호三胡, 진秦나라, 한나라의 변경을 방비하려는 것입니다. 하물며 예전에 간주簡主께서는 진양과 상당에 이르는 지역을 막지 않으셨고 양주襄主께서는 융戎을 손아귀에 넣고 대代 땅을 취해 여러 오랑캐를 물리쳤다는 것은 어리석은 자나 지혜로운 자나 모두 알고 있는 점입니다.

옛날 중산나라가 제나라의 강력한 병사들을 등지고 쳐들어와 우리 땅을 짓밟고 우리 백성들을 포로로 잡아갔으며 물을 끌어 호성鄗城을 포위했는데 사직의 신령 도움이 없었더라면 호성을 지킬 수 없었을 것입니다. 선왕께서는 이를 부끄럽게 여기셨지만 아직도 그 원한을 갚지 못했습니다. 이제 기병과 사수가 방비하면 가까이로는 상당한 지형을 손쉽게 관찰할 수 있고 멀리로는 중산나라의 원한을 갚을 수 있습니다. 그런데 숙부께서는 중원의 풍속에 순종하느라 간주와 양주의 뜻을 거스르고 있으니 의복을 바꾸려고 했다는 명성을 싫어하고 호성의 수치를 잊는 것은 과인이 바라는 바가 아닙니다."

이 말을 듣고 공자 성은 두 번 절하고 머리를 조아리며 말했다.

"신이 어리석어 왕의 뜻에 도달하지 못하고 감히 세속의 견문을 아뢰었으니 신의 잘못입니다. 지금 왕께서 간자와 양자의 뜻을 이어받고 선왕의 뜻에 따르시니 신이 어찌 감히 명령을 듣지 않겠습니까!"

그는 다시 두 번 절하고 머리를 조아렸다. 왕은 곧 호복을 내려 주었다.

이튿날 공자 성이 호복을 입고 조회하기 위해 왔다. 이에 비로소 호복을 입으라는 명령을 널리 알렸다. 조문趙文, 조조趙造, 주소周紹, 조준趙俊은 모두 왕에게 호복을 입지 말고 이전과 같은 방법이 편리하다고 말했다. 그러자 왕이 말했다.

"선왕에게도 습속이 같지 않은데 어떻게 옛날 방법대로 할 것인가? 제왕들이 서로 답습하지 않는데 어떤 예절을 따를 것인가? 복희伏羲와 신농神農은 교화를 실행하고 벌주지 않았으며 황제黃帝와 요堯, 순舜은 벌을 주되 난폭하지 않았소. 삼왕三王; 우 임금, 탕 임금, 주나라 문왕에 이르러 시대에 따라 법도를 만들었으며 사안에 따라 예법을 만들었소. 법도와 제도가 저마다 그 마땅함을 따랐고 의복과 기계는 저마다 그 쓰임에 편리했소. 따라서 예법도 반드시 한 가지 길만 있던 것이 아니며 나라의 편리함만 추구하는 데 반드시 옛것에만 의거한 것은 아니오. 흥성함도 서로 답습하지 않고도 천하의 왕 노릇을 하게 되었으며 하 왕조와 은나라가 쇠락할 때는 예법을 바꾸지 않았는데도 멸망했소. 그렇다면 옛 제도를 어긴다고 비난할 필요는 없으며 옛 예법을 따랐다고 칭찬할 것도 없소. 또한 괴이한 의복을 입는 자의 마음이 음란하다고 한다면 추鄒나라와 노魯나라에서는 괴이한 행실이 사라질 것이고 풍속이 괴이한 곳에서 백성이 경망스러워진다면 오나라와 월나라에는 빼어난 인물이 사라질 것이오. 또한 성인께서는 몸에 편리한 것을 의복이라고 하셨고 일에 편리한 것을 예라고 하셨소. 물러가고 나아가는 예절과 의복의 제도는 일반백성을 다스리기 위한 것이지 어진 자를 논하기 위한 것이 아니오. 따라서 백성들을 다스리려면 습속과 함께 흘러가야 하며 어진 자는 변화와 함께 해야 하오. 따라서 속담에 '책 속의 지식으로 말을 모는 자는 말의 본성을 다할 수 없고 옛것으로 지금을 만들려는 자는 일의 변화에 통달할 수 없다.'라고 했으니 옛 도를 따르는 공은 세속보다 높은 데 있는 데 충분하지 않고 옛것만 법도로 삼는 학문은 현재를 다스리는 데 충분하지 못하오. 그대들은 이 점을 이해하지 못하는 것이오."

드디어 조나라는 호복을 입고 병사들을 불러 모아 말 타기와 활 쏘기를 가르쳤다.

무령왕이 호복부대를 만든 이유는 무엇일까? 무령왕은 개혁과 함께 일관된 전략이 있었다. 바로 북방개척이다. 특히 중산을 얻고자 했다. 중산은 산악지대였다. 중산을 정복하려면 전차로는 불가능하다. 조나라 무령왕은 산악지대 전투에 유리한 기마부대를 창설하기로 한 것이다. 차별화였다. 그 결과, 무령왕은 중산을 공략해 영가에 이르렀고 서쪽으로 호胡땅을 공략해 유중에 이르렀다. 임호왕林胡王은 말을 바쳤다. 대代땅의 재상 조고趙固가 호땅을 다스리며 병사들을 불러 모았다. 그 다음에 또 중산을 공격했다. 이때 중산국이 성읍 4개를 바치며 강화를 원하자 군대를 철수했다. 그 후에도 지속적으로 중산을 공격해 빼앗은 땅이 북쪽으로는 연燕과 대代에 이르고 서쪽으로는 운중과 구원에 이르렀다.

그런데 무령왕의 차별화 전략이 빛나는 것은 단지 호복을 입고 강한 군대를 만든 데 있지 않았다. 그것은 수단일 뿐이었다. 그의 진짜 목적은 다른 데 있었다. 비록 실행하지 못하고 죽었지만 그의 본심은 진나라 공략이었다. 진은 상앙을 받아들인 후 전국시대의 절대강자로 군림하기 시작했다.

공원국의 「춘추전국 이야기 8」에서 우리는 무령왕의 본심을 읽을 수 있다. 그는 재위 27년 되던 해에 아들에게 왕위를 물려주고 자신은 호를 공격하는 동시에 호의 기병을 이용해 진을 직접 칠 계획을 세웠다. 이것은 산동국가들이 한 번도 생각해본 적 없는 완전히 새로운 개념이었다. 함곡관을 무력화시키고 북쪽에서 일거에 함양으로 쳐들어가는 획기적인 계획이었다. 전차나 우차가 다닐 길이 잘 닦여 있지 않더라도 기병이라면 극복할 수 있다. 그러나 기병은 속도가 관건이다. 기병으로 성을 공격할 수는 없으므로 일거에 쳐들어가야 한다. 그러기 위해 관중의 지형을 확실히 익혀야 해 직접 거짓 사자가 되어 진나라로 들어갔다. 진나라 소왕은 이 사실을 알지 못했지만 얼마 후 매우 위엄 있는 그의 모습이 신하의 풍모가 아님을 의심해 사람을 보내 뒤쫓았으나 이미 진나라 관문에서 벗어난 후였다.

무령왕은 조나라 부흥을 위해 과감한 차별화를 시도했다. 비록 오랑캐의 방법이나 제도더라도 자신들에게 적용시켜 유리하게 활용할 수 있다면 수용하는 유연함을 가졌던 것이다. 그리고 결국 중산을 멸했다.

✺ 판을 새로 짜라

손빈孫臏은 손무의 후손으로 일찍이 방연과 함께 병법을 배웠다. 방연은 공부를 마친 후 재빨리 위나라에서 벼슬해 혜왕의 장군이 되었다. 그러나 방연은 스스로 손빈을 당할 수 없다고 생각해 사람을 몰래 보내 손빈을 불러 들였다. 그가 찾아오자 방연은 그의 재능이 자신보다 훨씬 뛰어난 것이 두려워 시기해 죄를 뒤집어씌워 두 다리를 자르고 묵형을 가했다. 그렇게 되면 손빈이 부끄러워서라도 숨어 살 것이라고 생각했던 것이다.

그 후 제나라 사신이 위나라 수도 대량을 방문했다. 그때 손빈은 부끄러움을 무릅쓰고 제나라 사신을 몰래 만나 이야기를 나누었다. 제나라 사신은 곧 손빈의 재능을 알아차리고 자신의 수레에 몰래 숨겨 제나라로 데려갔다. 제나라로 간 손빈은 곧 장군 전기의 인정을 받아 그의 빈객으로 머물게 되었다. 손빈의 재능을 더 신임하게 된 전기는 마침내 그를 위왕에게 천거했다. 위왕도 손빈과 병법 관련 문답을 나누자마자 그를 군사로 삼았다.

위나라가 조나라와 함께 한나라를 공격하게 되었다. 한나라는 위급한 사정을 제나라에 알렸다. 제나라는 전기를 대장 삼아 구원했다. 전기는 곧바로 다시 대량을 향해 쳐들어갔다. 위나라 대장 방연은 급보를 받자마자 한나라를 버려두고 귀로에 올랐으나 이미 국경을 넘은 제나라 군사는 서쪽으로 계속 진격 중이었다. 그때 손빈은 전기에게 이렇게 말했다.

"저 삼진 군사는 원래 사납고 용맹할 뿐만 아니라 제나라를 경멸하고 있습니다. 심지어 제나라 군사를 겁쟁이라고 부르고 있습니다. 그런데 전쟁에 능한 사람은 주어진 형세를 이용해 자신에게 유리하게 이끌어 나갑니다. 병법에는 '승리에 취해 백리를 급히 달리는 군사는 상장군을 잃고 50리를 급히 달리는 군사는 목적지에 절반밖에 도착하지 못한다'라고 했습니다. 적이 우리를 겁쟁이라고 생각하는 만큼 그들보다 더 약하다는 거짓을 보여주면 적은 우리 꾀에 빠져 급히 추격해올 것입니다. 그러니 우리 군대가 위나라 땅을 넘은 오늘부터 숙영지를 움직일 때마다 아궁이 수를 줄이는 것이 상책입니다. 오늘은 10만 개, 내일은 6만 개, 모레는 3만 개, 이렇게 줄여나가는 겁니다."

전기는 그대로 실행했다. 방연은 제나라 군대를 추격하기 사흘째가 되자 탄성을 질렀다.

"나는 처음부터 제나라 군사가 겁쟁이라는 것을 알고 있었지만 내 생각과 다름없구나. 우리 땅을 침범한 지 불과 사흘 만에 탈영병이 절반을 훨씬 넘다니."

그리고 곧 보병은 따로 떼놓은 채 기병 등 정예부대만 이끌고 하루 만에 이틀 길을 달려 제나라 군대를 급히 추격했다. 손빈이 위나라 군대의 진격 속도를 계산해보니 저녁 무렵이면 위나라 마릉에 도착할 수 있을 것 같았다. 마릉은 길이 좁고 양쪽에 험한 산이 많아 매복에 안성맞춤이었다. 손빈은 길옆 큰 나무들을 골라 껍질을 벗기고 그 흰 부분에 이렇게 써놓았다.

"방연은 이 나무 밑에서 죽으리라."

그리고 제나라 군사들 중 명사수들을 대규모로 선발해 큰 활을 지닌 채 길 양쪽에 매복시키고 이렇게 명령했다.

"날이 저물어 이곳에 불이 밝혀지자마자 일제히 활을 쏘아라."

과연 날이 저문 후에야 방연은 그 나무 밑에 이르렀고 나무껍질의 흰 부분에 적힌 글씨를 보기 위해 불을 밝혔다. 방연이 그것을 다 읽기도 전에 제나라 매복병들의 수많은 화살이 일제히 쏟아졌다. 위나라 병사들은 갈팡질팡할 뿐 앞뒤를 분간하지 못했다. 방연은 자신의 지혜를 써볼 겨를도 없이 패하게 된 것을 알고 이렇게 말했다.

"결국 내가 그 놈의 이름을 떨쳐 주었구나!"

그리고 스스로 칼로 목을 베 자결했다. 제나라 군은 승세를 몰아 위나라 군을 전멸시키고 위나라 태자 신을 포로로 잡아 돌아왔다. 손빈은 이 승리로 천하에 이름을 떨쳤으며 세상에 그의 병법이 전해지게 되었다.

손빈은 일단 속임수로 위나라 군을 유리한 곳으로 유인했다. 손빈의 말 "전쟁에 능한 사람은 주어진 형세를 이용해 자신에게 유리하도록 이끌어 나갑니다."를 되새겨보자. 마릉은 길이 좁고 양쪽에 험한 산이 많아 매복병을 두기에 적합했다. 손빈은 자신에게 유리한 마릉으로 방연을 유인해 승리한 것이다.

2. 분석과 통찰력

🔷 우리는 왜 자꾸 오판하는가

대니얼 카너먼(Daniel Kahneman)은 저서 「생각에 관한 생각(Thinking fast and slow)」에서 인간의 두뇌활동을 시스템 1과 시스템 2로 나누었다. 시스템 1은 자동적이고 충동적이고 즉각적인 사고 과정이다. 시스템 2는 논리적이고 이성적이고 계산적이고 느린 사고 과정이다. 원제목을 보면 금방 이해할 수 있다.

예를 들어 누군가를 보고 '사람이 좋다', '인상이 마음에 든다'와 같이 사람을 첫인상으로 판단하는 것은 시스템 1에 해당한다. 첫인상으로 사람을 가늠하는 것은 순식간에 일어난다. 이것은 그동안 경험이나 지식을 종합적으로 판단하는 것인데 유용하고 편리할 때도 있지만 사람을 오판하는 원인이 되기도 한다. 사기는 사기꾼처럼 생기지 않은 사람에게 당하지 않던가? 시스템 2는 결정할 때 더 많은 시간이 필요하다. 27×45 같은 수학 문제를 풀거나 결혼이나 취업을 할 때는 합리적으로 오래 생각해야 한다.

만약 인간의 뇌가 시스템 2만 사용한다면 쓸 데 없이 시간을 낭비할 것이다. 무엇보다 생존에 불리하다. 산길을 걸어가는데 갑자기 곰이 나타났다고 가정해보자. 이 순간 도망가야 할지, 맞서 싸워야 할지 심사숙고한다면 목숨을 부지하기 어렵다. 이럴 때는 즉각적이고 본능적으로 도망가야만 생존에 유리하다.

인간의 뇌가 시스템 1에 따라 작동하는 이유를 포도당에서 찾는 학자들도 있다. 뇌는 많은 에너지를 소비한다. 혈액은 심장에서 우리 몸으로 흘려보내는 산소의 15%, 포도당의 75% 이상을 쓴다. 포도당은 생존에 매우 중요한 에너지원인데 뇌는 포도당만 에너지로 사용한다. 포도당 공급이 뇌에 원활하지 않으면 인간은 살 수 없다. 고민 때문에 머리를 많이 쓰면 골치가 아프다. 이 현상은 포도당을 그만 쓰게 하려는 경고다. 많은 생각들로 에너지 사용이 증가하면 생존에 불리하기 때문이다. 그러므로 인간은 뇌를 덜 쓰는 방향으로 스스로 진화했다. 자주 하는 행동, 여러 번 경험한 일은 별로 고민하지 않고 습관대로 처리하는 것은 모두 포도당과 관련 있다는 것이다. 그래서 시스템 1이 진화해왔지만 이것 때문에 생기는 판단 오류도 많다. 시스템 2를 사용해 심사숙고할 문제를 너무 빨리 결정해 종종 실수하기도 한다.

시스템 1은 직관과 같다. 특정한 일을 오래 경험한 사람을 초보자들은 한눈에 어려운 문제를 해결하는 능력이 있다고 생각한다. 말콤 글래드웰(Malcolm Gladwell)은 「블링크」에서 전문가들이 문제를 어떻게 해결하는지 잘 보여주었다. 경험이 풍부한 소방관이 위험을 어떻게 한눈에 직감하는지, 경험 많은 고고학자가 골동품의 진위를 어떻게 한눈에 가리는지 말이다.

한국 유방암학회는 '핑크 스크럽 캠페인'을 진행한다. 많은 유방암 환자들이 초기 발견을 목욕탕에서 하는 데서 착안된 운동이다. 병원도 아니고 목욕탕에서 어떻게 유방암을 알아낼까? 바로 목욕관리사들이 때를 밀며 자연스럽게 유방을 주무르게 되는데 경험 많은 목욕관리사들이 유방에서 멍울을 발견하면 정밀진단을 권한다는 것이다. 시각장애인을 활용해 유방암을 진단하기도 한다. 독일 의사 프랑크 호프만은 촉각이 뛰어난 시각장애인 여성에게 유방암 식별 요령을 가르치고 유방암 촉진검사를 맡겼다. 일반여성은 유방암 의심 덩어리를 1~2cm 크기만 잡아냈는데 시각장애인은 6~8mm까지도 찾아냈다. 놀라운 결과다. 구두닦기와 굽갈이를 오래 한 구두 수선공들은 관절이 부실한 손님을 알아낸다. 양쪽 무릎이 밖으로 휜 '오(O)자형' 다리는 걸을 때 무릎 안쪽 연골이 잘 닳아 퇴행성관절염이 잘 온다. 그들은 걸을 때 발뒤꿈치 바깥쪽이 땅에 세게 닿는다. 그래서 구두굽 바깥쪽이 유난히 빨리 거칠게 닳는 사람에게 퇴행성관절염이 온다는 것을 경험으로 아는 것이다.

우리 아버지는 14세부터 60세까지 이발업을 하셨다. 아버지는 특히 가위에 민감했는데 어느 날 잘 갈아놓은 가위로 몰래 얇은 종이를 한 번에 자른 적이 있다. 아버지는 누가 가위를 썼느냐고 물으셨다. 금방 알아채신 것이다. 그것을 어떻게 아시냐고 여쭈었더니 그냥 아신다고 하셨다. 물론 이런 직감은 하루아침에 얻을 수 있는 것이 아니다. 오랜 경험이 있어야만 가능하다.

그러나 때로는 경험과 사고방식의 경직이 오판을 낳는 원인이 되기도 한다. 사람들은 모든 상황에서 시스템 2를 사용해 심사숙고하는 노력을 하지 않는다. 이미 언급했듯이 이것은 매우 부담스런 일이다.

처음 만난 사람을 제대로 평가하려면 많은 정보가 필요하다. 성장 배경, 가정, 학력, 직업, 병력 같은 모든 판단 조건을 알 수도 없지만 이런 정보를 수집하고 그 정보를 바탕으로 판단하려면 쓸 데 없이 많은 노력을 해야 한다. 그때 뇌는 많은 에너지를 사용해야 하니 피곤할 수밖에 없다. 그래서 우리는 어림짐작으로 평가한다. 이것이 첫인상이다. 여러 정보가 없더라도 기존 경험이나 지식으로 사람을 평가하는 것이다. 이렇듯이 시스템 1을 사용해 판단하는 것을 '휴리스틱(Heuristics)'이라고 한다. 그런데 이 휴리스틱은 오판의 결정적 이유다. 우리는 자신도 모르는 사이에 휴리스틱에 휩쓸려 올바른 판단을 방해받는다. 「블링크」에 등장하는 아비 코난트(Abbie Conant)의 사례는 우리가 오판하는 이유를 잘 보여준다.

아비 코난트가 직업 음악가로 첫발을 내디딜 무렵 그녀는 이태리 토리노 로열 오페라단에서 트롬본을 연주하고 있었다. 당시는 1980년 여름, 그녀는 유럽 전역의 다양한 오케스트라 일자리를 찾아 11군데에 지원서를 냈다. 회신이 온 곳은 단 한 군데 뮌헨 필하모니

오케스트라뿐이었다. 오디션은 뮌헨 도이치박물관에서 열렸다. 아직 오케스트라 문화센터가 공사 중이었기 때문이다. 지원자는 33명이었는데 선발위원회의 눈에 보이지 않도록 한 명씩 장막 뒤로 가 연주했다. 당시 유럽에서 장막 오디션은 드물었는데 장막 오디션을 택한 이유는 지원자 한 명이 뮌헨 오케스트라 단원의 아들이었기 때문이다. 코난트는 16번이었다. 코난트가 연주를 시작하자 선발위원들은 넋을 잃었다. 노련한 음악가들은 연주자의 실력을 순간적으로 안다. 첫 음이나 몇 마디만으로도 알 수 있다고 한다. 그녀가 오디션 룸에서 나간 후 필하모니 음악감독 세르주 첼리비다케가 소리쳤다.

"바로 저 사람이야!"

위원회는 오디션 차례를 기다리던 나머지 17명을 곧바로 집으로 돌려보냈다. 누군가가 무대 뒤로 코난트를 찾아왔다. 그녀가 오디션 룸으로 되돌아가 앞으로 걸어 나가자 바이에른 특유의 탄성이 터져 나왔다.

"이게 뭐야? 젠장! 저런! 맙소사!"

그들은 코난트를 남성으로 예상했지만 정작 그들의 눈앞에 여성이 나타난 것이다. 어색한 상황이었다. 음악감독 첼리비다케는 보수적인 지휘자로 음악을 어떻게 연주해야 하는지 지나칠 정도로 분명한 생각을 가진 오만하고 완강한 남성이었다. 더욱이 그곳은 고전음악이 태동한 독일이었다. 당시 여성이 트롬본을 연주한다는 것은 있을 수 없는 일이었다. 물론 뮌헨 필하모니에 여성 1~2명은 있었다. 바이올린과 오보에 연주자였다. 그러나 그것은 여성적인 악기였다. 트롬본은 남성적인 악기였다. 군악대에서 연주하는 악기였다.

오디션이 두 번 더 있었다. 코난트는 두 번 모두 승승장구 통과했다. 그러나 첼리비다케와 다른 위원들이 그녀를 직접 본 순간부터 오랜 편견들이 그녀의 연주 첫인상과 다투기 시작했다. 결국 그녀는 오케스트라에 합류했지만 첼리비다케는 속이 탔다.

1년 후인 1981년 5월 코난트는 회의에 불려나갔고 그 자리에서 제2 트롬본 역할을 맡으라는 통보를 받았다. 이유는 없었다. 코난트는 1년 동안 검증받으며 자신을 다시 입증해 보였다. 소용 없었다. 첼리비다케는 그녀에게 말했다.

"문제를 알지 않소. 솔로 트롬본에는 남성이 필요합니다."

코난트는 그 사건을 법정에 가져갈 수밖에 없었다. 오케스트라 측은 주장했다.

"원고는 트롬본 섹션 리더가 필수적으로 갖추어야 할 육체적 힘이 없습니다."

코난트는 코팅거 폐 클리닉에서 광범위한 검사를 받았다. 특수 장비를 불어보고 혈액표본을 채취해 산소흡입 측정을 하고 흉부검사도 받았다. 여유 있게 평균치를 넘는 수치였다. 심지어 간호사는 운동선수인지 물었다.

사건은 질질 시간을 끌었다. 오케스트라 측은 코난트가 모차르트의 '레퀴엠'에 등장하는 유명한 트롬본 솔로 연주를 할 때 "호흡이 짧아 듣기 거북하다."라고 주장했다. 연주를 지휘한 객원 지휘자가 코난트 한 명만 찍어 칭찬했는데도 말이다. 결국 한 트롬본 전문가 앞에서 특별 오디션이 다시 마련되었다. 코난트는 트롬본 레퍼토리

중 가장 까다로운 악절 7개를 연주했다. 전문가는 감동받았다. 하지만 오케스트라 측은 그녀를 믿을 수 없으며 직업의식이 부족하다고 주장했다. 순전히 거짓말이었다. 마침내 8년 후 그녀는 제1 트롬본으로 복귀했다.

클래식 음악세계 특히 유럽 본고장은 극히 최근까지도 백인 남성의 영역이었다. 여성은 남성만큼 연주할 수 없다는 믿음이 지배적이었다. 힘도 약하고 자세도 안 되어 있고 특정 악기를 다룰 탄력도 부족하다는 논리였다. 입술도 다르고 폐도 튼튼하지 않으며 손도 더 작았다. 그것은 편견처럼 보이지 않았다. 사실인 듯했다. 지휘자와 음악감독과 마에스트로가 오디션할 때는 항상 남성 소리가 여성 소리보다 낮게 들렸다. 극단적인 편견이었다. 리더들이 이런 편견에 사로잡혀 있으면 올바른 판단을 내릴 수 없지만 인간이므로 자연스런 측면이 있다. 자, 이제 우리에게 어떤 편견들이 내재되어 있는지 알아보자.

⚜ 신중히 관찰하라

초나라 장왕은 약소국 진陳나라를 정벌할 생각으로 사람을 보내 진나라 상황을 살펴보도록 했다. 정탐꾼이 돌아와 보고했다.

"진나라는 정벌하기 어렵습니다."

장왕이 그 이유를 묻자 정탐꾼이 대답했다.

"진나라는 성벽이 높고 깊이 해자를 파 방어 태세를 잘 갖추어놓았습니다. 군량미도 충분히 쌓아놓았습니다."

그러나 장왕이 말했다.

"진나라를 정벌할 좋은 기회다. 진나라는 소국인데 식량을 많이 쌓아놓았다면 백성들의 세금을 무겁게 했다는 뜻이니 백성들이 임금을 원망할 것이다. 성벽을 높이 쌓고 구덩이를 깊이 팠다면 백성들은 거기에 부역으로 동원되어 탈진한 상태일 것이다."

그러고는 진나라를 공격해 손쉽게 정벌했다.

이처럼 남이 못 보는 점을 보는 능력이 통찰력이다. 비슷한 사례가 한漢나라 때도 있었다. 유경劉敬은 제나라 사람으로 한漢고조 유방을 도운 사람이다. 한漢나라 7년, 한신韓信이 반란을 일으켰다. 고조는 몸소 군대를 이끌고 진양에 이르렀는데 한신이 흉노와 내통해 함께 한나라를 치려고 한다는 말을 듣고 대노해 사신을 흉노에 보냈다. 흉노는 힘센 장정들과 살찐 소와 말들을 숨기고 노약자와 여윈 가축만 눈에 띄게 해두었다. 그 때문에 사신이 10명이나 갔는데도 돌아와서는 모두 흉노를 칠 만하다고 보고했다. 고조는 유경을 다시 사신으로 보냈다. 그런데 유경은 돌아와 반대로 보고했다.

"두 나라가 교전 중일 때는 각자 자기편이 이로운 점을 자랑하려고 듭니다. 그런데 지금 신이 그곳에 도착하자 여위고 지쳐 보이는 노약자들만 눈에 띄었습니다. 이것은 틀림없이 약점을 보이고 복병으로 승리를 취하려는 계략입니다. 신의 어리석은 생각으로 흉노를 칠 수 없다고 여겨집니다."

그 무렵 한나라군 20만 명은 이미 구주산 너머로 진격 중이었다.

고조는 화를 내며 유경을 꾸짖었다.

"이 제나라 포로 놈아! 입과 혀를 놀려 벼슬을 얻더니 이제 망언으로 우리 군대의 행진을 막을 셈이냐?" 그러고는 유경에게 칼을 씌워 옥에 가둔 후 진군해 평성에 도착했다. 흉노는 과연 복병을 내 백등산에서 고조를 포위했다가 7일 만에 풀어주어 겨우 벗어날 수 있었다. 고조는 유경을 풀어주며 말했다.

"나는 그대의 말을 듣지 않아 평성에서 욕을 당하게 되었소. 흉노를 칠 것을 주장한 10명의 목을 아까 모조리 베었소."

리더의 분석력과 통찰력은 조직을 살리기도 죽이기도 한다. 앞에서 말한 전략은 분석력과 통찰력을 바탕으로 수립해야 한다. 이것이 없으면 올바른 전략을 세울 수 없다. 통찰력을 얻는 데 최대 장애물은 위에서 말한 다양한 편견이다. 즉, 전문가처럼 특정 기술이나 이론에 숙달한 사람이 과거의 경험을 바탕으로 판단한다면 편견에 사로잡힐 수밖에 없다. 그럼 이런 편견을 극복하고 올바로 판단하고 결정하려면 어떡해야 할까?

현재의 상황을 제대로 보아야 한다. 앞에 놓인 상황은 복잡하고 불확실하며 변수가 많다. 게다가 우리의 뇌는 복잡한 상황을 단순화해 인지하도록 우리를 유혹한다. '돌다리도 두드려보고 건너라'라는 속담은 모든 상황을 알고 있다고 착각하지 말고 신중히 다시 살펴보라는 경고다. 「손자병법」 행군 편은 적군의 상황을 여러 징후로 관찰하고 판단하는 방법을 다루었다. 몇 가지만 살펴보자.

무성한 숲에서 많은 나무들이 흔들리는 것은 적이 나무로 가리고 은밀히 습격을 노리기 때문이다. 숲에 은폐물이 많으면 적이 아군을 속이기 위해 거짓 포진한 것이다. 갑자기 숲에서 새들이 '후드득' 날아오르면 복병이 있다는 뜻이다. 짐승 무리가 놀라 달아나는 것은 적의 대군이 기습해오기 때문이다. 갑자기 먼지가 많이 일어나는 것은 적의 전차가 쳐들어오기 때문이다. 먼지가 흩어져 가늘고 길게 일어나는 것은 적군이 땔감을 구해 끌고 가기 때문이다. 먼지가 낮고 넓게 퍼지는 것은 적 보병부대가 진격해오기 때문이다. 흙먼지가 적게 이는데 일었다 사라지길 반복하는 것은 적이 진을 치고 주둔하기 위해 지형을 탐색하고 있는 것이다.

적의 사신이 강경하게 주장하면서 적의 선두부대가 즉각적인 공격 태세를 갖추는 것은 곧 철수하려는 뜻이다. 그리고 적의 사신이 겸손히 말하며 전투 태세를 풀지 않는다면 아군을 곧 공격하려는 뜻이다.

적군이 병기로 땅을 짚고 서 있는 것은 군량미가 떨어져 굶주렸다는 뜻이다. 적군이 우물물을 길러 먼저 마시려고 서로 다툰다면 물이 부족하다는 뜻이다. 적군이 유리함을 알면서도 공격하지 않는다면 몹시 피로하다는 뜻이다.

진나라가 한나라를 치기 위해 어여로 군대를 보내자 조나라 왕은 조사趙奢로 하여금 어여를 지키도록 했다. 조사는 한단에서 30리 떨어진 지점에 이르러 보루 벽을 튼튼히 방비해 28일 동안이나 머물며 방벽만 튼튼히 쌓을 뿐이었다. 침투해온 진나라 첩자를 붙잡고도 조사는 오히려 음식을 잘 대접해 돌려보냈다. 첩자가 돌아가 자초지종을 보고하자 진나라 장군은 크게 기뻐하며 말했다.

"도대체 겨우 한단을 떠난 30리 지점에서 군대를 멈추고 방벽만 쌓고 있다니 어여는 이미 조나라 땅이 아니다."

조사는 진나라 첩자를 돌려보내자마자 병사들에게 갑옷과 투구를 벗겨 가벼운 차림으로 바꾸고 진나라 진지를 향해 진군시켜 이틀 만에 도착할 수 있었다. 그리고 궁수부대에 명령해 어여에서 50리 떨어진 곳에 진을 치게 했다. 그때 조나라 군사 허력이 군사에 대해 할 말이 있다고 하자 조사는 그를 불렀다. 허력은 이렇게 말했다.

"진나라 군은 설마 조나라 군이 모두 왔을 것이라고 생각하지 못하고 맹렬한 기세로 쳐들어올 것입니다. 장군께서는 진지를 반드시 두텁게 쌓아 대비해야 합니다. 그렇지 않으면 필패할 것입니다."

조사는 그의 말을 받아들였다. 드디어 싸움이 붙자 진나라 군을 크게 무찔렀다. 진나라 군은 조나라 군의 징후를 제대로 읽지 못하고 눈에 보이는 대로 판단해 전쟁에서 진 것이다.

오나라의 마지막 왕 부차가 망국의 길로 접어든 것은 상황을 신중히 살피지 않은 결과였다. 부차가 왕위를 물려받아 착실히 준비해 월나라를 속국으로 만드는 데까지는 좋았다. 부차는 전쟁할 때마다 승리해 춘추 패자의 꿈을 키웠다. 그런데 역설적으로 이런 성공이 부차가 몰락하는 원인이었다. 과거 성공 사례를 바탕으로 편견에 사로잡힌 것이다. 오만은 상황을 제대로 읽지 못하도록 만들었다. 부차는 오자서의 건의를 받아들이고 경우의 수를 꼼꼼히 따져보았어야 만

했다.

　흔히 리더는 카리스마 넘치는 리더십으로 특정 난관이나 장애물을 헤치고 나가 결국 목표를 성취해야 한다고 생각한다. 도전과 무모함, 카리스마와 폭력, 통찰력과 판단착오는 종이 한 장 차이다. 삐끗하면 자신뿐만 아니라 조직 전체를 나락에 빠뜨린다. 리더는 철저히 분석했더라도 항상 예상치 못한 경우가 생길 수 있음을 알아야 한다. 예상치 못한 일은 계획을 엉망으로 만들고 결과를 망친다. 부차는 구천을 경계하라는 오자서의 경고를 무시했다. 그것은 예상치 못한 것이 아니라 충분히 예상한 것을 무시한 것이다. 여기에 중요한 교훈이 있다. 리더가 사람을 신뢰하는 것은 당연한 일이지만 신중해야 한다. 하지만 부차는 반대로 했다. 믿을 만한 사람을 안 믿고 믿지 말아야 할 사람을 믿었다.

　현상을 제대로 파악하려면 눈에 보이는 것 너머를 보아야 한다. 부차의 눈에는 상황이 익숙하게 보였지만 그는 '다름'을 만드는 요소를 놓치고 말았다. 부차가 전쟁에 나서기 전 그동안 경험으로 터득한 모든 지식을 비우고 초심으로 돌아가 오자서가 왜 그렇게 주장하는지, 구월왕의 의도는 무엇인지, 이 전쟁의 결과는 무엇인지 면밀히 검토했어야만 했다. 반대로 초장왕이나 유경은 눈에 보이는 것 너머의 것, 즉 눈에 안 보이는 것을 볼 줄 알았다. 그런데 그것은 저절로 되지 않는다. 이것은 목욕관리사가 유방암 여부를 눈치채거나 구두 수선공이 관절염을 예상하는 것과 다르다. 무엇이 다를까?

⚜ 섬광 같은 통찰력

윌리엄 더건(William Duggan)은 「제7의 감각」에서 이 둘을 '전문가 직관'과 '전략적 직관'으로 나누었다. 더건은 차이점을 이렇게 설명한다.

전문가 직관은 오랜 경험이 필요하고 익숙한 상황에서 신속한 결정을 돕지만 약점이 있다. 전혀 새로운 상황을 만나거나 미래를 예측할 때 무용지물이 될 수 있다. 이때 필요한 것은 전략적 직관이다. 전문가 직관은 항상 빠르고 익숙한 상황에서 작동한다. 전략적 직관은 항상 느리다. 훌륭한 아이디어가 필요한 새로운 상황에서 작동한다. 이 차이점은 결정적이다. 전문가 직관은 전략적 직관의 적이 될 수 있기 때문이다. 우리는 자신이 하는 일에 능숙해질수록 비슷한 문제들을 더 빨리 해결하는 패턴을 인식하게 된다. 전문가 직관은 그런 식으로 작동한다. 그런데 새로운 상황에서 우리의 뇌가 올바른 해답을 찾기 위해 새로운 연결을 만들기까지는 훨씬 더 오래 걸린다. 섬광과 같은 통찰력은 한순간에 일어나지만 그 순간까지 수주일이 걸릴 수도 있다. 무작정 서둔다고 얻어낼 수는 없다.

더건은 전략적 직관의 작동 방식을 설명하며 카알 폰 클라우제비츠(Carl von Clausewitz)가 「전쟁론」에서 언급한 '섬광 같은 통찰력'을 끌어왔다. 그는 인류 역사상 가장 위대한 업적의 중심에는 섬광 같은 통찰력이 있었다고 주장한다. 혁신가들이 혁신을 발견하는 것, 예술가들이 창조적인 아이디어를 얻는 것, 선구자들이 비전을 얻는 것, 과학자들의 과학적 발견 등 훌륭한 아이디어가 인간의 머릿속에 떠오를 때 항상 이것이 있었다는 것이다. 대니얼 커너먼이 주장한 뇌 작동 시스템과 더건이 주장한 직관의 작동 원리를 비교하면 다음 표와 같다.

속도	구분	작동 원리	구체적 사례
빠른 결정	시스템 1	자동적이고 충동적인 사고 감성적이고 비논리적	첫인상으로 사람을 판단 위험 직감 여러 편향들
	전문가 직관	오랜 경험 필요 익숙한 상황에서 작동	소방관의 위험 직감 고고학자의 골동품 진위 파악 목욕관리사들의 유방암 발견
느린 결정	시스템 2	심사숙고 이성적이고 논리적	어려운 수학 문제 기업 경영전략
	전략적 직관	새로운 상황에서 작동 미래예측에 필요 아이디어 생산	혁신가들의 혁신 발견 예술가들의 창조적 아이디어 선구자들의 비전 획득 과학자들의 과학적 발견

클라우제비츠의 「전쟁론」에 따르면 섬광 같은 통찰력은 훌륭한 장군들의 사고작용에서 가장 중요한 요소다. 이것은 갑자기 번뜩이는 아이디어와 같다. 전쟁은 불확실한 세계이므로 진실을 꿰뚫어보

기 위해 세련되고 날카로운 이성의 판단력이 필요하다는 것이다. 그의 이야기를 직접 들어보자.

전쟁은 우연의 세계다. 인간활동 중 전쟁만큼 우연의 여지가 많은 활동도 없을 것이다. 어떤 인간활동도 전쟁만큼 모든 면에서 우연과 끊임없이 접촉하진 않기 때문이다. 우연은 상황의 불확실성을 키우며 사건의 진행을 방해한다. 정보나 가정이 불확실하며 끊임없이 우연이 끼어들기 때문에 전쟁 당사자는 예상과 다른 상황을 만나게 되고 계획이나 구상에 영향을 미칠 수밖에 없다. 이미 수립한 계획을 뒤집을 만큼 이 영향이 크다면 대부분 새로운 계획을 세워야 할 것이다. 그런데 계획을 새로 세우기 위한 자료가 부족할 때가 자주 있다.

보통 행동하는 동안 여러 상황들이 신속한 결단을 재촉하며 차분히 상황을 되돌아볼 여유를 주지 않기 때문이다. 심사숙고할 시간이 전혀 없는 경우도 자주 있다. 일반적으로 생각을 바꾸고 우연히 들이닥친 상황을 파악하는 것으로는 이미 세운 계획을 모조리 뒤집을 수 없으며 그 계획을 흔들기만 할 뿐이다. 상황 정보는 늘었지만 그 때문에 오히려 불확실성은 늘어난 셈이다. 그 원인은 우리가 이런 경험을 한꺼번에 하지 않고 조금씩 하기 때문이고 우리의 결단이 그 새로운 경험의 끊임없는 습격을 받기 때문이며 정신이 항상 전투 태세를 갖추어야 하기 때문이다.[2]

클라우제비츠는 이렇게 정신이 예상치 못한 일과 치르는 끊임없는 충돌을 성공적으로 이겨내려면 통찰력과 결단력이 필요하다고 주장한다. 결단력은 통찰력을 실행할 수 있도록 추동하는 '신속하고 정확한' 결심이다. 그는 결단력이 모험이나 과감성, 대담성이나 무모함과 다르다는 것을 분명히 말한다. 결단력에 대한 클라우제비츠의 분석은 재미있다.

하위직에서 최고의 결단력을 보여주었던 사람들이 고위직에서는 잃어버리는 사례가 많다. 그들은 결단해야 하지만 그 결단의 부작용을 걱정한다. 또한 익숙하지 않은 새로운 상황을 만나면 그들의 이성은 원래의 힘을 잃는다.[3]

즉, 결단력은 책임에 대한 용기다. 실패를 두려워하는 사람은 이미 자신에게 내재된 통찰력을 써보지도 못하고 죽이는 결과를 얻는 것이다.

3. 혁신과 창의

🔅 아이처럼 생각하라

　전단은 소꼬리에 불을 붙이는 화우공법으로 적을 어떻게 물리칠 수 있었을까? 조나라 무열왕은 호복을 입고 기마병을 양성할 생각을 어떻게 했을까? 손빈은 위나라 방연의 군대를 마릉까지 유인할 생각을 어떻게 했을까? 창의적 전략가들은 주위의 반대와 따가운 시선을 어떻게 극복했을까? 그들은 매우 기발한 방법으로 당면한 문제를 해결했다. 2~3천 년 전 그들의 생각하는 방법은 오늘날에도 쓸모 있을까?

　창의력은 없는 물건을 발명하고 예술작품과 소설을 창작하는 것처럼 새로운 것을 만들어내는 힘이고 어렵고 곤란한 일을 해결하는 힘이다. 우리는 보통 창의력은 타고 나는 것으로 잘못 알고 있다. 더구나 지능지수가 매우 높은 극소수만 창의적 활동을 할 수 있다는 믿음이 있다.

심리학자 조이 P. 길포드(Joy P. Guilford)는 창조성과 지능은 똑같은 것이 아니라고 주장했다. 길포드가 생각한 창조성의 핵심개념은 발산적 사고였다. 표준적 지능검사에 의해 똑똑하다고 인정받은 사람들은 항상 문제에 올바르지만 상투적인 대응법을 생각해내는 반면, 창조적인 사람들은 특정 자극을 받거나 문제를 보면 매우 다양한 연상을 하는 경향이 있으며 그 중 일부는 매우 유별나고 엉뚱한 반응을 보이기도 한다. 창조성 검사의 '표준적' 문제 항목은 대부분 벽돌 용도를 얼마나 많이 생각할 수 있는지, 이야기에 얼마나 다양한 제목을 붙일 수 있는지, 추상적 선화線畵를 얼마나 다양하게 해석할 수 있는지 묻는다. 심리측정학적으로 창조적인 사람은 이런 질문에 항상 다양한 반응을 보이는데 다른 사람들의 경우에서는 거의 찾아보기 힘든 기묘한 반응이 나올 때도 있다.[1]

에이미 윌킨슨은 「크리에이터 코드」에서 창의적인 사람을 3가지로 분류했다.[2] '태양새'라는 사람들은 한 분야에서 통하는 해법을 다른 분야에도 적용한다. 그것도 일반적으로 기존 해법 그대로 가져오지 않고 살짝 변형해 적용한다. 그들은 '이 바닥에서는 원래 이렇게 한다'라는 사회와 시장의 통념에 휘둘리지 않고 아이디어의 새로운 용도를 찾는다. 현재의 아이디어를 다른 데 이식할 기회만 모색할 뿐만 아니라 낡은 아이디어를 새롭게 살려내기도 한다.[3]

'건축가' 형은 공백을 발견하고 빠진 것을 채운다. 다시 말해 문제를 알아보고 새로운 상품이나 서비스를 고안해 그동안 방치되어 있던 사람들의 욕구를 충족시킨다. 그들은 이런저런 가정들을 분석하고 다양한 변수를 시험해 새로운 해법을 도출한다. 그들은 꼼꼼히 묻고 또 묻는 태도를 성공 비결로 믿고 아이 같은 천진함과 초심을 잃지 않는다. 그들은 모든 가정에 "이것을 다르게 할 방법이 있을까?"라고 묻는다.[4]

'통합자' 형은 기존 개념들을 한군데 모아 전혀 다른 혼합물을 만들어낸다. 서로 반대되는 것들을 조합해 새로운 진로를 개척한다.[5] 이런저런 아이디어를 나란히 놓고 생각할 줄 아는 노벨상 수상자들의 사고력을 연구한 로던버그는 생리학자, 화학자, 물리학자는 물론 퓰리처상을 수상한 작가와 예술가들도 이질적인 개념들 사이에서 연결고리를 찾아 통합적인 아이디어를 창출하는 능력이 있음을 밝혀냈다. 그는 모순되는 개념들 사이에서 창조적 결과물이 나올 수 있다고 보았다.[6]

많은 창의력 전문가들의 주장에 따르면 이런 창의성은 타고 나는 것이 아니라 교육과 훈련으로 가능하다고 한다. 무엇을 교육시키고 훈련시켜야 할까? 창의력은 사고방식이 고정적인 성인보다 자유롭게 생각하고 상상하는 어린 시절에 훨씬 많이 길러진다. 성인이 되어서도 아이의 관점에서 세상을 바라보는 습관이 중요한데 아인슈타인은 자신의 사고 유형과 아이들의 일반적인 사고 유형이 비슷하다는 점을 알고 있었다. 아인슈타인은 이렇게 말한 적이 있다.

"내가 상대성 이론을 어떻게 발견했는지 모르겠다. 아마도 보통 어른 이라면 시간과 공간의 문제를 생각하느라 길을 멈추는 일 따위는 없을 것이다. 바로 이 점이 이유 같다. 이런 문제는 어릴 때나 골몰했겠지만 내 경우, 지능발달이 늦어 성인이 되고 나서야 시간과 공간에 대해 겨우 의문을 품기 시작한 것이다. 당연히 나는 보통능력을 가진 아이보다 그 문제를 더 깊이 파고 들 수 있었다."[7]

이제 창의적이고 혁신적인 전략적 리더가 되는 데 무엇이 필요 한지 자세히 살펴보자.

🏵 질문하고 질문하고 질문하라

위에서 말한 태양새형, 건축가형, 통합자형 크리에이터들은 모 두 시도 때도 없이 질문을 던지는 사람들이었다. 그들은 타고난 호기 심을 절대로 꺾지 않았다.[8] 모든 창의적 행동들은 호기심 가득한 질 문에서 시작한다. '왜 그럴까?', '원인은 무엇인가?', '무엇이 다를까?', '다른 방법은 없을까?', '더 좋은 방법은?' 같은 질문을 계속하면서 관 찰하고 뒤집어보고 쪼개보고 거꾸로 보면서 창의력은 길러진다.

창의적 업적을 남긴 사람들은 어릴 때부터 질문하는 습관이 있 었다. 우리가 알고 있는 천재들은 자신이 좋아하고 관심 있는 분야 에서 질문을 시작으로 '일을 내기' 시작했다. 에디슨과 아인슈타인에게 호기심 가득한 질문이 없었다면 어떻게 위대한 업적을 남길 수 있었을까? 베토벤이나 모차르트도 질문하지 않았다면 최고의 음악가가 될 수 없었을 것이다. 파브르가 곤충들을 궁금하게 생각하지 않았다면 질문하지 않았을 것이다. 궁금증과 질문 없이 그렇게 오래 쭈그리고 앉아 관찰할 수 있었을까? 그러므로 창의력의 첫걸음은 질문이다. 단지 '질문하는 것'이다. 질문이야말로 창의력의 어머니다.

창의적인 사람들은 보통사람들과 생각하는 방식이 다르다. 로버트 루트번스타인과 미셀 루트번스타인은 「생각의 기술」에서 천재들의 창조하는 13가지 방법, 즉 관찰, 형상화, 추상화, 패턴 인식, 패턴 형성, 유추, 몸으로 생각하기, 감정이입, 차원적 사고, 모형 만들기, 놀이, 변형, 통합을 열거했다. 그 모든 과정을 관통하는 핵심단어는 역시 질문이다. 호기심 있는 질문이 없다면 도대체 왜 관찰하겠는가? 질문은 대상물을 관찰하게 만든다. 주의 깊게 대상물을 바라보며 머릿속에서 계속 질문한다. 질문하며 관찰하고 관찰하며 질문하는 연속 과정에서 번뜩이는 아이디어가 나오고 창의적인 생각이 연기처럼 모락모락 피어오르기도 한다.

천재들은 끊임없이 '어떻게?', '왜?', '그 다음은?'이라고 질문하며 창조적 업적을 남겼다. 송숙희 씨는 '그 어떤 혁명도 혁신도 개선도 보완도 창조도 문제 해결도 대박도 모두 관찰에 있음을 알고' 오랜 준비 끝에 「성공하는 사람들의 7가지 관찰 습관」이라는 책을 냈다. 이 책에서 그는 '기회를 부르는 관찰의 순간은 항상 질문이 함께했다'라고 밝혔다. 질문과 창의적 성과는 동행한다는 것이다. 뉴턴은 "사과는 위나 옆으로 안 떨어지고 왜 밑으로만 떨어질까?", 아르

키메데스는 "물은 왜 넘칠까?"라고 질문했다. 레오나르도 다빈치가 많은 질문으로 창조적 업적을 만들어낸 것은 유명한 사실이다. 발명왕 에디슨도 새로운 발명을 진행할 때마다 "사람들의 실질적인 욕구는 무엇인가?", "현재 시장에서 틈새는 무엇인가?"라는 질문으로 시작했다.

유추도 질문이 없다면 불가능하다. 유추는 닮지 않은 사물이나 현상 사이에서 유사성이나 관련성을 찾아내는 것이다. 모든 사람이 아무렇지 않게 생각하는 것을 천재들은 질문함으로써 관련성을 찾아간다. 그런데 유추능력은 충분히 학습할 수 있어 매우 어릴 때부터 시작할 수 있다고 한다. 부모의 질문으로 아이의 유추능력을 키울 수 있다는 것이다. 퓰리처상을 받은 작가 제럴딘 브룩스(Geraldin Brooks)의 예를 보면 쉽게 이해할 수 있다. 브룩스는 자신이 유추를 잘하게 된 것은 어머니가 시킨 놀이 덕분이라고 말한다.

어머니는 정원을 산책하며 항상 "자, 우리 정원庭園을 한 번 살펴보러 갈까?"라고 말씀하셨다. 여기저기를 서성거리며 나무와 돌이 말해주는 이야기를 들었다. 벽돌 위에서 햇볕을 쬐는 도마뱀은 용 이야기에 등장하는 영웅이었고 썩은 나뭇가지에서 톱니처럼 돋아난 버섯은 비밀 장소로 이어지는 요정의 계단이었다. 데이지 꽃은 진달래 가운을 입은 소녀였고 정원의 모든 것들은 다른 뭔가의 대역이었다.

브룩스는 아이들이 현실에 상응하는 다른 가능성의 우주를 발견해야 한다고 말한다. 꽃을 사람으로 보고 버섯을 요정의 계단이라고 말하는 어린아이에게 장난감을 장난감이라고 곧이곧대로 말한다면 그들의 상상력이 얼마나 훼손될지 생각해보라. 브룩스의 주장에 의하면 "요즘 장난감들은 상상의 여지를 거의 남기지 않는다. 컴퓨터 칩이 사고를 대신해준다. 캐릭터들은 이미 정해져 있고 모든 인형에는 필수 액세서리들이 딸려 나온다."라는 것이다. 모두 창의성을 위축시키는 것들이다. 스스로 하나의 세계를 만들 수 없고 그럴 필요가 없는 아이들은 물질이 가진 다른 가능성과 용도와 목적을 깨닫지 못한다. 특정 사물을 볼 때 '그것은 무엇인가?'가 아니라 '그것은 무엇이 될까?'에 착안해야만 우리는 전혀 새로운 방식으로 사물을 활용할 수 있다.[9]

루스번스타인 부부도 부모들에게 다음과 같이 제안했다. 아이에게 장난감을 줄 때는 여러 방식으로 갖고 놀게 해야 한다. 아이들이 블록이나 인형, 종이, 헝겊, 일상용품을 다양한 시나리오에 맞게 지금까지와 다르게 놀게 하라. 막대기를 검으로, 스카프를 강으로 상상하도록 아이들을 지도하라. 보석상에서 쓰이는 확대렌즈를 아이들에게 주어 뭔가 집중해 관찰하도록 하라. 그런 후 "이게 무엇처럼 보이니?"라고 질문하라. 아이가 대답하면 생각나는 것을 그리게 하고 다시 같은 질문을 한다. 그렇게 목록을 만들어본 후 이 시각적 유추에 대한 평가를 해주고 기능적 관련성을 찾아보게 한다. 마지막으로 왜 그것(관찰 대상)이 이것들(유사하다고 보는 것)과 같다고 생각하는지 이론을 세우도록 하라. 유추적 사고훈련은 학년을 막론하고 작문, 미술, 과학, 수학, 사회 등 거의 전 과목에 접목되어야 한다.[10]

결국 이런 교육 방법은 상상력을 키우기 위해서다. 상상력이 깊은 만큼 문제 해결능력도 향상된다. 문제 해결능력이 높은 사람은 장애물이나 어려움을 두려워하지 않는다. 도전하고 싶어한다. 명심할 것은 상상력이든 창의력이든 질문으로 시작한다는 것이다.

🔵 질문이 낳은 창의적 성과들

매일유업이 바나나우유 시장에 새로 진입할 때의 일이다. 당시 이미 빙그레우유가 출시한 바나나우유가 절대강자 자리를 차지하고 있었다. 매출 규모가 연 1천억 원으로 바나나우유 판매량이 빙그레 주가에도 영향을 미칠 정도였다. 그 아성을 흔드는 것은 쉽지 않았다. 제품개발팀은 원칙론으로 방향을 정했다. 여러 각도에서 바나나우유를 관찰하기 시작했다. 딸기우유가 빨간 것처럼 바나나우유는 노랗다. 얼핏 보면 당연한 이 사실을 처음에는 그냥 지나칠 뻔했다. 그러던 중 누군가가 말했다.

"바나나 속은 원래 하얗지 않나? 그럼 바나나 과즙으로 만든 우유음료도 흰 것이 맞지 않은가?"

바나나우유가 하얗지 않고 노랗다는 것은 색소를 첨가했다는 뜻이 된다. 그 순간 아이디어가 번뜩였다. 수많은 질문이 쏟아졌다.

"색소를 넣지 않은 흰 바나나우유를 고객이 어떻게 받아들일까?", "하얀 바나나우유의 장점을 어떻게 홍보해야 할까?"라는 질문에 하나하나 답을 찾아가며 "바나나는 원래 하얗다"로 제품의 큰 줄기를 잡아갔다. 물조차 사먹으며 '웰빙' 운운하는데 인공색소가 첨가된 우유음료 대신 같은 맛을 내는 건강음료라면 승산이 있어 보였다. 용기도 제품의 특징을 강조하기 위해 투명재질을 사용했다. 광고도 "바나나는 원래 하얗다"라는 제품의 특질에서 콘셉트를 뽑았다. UCC로 제품 홍보에 성공한 이 광고는 2007년 국제 낙농연맹총회에서 '2007 IDF 마케팅 대상'을 수상했다.[11]

음식물쓰레기 건조처리기 '루펜'을 개발한 이희자 씨는 맏며느리다. 1년에 차례며 제사를 10번이나 지낸다. 매일 저녁 설거지 후에 버리는 음식물쓰레기도 지겨운데 그녀는 매번 겪는 제사 후에 남는 음식물쓰레기를 어떻게 감당했을지 짐작하고도 남는다. 그녀는 음식물쓰레기 처리가 힘들고 싫었을 것이다. 그리고 부피가 많으니 쓰레기봉투 값도 아까웠을 것이다. 그런데 겨울에 먹기 위해 가을걷이한 호박, 고추, 가지를 볕에 말리다가 아이디어가 문득 떠올랐다.

"음식물쓰레기를 이렇게 말린다면?"

그렇게 할 수만 있다면 음식물쓰레기를 처리하는 고충이 한 순간 해결될 것 같았다. 먹기 위해서가 아니라 버리기 위해 가공한다는 발상의 전환이 이루어졌다. 이희자 씨는 2003년 국내 최초로 '루펜'이라는 음식물쓰레기 건조처리기를 만들었다. 루펜은 음식물쓰레기를 150℃의 뜨거운 바람으로 말리고 악취도 없앴다. 루펜은 이 과정 끝에 개발되어 연매출 1천억 원을 가볍게 달성할 만큼 성장했으며 해외 수출도 하고 있다.[12]

요즘 주변에서 십자 나사못을 흔히 볼 수 있다. 그러나 십자 나사못도 질문의 연속 과정 속에서 태어났다. 헨리 필립스는 미국에서 전자제품 수리 일을 하고 있었다. 그런데 그에게 어려운 일이 있었다. 일자 나사못은 너무 많이 돌리면 홈이 망가져 제대로 돌려 뺄 수 없었다. 망치로 드라이버를 톡톡 치면서 돌리면 대부분 빠지지만 그래도 잘 안 되어 라디오 전체를 못 쓰게 될 때도 많았다. 필립스의 질문은 "일자 나사못을 잘 빼는 방법은 무엇일까?"였다.

질문을 거듭하다보니 어느 날 머릿속에 전구가 켜지듯 새로운 생각이 떠올랐다. 일자 홈에 세로로 홈을 내보는 것이었다. 십자 나사못은 드라이버가 주는 힘을 더 잘 받을 뿐만 아니라 덜 닳는 것은 당연한 이치다. 한 걸음 더 나아가 드라이버도 십자 드라이버로 만들어 사용하기 시작했다. 필립스는 이 발명품을 전 세계에 특허 출원했고 회사 이름 그대로 '필립스' 나사공장을 세워 십자 나사못과 드라이버를 생산·판매하고 있다.[13]

조지 스티븐스가 증기기관차를 만든 이야기는 끈질긴 질문이 얼마나 대단한 일을 할 수 있는지 잘 보여준다. 스티븐스는 탄광에서 일하는 기관사였다. 당시 탄광에서는 말이 수레를 끌었는데 비용이 많이 들었다. 스티븐스는 갱도에 증기기관을 설치해 수레를 끌게 했다. 덕분에 탄광에서 필요한 말이 100필에서 15필로 줄었다. 스티븐스에게 질문이 생겼다.

"증기기관으로 석탄만 옮길 것이 아니라 사람과 화물도 실어 나르면 어떨까? 그럼 시간과 비용을 많이 줄일 수 있지 않을까?"

스티븐스는 열심히 연구했다.

1814년 스티븐스는 드디어 증기기관차를 만들었다. 그러나 모든 것이 부족했다. 다른 것은 몰라도 속도가 너무 느렸다. 시속 6.5km이니 말과 비교해 별 차이도 안 났다. 이 정도는 1시간 동안 사람이 빨리 걷는 속도보다 빠르지도 않았다. 외관도 별로 근사해 보이지 않았다. 부품을 아무렇게나 조립해 조잡하고 투박해 보였다. 사람들은 한마디씩 했다. 아무 쓸모없는 것이라고. 특히 철도를 경쟁자로 생각한 운하업체들이 엄청난 비난을 쏟아 부었다. 그들은 철도를 비난하는 책과 신문을 찍어 사람들에게 마구 뿌렸지만 스티븐스는 좌절하지 않았다. 그는 계속 질문했다.

"빠른 증기기관을 어떻게 만들 수 있을까?"

그는 질문하며 새롭게 만들어보고 질문하고 다시 만든 끝에 드디어 증기기관차를 처음 만든 지 15년 후 최대 시속 47km로 달릴 수 있는 증기기관차를 만들어냈다.[14] 문제를 해결하기 위해 끊임없이 질문한 결과다.

● 새로운 것에 유연하라

창의적 혁신가가 되려면 새로운 것에 개방적이고 유연해야 한다. 조나라 지배층이 호복을 입은 것은 오랑캐 문화를 받아들이는 것이었다. 이것은 당시 지배층이 용납할 수 없는 파격이었다. 조나라 무령왕은 중국 최초의 기마부대를 창설했다. 무령왕이 반대를 무릅쓰고 기마부대를 창설하는 과정은 혁신 그 자체였다. 먼저 「춘추전국이야기 8」에 등장하는 기병전술의 역사적 의미를 살펴보자.

세계제국을 건설한 페르시아인들은 '말의 힘으로 나라를 얻었다'라고 자부했는데 그 '말의 힘'의 의미는 무엇일까? 전투에서 말은 대부분 2가지 기능을 수행했다. 첫 번째는 전차를 끄는 것으로 말이 끄는 전차는 평지에서 보병을 압도했다. 두 번째는 사람을 태우는 것이다. 사람이 말 위에 올라탄 역사는 매우 길다. 기마의 역사는 6천 년 이상일 수도 있지만 말을 타고 활을 쏠 때까지 다시 3천 년을 더 기다려야만 했다. 말 위에서 활을 쏘려면 짧은 이중만곡형 복합 단궁이 필요했지만 그런 활은 기원전 1천 년 무렵에야 등장했기 때문이다. 긴 활로는 말 위에서 전후좌우 자유자재로 화살을 쏠 수 없었다. 활의 성능이 크게 개선되고 짧아지자 초보적인 기병이 생겨났다. 그리고 수백 년 후 페르시아와 스키타이 궁수들은 말 위에서 마음대로 활을 쏘았다. 얼마 후 아시아 북부 초원에서 호胡족은 말 위에서 활을 쏘았다.

진秦과 조趙는 호를 상대하며 이미 기마대의 존재를 알았고 점점 그 효용을 깨달아갔다. 기마는 많은 장점들이 있었다. 우선 기마대는 불규칙한 지형에서 전차대를 무력화할 수 있었다. 바로 페르시아가 초기에 그리스와 바빌로니아의 정주 민족을 압도했던 이유다. 말을 타고 달려와 화살을 퍼붓고 돌아가는 기병을 전차로는 추격할 수도 보병으로는 압박할 수도 없었다. 기병은 상황에 맞게 좌우로 움직이지만 전차는 한 방향으로만 회전할 수 있었다. 기병 자체만으로는 타격력에 한계가 있지만 전차와 보병 혼성군단에 기병이 합쳐지면 엄청난 위력을 낼 수 있었다. 그리고 기병은 전투에서만 위력을 발휘한 것이 아니다. 기병의 넓은 정찰 범위 덕분에 작전 유연성이 커졌고 지형을 가리지 않고 움직일 수 있어 작전 범위도 넓어졌다. 그리고 이동 속도가 비교할 수 없을 만큼 빨라졌다.

그렇다면 중국은 왜 그리 오래 기마궁술을 채택하지 않았을까? 물론 기본적으로 기마궁술은 초원에 적합한 전술이고 춘추전국시대 전차전과 전국시대 공성전에는 기마궁술이 별 효과가 없었을 수도 있지만 이상하리 만큼 기마전은 전차전보다 빨리 발전하지 않았다. 거기에는 중국의 보수성도 한몫했다. 그들은 기마대를 오랑캐 군대로 여겼다. 기병이 일반화되기 전에 복잡한 지형을 만나면 사대부들은 전차에서 내려 보병이 되어 싸웠다. 처음에 사대부들이 전차에서 내리려고 하지 않아서 사령관들은 거의 강제로 끌어내렸다.

전차를 몰며 활을 쏘는 것은 사대부의 특권이었다. 그런데 무령왕이 기마궁수 부대를 만들려고 하니 심한 반발은 당연했다. 기마궁수가 되려면 좋은 말은 물론 오랜 훈련을 뒷받침할 자본이 필요했다. 그러므로 유목사회와 달리 농경사회에서는 개인이 기병이 되는 것은 쉽지 않다. 이런 상황도 변화를 막았을 것이다. 그러나 조나라는 양마장과 훈련장을 만들어 본격적으로 기병을 양성하려고 했다. 그러자 조정에서는 일대 격론이 벌어졌다. 특히 숙부인 공자 성은 다음과 같이 분명한 반대 의사를 밝혔다.

"신이 듣건대 중원은 대부분 총명하고 지혜로운 사람들이 사는 곳이고 물건과 재물이 모이는 곳이며 어질고 성스런 사람이 가르침을 주는 곳이고 인의가 베풀어지는 곳이며 「시경」, 「서경」과 예악이 쓰이는 곳이고 색다르고 기민한 기능이 시험되는 곳이며 먼 곳 사람들이 보러 오는 곳이고 남쪽 오랑캐가 모범으로 삼는 곳이라고 합니다. 지금 왕께서는 이를 버리시고 먼 나라의 복장을 따라 입으려고 하시니 이것은 옛 가르침과 도를 바꾸는 것이고 일반사람들의 마음과 학자들의 권고를 거스르는 것이고 중원의 전통에서 벗어나는 것이니 신은 왕께서 이 일을 고려하시길 바랍니다."

공자 성은 왕실의 어른으로서 영향력 있는 인물이 분명하다. 그때 무령왕은 숙부를 몸소 찾아가 설득했다. 설득 내용에서 그의 유연성과 개방성을 엿볼 수 있다.

"의복은 입기 편하고 예는 일 처리에 편리하기 위한 것입니다. 성인이 민간풍속을 관찰해 순리에 따라야 하며 일의 실제 상황에 따라 예절을 제정해야 하는 것은 백성을 이롭게 하고 나라를 부강하게 만들기 위해서입니다. 머리카락을 자르고 몸에 문신을 하며 팔에 무늬를 아로새기고 옷깃을 왼쪽으로 여미는 것은 구월甌越; 오랑캐 백성들의 습속입니다. 이빨을 검게 물들이고 앞이마에 무늬를 새기며 물고기 가죽으로 만든 모자를 쓰고 거친 질감으로 만든 옷을 입는 것은 오나라의 습속입니다. 따라서 예절과 복장은 같지 않지만 그 편리함은 같습니다. 지역이 달라 이용하는데 변화가 있고 일이 달라 예절도 바뀌는 것입니다. 이 때문에 성인은 진정 나라를 이롭게 하기 위해 그 중 하나만 고집하지 않으며 진정 그 일을 편리하게 하기 위해 예법을 같게 하진 않았습니다."

🏵 장애물과 실패를 넘어서라

창의적인 혁신가가 되려면 강력한 결단력과 실행력이 필수다. 목표와 실행 계획만 있다고 창의적인 혁신이 성공하는 것은 아니다. 항상 기득권 세력의 반대에 부딪치기 마련이다. 불확실성과 장애물이 있어도 앞으로 나아가는 결심, 결의, 의지가 중요하다. 새로운 생각은 항상 낯설다. 반대자도 많다. 이것을 극복하려면 뚝심 있게 밀고 나가는 의지력이 필요하다. 조나라 무령왕의 고민을 살펴보자. 무령왕과 비의의 대화 속에 잘 나타나 있다.

"무릇 세상에서 뛰어난 공을 세운 사람은 세속의 습속을 위배했다는 모함을 받으며 홀로 지혜롭고 사려 깊은 사람은 오만한 백성들의 원망이 따르기 마련이오. 이제 나는 장차 호복을 입고 말을 타고 활을 쏘며 백성을 가르치려고 하는데 세상은 반드시 과인에 대해 논할 것이니 과인은 어찌해야 하오?"

남이 반대한다고 우물쭈물하면 혁신할 수 없다. 무령왕은 결단을 내렸다.

"나는 호복을 입어야 하는 이유를 의심하는 것이 아니고 천하 사람들이 나를 비웃을까봐 두려운 것이오. 미친 사람의 즐거움은 지혜로운 자에게는 슬픔이며 어리석은 자가 비웃으면 현명한 자라도 살펴보아야 하는 것이오. 세상에서 나를 따르는 자가 호복의 공을 알 수는 없을 것이니 세상 사람들이 나를 비웃더라도 오랑캐 땅과 중산나라는 내가 반드시 갖게 될 것이오."

그리고 조나라 무령왕은 결단과 함께 실행력을 보여주었다. 아무리 훌륭한 혁신적인 아이디어가 있더라도 실행하지 않는다면 무의미하다. 특히 주변의 반대도 만만찮다. 전북 고창 청보리밭 축제를 기획하고 주도한 김가성 씨의 사례는 새로운 것을 시도하는 데 얼마나 많은 장애물을 이겨내야 하는지 잘 보여준다.

그가 쓴 「180억 공무원」을 보면 1980년대에 공무원이 된 김가성 씨는 축제의 주제를 향수와 추억으로 정하고 이름을 고창 청보리밭 축제로 정했다. 그리고 과거의 일상 속 작은 경험들을 청보리밭 이름 하나에 엮어나갔다. 그는 생각나는 대로 아이디어를 적어나가며 구체적인 계획을 세웠지만 넘어야 할 산이 많았다. 먼저 보리밭 주인인 학원농장주의 허락을 얻어야 했다. 반대를 무릅쓰고 2~3번 모른 척 농장을 계속 찾아갔다. 아무리 완곡히 거절해도 못들은 척 계속 찾아와 이미 했던 말을 반복하는 막무가내 공무원을 보고 있자니 짜증이 났다. 수없이 찾아가 설득해 결국 승낙을 얻어냈다.

보리밭 주인의 승낙이 떨어졌지만 내부 결재도 받아야 했다. 사실 '뭔가에 도전해 새로운 가치를 창출해낸다'는 것은 일반적인 공무원 세계의 생리를 거스르는 방식이다. 의욕과 사기를 높여주기는커녕 비웃고 비난하는 사람이 매우 많았다. 그때마다 도저히 못 넘을 태산을 만난 느낌이었다. 매일 1년씩 늙어가는 느낌이었다.

물론 어느 조직이나 상부의 결재를 얻을 때 말단 직원들은 한없이 작아지는 느낌이다. 규정에 있는 당연하고 소소한 사항에 대한 주장조차 상사의 눈치를 보며 설명해야 하고 때로는 숨소리도 크게 못 낸다. 그렇듯 긴장해 잘못 내뱉은 말 한마디로 기획안 전체가 물거품이 되고 머릿속에서는 해야 할 말이 맴도는데 입은 안 떨어지는 것이 상사 앞의 부하직원이다. 상사들의 반응은 다양했다.

아무 말 없이 입을 꾹 다문 채 눈만 꿈벅이는 쪽은 부드러운 반응에 속했다. "지금 당장 할 일이 얼마나 많은데 그거나 똑바로 하지 무슨 일을 벌이느냐"라며 호통 치는 분, "쓸데없이 돈과 시간을 낭비해가며 되지도 않을 일을 준비하느냐"라고 타박 주는 분, 드러내놓고 비난하는 분도 많았다.

"꽃이라면 몰라도 조상대대로 심은 껄껄한 보리로 뭐가 될까?"

"이러다 읍·면들마다 모두 축제 하나씩 만들겠다고 나서겠구먼."

"이거 실패하면 예산낭비 트집 잡혀 나중에 시끄러워진다고."

"해보라고는 하겠는데 참 걱정스럽네."

"이게 김가성 씨 원래 업무입니까?"

문을 닫고 나올 때 "거 참, 정신 나간 친구일세."라는 소리가 매번 뒤통수를 쳤다. 위로 결재가 올라가면서 더 바빠졌다. 휴일이면 전국 크고 작은 축제장을 찾아다녔다. 1년 만에 군수 결재를 받았다. 고창 청보리밭 축제가 성공하는 과정을 보면 7급 공무원 김가성 씨의 실행력이 돋보인다. 조직의 반대가 심했지만 김가성 씨의 뚝심으로 청보리밭 축제는 대성공을 거둘 수 있었다.

처음부터 새로운 길을 완벽히 걸을 수는 없다. 자신의 실패와 실수에 관대해야만 혁신과 창의가 가능하다. 창의적 혁신가들은 실패를 실패로 생각하지 않는다. 수많은 시행착오가 더 완벽한 해결책을 마련하도록 돕는다.

카네기멜론대학 인간 컴퓨터 상호작용 연구소의 스티브 도우 (Steven Dow) 교수는 현명한 시행착오 연구에 큰 공을 들이고 있다. 그는 완벽한 개념, 상품, 아이디어를 만들기 위해 애쓸 때보다 여러 가지를 실험하고 재평가하고 재편성하기 위해 노력할 때 좋은 결과가 나온다고 믿는다. 이를 알아보기 위해 도우와 그의 동료학자들은 고교 물리학 교과서에서 차용한 간단한 실험을 진행했다. 그들은 실험 참가자들을 모집해 2개 집단으로 나누고 달걀 떨어뜨리기 시합을 벌였다. 시합 목표는 달걀 보호장치를 만들어 땅에 달걀이 떨어져도 깨지지 않게 하는 것이었다.

각 집단 사람들은 파이프 클리너(담배 파이프를 청소할 수 있도록 철사에 털실을 감아 놓은 끈), 아이스크림 막대, 골판지, 고무줄, 거품, 화장지로 25분 동안 보호장치를 설계하고 15분 동안 최종 설계안에 따라 장치를 제작한 후 달걀을 떨어뜨려야 했다. 그런데 두 집단 사이에는 다른 점이 있었다. A 집단 참가자들에게는 달걀을 하나씩만 주었다. 각자 한 알로 보호장치를 설계하고 제작하고 시험해야 했다. 반면, B 집단 참가자들에게는 달걀을 한 판씩 주었다. 그 참가자들은 설계 단계에서 5분, 10분, 15분, 25분 시점에 낙하시험 권유를 받았다. 따라서 B 집단 참가자들은 여러 설계안을 시험해볼 수 있었다.

A 집단 참가자들은 25분 동안 한 가지 보호장치만 설계했다. 그들은 최종제품을 만들기 위해 심혈을 기울였지만 B 집단 참가자들은 다양한 설계안, 기술, 아이디어를 접목해 여러 번 만들었다. B 집단 실험 참가자들은 한 가지에 완벽을 기하지 않고 이런저런 설계안을 시험해 자신이 만든 낙하산, 완충장치, 제동기, 둥지가 달걀을 잘 보호할 수 있도록 손보았다. 그들은 낙하시험을 여러 번 하면서 결과를 확인하기도 했다. 참가자들은 설계 단계에서 확보한 지식으로 제작 단계에 들어갔고 본격적인 낙하가 시작되었다. 달걀이 깨질 때까지 점점 더 높은 데서 떨어뜨리는 방식이었다.

결과는 어땠을까? 예상할 수 있듯이 설계 단계에서 달걀을 많이 깨뜨릴 수 있었던 참가자들의 장치가 더 우수했다. B 집단 참가자들이 떨어뜨린 달걀은 평균 185㎝까지 버텼지만 A 집단 참가자들이 떨어뜨린 달걀은 100㎝까지만 버텼다. 즉, 실패에서 교훈을 얻고 장치를 재설계할 수 있었던 사람들이 더 우수한 성적을 보인 것이다. 그들은 장치의 결함과 제약사항을 파악하고 여러 번의 시험으로 개선책을 알아냈다. 또한 동일한 장치의 제작법을 여러 번 연습하며 학습했다. 다양한 시제품을 만들 수 없었던 A 집단 실험 참가자들은 자신의 장치가 나타낼 효과를 예측할 수밖에 없었다. 반면, B 집단 실험 참가자들은 작은 도박을 통해 현명한 실패를 할 수 있어 성공할 수 있었다.[14]

3장

인人

사람을 얻고
활용하는
방법

1. 용인用人

리더가 추구하는 목적을 달성하는 데는 혼자 힘으로는 한계가 있으므로 조력자가 필요하다. 그 조력자로 누구를 선택하느냐에 따라 리더의 성패가 갈린다. 이런 사례는 사서에 부지기수로 나온다.

기원전 11세기 주나라 무왕武王이 은(상)나라를 멸하고 주周나라를 세운 후 왕족과 공신들에게 땅을 나누어주고 다스리게 했다. 봉건국가의 탄생이었다. 그러나 기원전 841년 주의 쇠퇴를 알리는 국인반정으로 주 왕실은 힘을 잃었고 그때부터 춘추시대가 시작되었다. 처음에는 모두 고만고만한 나라였지만 세월이 흐르면서 강국들이 약소국들을 병탄하기 시작했다. 주 왕실의 힘은 점점 더 약해지고 제후국들 중 절대강자가 나타나기 시작했으니 사가들은 그들을 '춘추오패'라고 부른다.

춘추시대 패자가 되는 데는 몇 가지 조건들이 있었다. 첫째, 국력이 강해 타국을 무력으로 굴복시킬 수 있어야 한다. 둘째, 존왕양이尊王攘夷다. 말 그대로 천자인 주왕을 존중하고 사방 이민족들을 물리쳐 평화와 질서를 지킬 수 있어야 한다. 당시는 동서남북으로 이민족들이 호시탐탐 중원을 노렸다. 특히 서쪽 융족과 북쪽 적족은 수시로 중원의 나라를 괴롭혔다. 셋째, 춘추 질서 유지다. 국가간 분쟁을 해결하고 약소국을 명분 없이 힘으로 제압하지 않아야 한다. 이런 조건을 갖춘 춘추오패에 누구를 뽑느냐에 대해서는 그동안 학자들 사이에서 여러 이견들이 있었다.

역사적으로 2가지 의견이 유력하다. 첫째는 제환공齊桓公, 송양공宋襄公, 진문공晉文公, 진목공秦穆公, 초장왕楚莊王을 오패로 인정하는 것이다. 두 번째는 제환공齊桓公, 진문공晉文公, 초장왕楚莊王, 오합려, 월구천이다. 그 외에도 다른 군주를 패자로 해야 한다는 의견도 있다. 모두한 시대를 풍미한 군주들이니 나름대로 근거가 있을 것이다. 내 관심은 그들이 패자의 지위에 오른 방법이다. 그들이 패자가 될 수 있었던 최대 요인은 사람이었다. 제환공에게는 관중이 있었다. 진문공 이야기는 이미 앞에서 다루었다. 그는 19년 동안 망명생활할 때부터 명신들을 거느렸다. 진목공에게는 백리해, 초장왕에게는 손숙오가 있었고 오 합려에게는 오자서, 월 구천에게는 범려와 문종이 있었다. 용인用人이 중요하다는 뜻이다. 이제 춘추의 첫 번째 패자였던 제환공은 관중을 어떻게 등용하고 활용했는지 「사기」의 〈제태공세가〉를 따라가 보자. 이야기의 시작은 제양공 때로 거슬러 올라간다.

🏵 인재를 알아본 제환공

제齊 양공은 태자로 있을 때 일찍이 공손무지와 다툰 적이 있었다. 그가 임금에 오를 무렵 무지의 녹봉과 의복을 없애버리자 무지는 원한을 품었다. 양공 4년, 노魯 환공이 부인과 함께 제나라에 왔다. 노환공 부인 문강은 제양공의 이복동생이었다. 제양공과 문강은 이전에 사사로이 정을 통한 적이 있었다. 그런데 노환공에게 시집가 그의 부인이 되었는데도 남편과 함께 제나라에 오자 양공과 다시 정을 통한 것이다. 노환공이 이를 눈치 채고 노여워하자 겁을 먹은 문강은 그것을 양공에게 알려주었다. 양공은 노환공을 살해할 의도로 함께 술을 마시고 그를 취하게 만들고 역사 팽생에게 노환공을 죽일 것을 지시했다.

여동생과 통간하고 여동생이 결혼한 후 친정에 오자 또 정을 통하고 그것이 들통나자 매제를 죽였던 것이다. 이해가 안가지만 그 시절은 그랬다. 그런 일을 저지를 수 있는 왕이라면 정치는 어땠을까? 제양공은 신뢰를 얻지 못했다. 결국 사소한 약속을 지키지 않아 목숨을 잃었다. 이야기를 이어가보자.

제양공은 연칭과 관지보에게 규구라는 변방 국경 수비를 지시했는데 오이가 익을 때쯤 갔다가 이듬해 오이가 익을 때쯤 교대하는 기간이었다. 그러나 1년이 지나 오이가 익을 때가 지났는데도 양공은 교대할 군사를 보내지 않았다. 누군가가 그들을 위해 교대를 요청했지만 양공은 허락하지 않았다. 결국 둘은 분노해 공손무지와 함께 반란을 도모했다. 연칭에게는 궁녀로 있으면서 총애를 못 받은 사촌 누이동생이 있었는데 연칭은 그녀에게 양공의 상황을 살피도록 시켰다.

"일이 성공만 하면 너는 공손무지의 부인이 된다."

12월 초 양공은 고분姑棼에 놀러갔다가 패구沛丘: 제나라 읍 이름까지 사냥을 나갔다. 그의 시종이 멧돼지를 보고 말했다.

"팽생입니다."

양공이 노여워 멧돼지를 쏘니 멧돼지가 사람처럼 선 채로 울었다. 양공은 그 순간 두려움에 수레에서 떨어져 발을 다치고 신발도 잃어버렸다. 무지, 연칭, 관지보 등은 양공이 부상을 입었다는 소식을 듣자마자 무리를 이끌고 궁을 습격해 양공을 시해하고 공손무지는 제나라 임금이 되었다. 그러나 공손무지의 치세는 얼마 가지 못했다. 무지가 옹림에 놀러갔을 때 옹림 사람 중 일찍이 무지에게 원한을 품은 자가 그를 죽이고 제나라 대부에게 말했다.

"무지가 양공을 시해하고 스스로 자리에 올라 신이 삼가 주살했습니다. 대부께서 다시 공자들 중 적당한 인물을 세우면 명을 듣겠습니다."

이제 누구를 세울 것인가? 제양공에게는 규와 소백이라는 동생이 둘 있었다. 후계 왕위에 오를 사람은 둘 중 한 명이었다. 누가 되든 상관없었다. 그런데 그들은 제양공의 폭정을 피해 타국으로 달아나 머물던 상태였다. 누구든 빨리 제나라로 돌아가면 왕이 될 수 있었다. 둘째 왕자 규는 노나라에 있었다. 그의 어머니가 노나라 출신이니 외가로 간 것이다. 당시 관중과 소홀이 그를 보좌하고 있었다. 소백小白은 거莒나라에 있었고 포숙이 그를 보좌했다. 소백의 어머니는 위나라 군주의 딸로 희공의 총애를 받았다. 소백은 어릴 때부터 대부 고혜와 좋은 관계를 유지했다. 옹림 사람들이 무지를 죽이고 임금 옹립을 논하자 고혜와 국의중은 몰래 거나라의 소백을 먼저 불렀다.

노나라도 무지가 죽었다는 말을 듣고 군사를 일으켜 공자 규를 보내고 별도로 병사를 거느리고 관중에게 가 거나라로 통하는 길을 막아버렸다. 소백이 제나라로 가는 길을 막고 규를 빨리 보낼 속셈이었다. 관중이 길을 막고 있는데 저 멀리서 소백이 보이자 화살을 쏘았다. 공교롭게도 소백의 허리띠 쇠 부분에 맞았다. 소백은 일부러 죽은 척했다. 관중은 거사가 성공한 것으로 오판하고 사람을 시켜 소백이 죽었다고 노나라에 알렸다. 소백이 죽은 줄로 안 노나라는 서둘 필요가 없어졌다. 여유가 생기자 공자 규를 호송하는 행군을 늦추어 6일 만에 제나라에 도착했지만 놀랄 일이 벌어져 있었다. 이미 소백이 들어와 임금 자리에 앉아 있던 것이었다. 그가 바로 환공이다.

환공은 죽은 척해 관중이 오판하도록 만든 지 얼마 후 온거溫車: 장막을 친, 누워 잠잘 수 있는 수레를 타고 달려갔는데 고혜와 국의중이 안에서 호응했으므로 그는 먼저 들어가 임금 자리에 올랐고 군대를 보내 노나라군을 막았다. 가을에는 간시에서 노나라와 싸웠다. 노나라 군이 패해 달아나자 제나라 군이 노나라의 퇴로를 끊어버렸다. 환공은 노나라에 편지를 보내 말했다.

"공자 규는 형제여서 차마 주살하지 못하겠으니 노후魯侯께서 그를 직접 죽이길 청한다. 소홀과 관중은 원수이니 그들을 잡아 젓갈을 담는 형벌에 처해 마음을 달래려고 한다. 그렇게 안 하면 노나라를 곧 포위하겠다."

노나라 사람들은 이를 근심해 공자 규를 죽였다. 소홀은 자결했고 관중은 감옥에 갇히길 청했다. 환공이 자리에 올라 군대를 보내 노나라를 칠 때 마음속으로 관중을 죽이려고 했다. 그때 포숙아가 말했다.

"다행히 신이 주군을 모시게 되었는데 주군께서는 결국 자리에 오르셨습니다. 주군께서는 높이 되셨기에 신은 주군을 더 높여드릴 수 없습니다. 장차 주군께서 제나라를 다스리려고 하신다면 고혜와 저 포숙이면 충분할 것입니다. 주군께서 패왕이 되시려고 하신다면 장차 관중이 아니면 불가능합니다. 관중이 그 나라에 머물면 그 나라는 강성해질 것이니 놓치면 안 됩니다."

이에 환공은 그의 말을 따르기로 했다. 이에 거짓으로 관중을 불러 그 마음을 달래는 척했지만 사실 그를 등용할 의도였다. 관중도 그것을 눈치 채고 제나라로 가길 청했다. 포숙은 관중을 맞아 관중의 족쇄와 수갑을 풀어주고 재계하고 상서롭지 못한 것을 떨어내고 환공을 뵙게 했다. 환공은 관중을 극진히 예우하며 대부로 삼아 정치를 맡겼다. 환공이 관중을 얻고 포숙, 습붕, 고혜 등과 함께 제나라의 국정을 닦았는데 빈자들을 넉넉히 해주고 어질고 유능한 자들을 임용했으니 제나라 사람들은 모두 기뻐했다.

「사기」의 〈관안열전〉에 관중의 업적을 이렇게 기술하고 있다.

"관중이 제나라 재상이 되어 국정을 맡자 변변찮은 제나라였지만 바다에 인접한 지리적 이점을 살려 타국과 교역해 재물을 쌓고 나라를 부유하게 만들고 군대를 튼튼히 육성했으며 백성과 고락을 함께 했다."

그가 저술한 「관자管子」에 이런 말이 있다.

"사람이란 창고가 가득해야만 예절을 알며 먹고 입는 것이 풍족해야만 영욕을 안다. 임금이 법도를 실천하면 육친六親이 굳게 결합하지만 예의염치禮義廉恥가 펼쳐지지 못하면 나라가 망한다. 영을 내리는 것은 물이 낮은 곳으로 흐르는 것과 같아 그렇게 해야만 민심에 순응하는 것이다."

관중은 나라에서 의논한 정책은 백성이 쉽게 행할 수 있도록 하고 백성이 바라는 것은 소망대로 잘 들어주었으며 싫어하는 것은 없애 불편을 덜어주었다. 또한 밖으로 화가 될 일도 잘 이용해 복으로 바꾸었고 실패를 돌이켜 성공으로 이끌었으며 일의 경중과 이해득실을 살피는 데 신중했다.

관중은 환공을 죽이려고 했으니 살 수 있는 처지가 아니었다. 하지만 포숙아의 의견을 받아들여 그를 살려주고 국정을 맡긴 환공의 그릇이 대단하다. 환공이 소국 왕에 머물지 않고 춘추시대 최초의 패자가 된 것은 관중 같은 인물을 알아보고 그를 등용했기 때문이다.

춘추전국시대에는 춘추오패까진 아니더라도 인재를 잘 등용해 부국강병을 이룬 왕들이 상당히 많다. 대표적인 왕이 연燕나라 소왕 昭王이다. 연소왕은 스스로 몸을 낮추고 사람들을 후대해 어진 자를 불러들였다. 그래서 제齊나라에게 당한 수모를 설욕하려고 했다. 소왕은 우선 곽외郭隗 선생을 찾아뵙고 물었다.

"제나라는 우리나라의 내란을 틈타 침입해 나라를 망쳤습니다. 우리 연나라는 작고 힘이 모자라 복수하기에는 부족하다고 여기나 그래도 유능한 인물들을 모아 나라를 함께 일으켜 선왕의 치욕을 씻어야 한다고 생각합니다. 이것이 저의 소원입니다. 어찌해야 할지 지도해 주십시오."

그러자 곽외 선생은 이런 의견을 내세웠다.

"제왕帝王은 스승과 함께 사귀고 왕자王者는 친우와 함께 사귀며 패자覇者는 신하와 함께 사귀고 나라를 망칠 자는 역부들과 함께 사귄다고 했습니다. 몸을 굽혀 남을 스승으로 모시고 제자가 되어 학문을 배우면 자신보다 백 배 나은 자가 찾아오는 법입니다. 그 다음 먼저 달려 나와 일하고 나중에 쉬며 먼저 묻되 나중에 아는 척하면 열 배 나은 자가 찾아옵니다. 남이 달려 나가 일할 때 나도 달려 나가 일하면 자신과 같은 자가 찾아옵니다. 의자에 앉아 거드름이나 피우고 눈을 부라리며 일만 시키면 마구간 잡역부 정도나 찾아오겠지요. 남을 미워하고 화를 잘 내고 교만하고 핑계를 대며 꾸짖기만 할 줄 아는 자에게는 노예들이나 겨우 찾아오는 법입니다. 이상은 예로부터 내려오는 것으로 도에 복종해 선비를 모으는 방법입니다. 왕께서 진실로 나라 안의 현자를 널리 선택하시려거든 먼저 그 문하에 몸을 굽혀 찾아가십시오. 왕이 그렇게 겸손히 어진 자를 구한다는 소문을 들으면 틀림없이 천하의 선비들이 우리 연나라로 달려올 것입니다."

소왕이 물었다.

"그렇다면 누구를 먼저 찾아보는 것이 좋겠습니까?"

곽외는 이렇게 비유를 들었다.

"제가 옛날 이야기를 하나 하겠습니다. 옛날 어떤 임금이 1천금으로 천리마를 구하려고 했지만 3년 동안 구하지 못했습니다. 그때 궁중 청소를 하던 자가 임금에게 나타나 '청하건대 제가 구해오겠습니다.'라고 했답니다. 왕이 그를 보냈더니 과연 석 달 만에 천리마를 구했습니다. 그러나 그 말은 죽은 말이었는데도 그 자는 5백금에 말의 머리를 사서 돌아와 임금에게 보고하더랍니다. 임금은 대노해 꾸짖었습니다. '내가 구하는 것은 산 말이요, 죽은 말을 어찌 5백금이나 주고 사왔단 말이오?' 그러자 그는 '죽은 말도 5백금이나 주고 사는데 하물며 살아 있는 말이야 어떻겠습니까? 천하가 틀림없이 대왕은 말을 살 줄 안다고 여기고 이제 곧 좋은 말들이 모여들 테니 두고 보십시오.' 과연 1년도 안 되어 천리마가 3필이나 들어왔습니다. 지금 대왕께서 진정 선비들을 모으고 싶으시다면 저부터 시작하십시오. 저 같은 자도 섬김을 받는데 하물며 저보다 어진 자들이 가만 있겠습니까? 어찌 천 리를 멀다 하겠습니까?"

이에 소왕은 곽외 선생을 위해 집을 지어주고 스승으로 모셨다. 그때부터 과연 악의가 위나라에서, 추연이 제나라에서, 극신이 조나라에서 찾아들고 숱한 선비들이 연나라로 앞다투어 몰려들었다. 연왕은 사람이 죽으면 일일이 찾아가 조문하고 유족을 위문하는 등 신하들과 함께 백성들의 기쁨과 고통을 나누었다. 그러자 나라는 부강해지고 군대는 안락하면서도 싸움을 두려워하지 않는 정신을 갖게 되었다. 이에 연나라는 악의를 상장군으로 삼고 제나라에 복수할 기회를 엿보았다. 그제서야 연나라 소왕은 제나라를 어떻게 쳐야 할지 악의에게 물었다. 악의는 이렇게 대답했다.

"일찍이 제나라에는 환공桓公이 패업을 이룬 전통이 남아 있고 땅도 넓고 인구도 많아 혼자 힘으로는 공격하기 어렵습니다. 왕께서 기필코 제나라를 치고자 하신다면 조·초·위 세 나라와 연합해야 합니다."

이리하여 연나라 왕은 악의에게 조나라 혜문왕惠文王과 맹약을 맺도록 지시하고 다른 사람을 시켜 초·위나라를 끌어들인 후 제나라를 치는 것이 유리함을 조나라를 통해 진나라에게 다시 설득했다. 제후들은 제나라 민왕이 교만하고 포악한 것을 미워해 앞다투어 합종을 서두르며 연나라와 함께 제나라를 칠 계획을 세웠다. 악의가 돌아와 이를 보고하자 연나라 소왕은 국내 병력을 동원하고 악의를 상장군으로 삼았다.

한편, 조나라 혜문왕도 악의에게 상국相國의 자리를 맡겼다. 이리하여 악의는 조·초·한·위·연나라의 연합군 총지휘를 맡아 제나라로 쳐들어가 제수濟水 서쪽에서 제나라 군대를 깨뜨렸다. 연합군은 싸움이 끝나자 각자 본국으로 돌아갔으나 악의는 연나라 군사만 이끌고 뒤를 계속 쫓아 제나라 수도 임치臨菑까지 쳐들어갔다. 제나라 민왕은 제수 서쪽에서 패한 후 달아나 거莒만 지킬 뿐이었다. 이에 악의는 제나라에 머물며 전국에 정령政令을 폈고 제나라의 각성은 항복하지 않은 채 계속 수비 태세만 갖출 뿐이었다. 악의는 임치에 진입하자 제나라의 귀중한 보물과 제기祭器들을 모조리 연나라로 실어 보냈다. 연나라 소왕은 크게 기뻐해 제수 기슭으로 친히 나가 군사들을 위로하고 상을 내리며 잔치를 벌이는 한편, 악의를 창국昌國에 봉하고 창국군昌國君이라고 불렀다. 그리고 소왕 자신은 제나라로부터 빼앗은 전리품들을 거두고 악의에게 다시 군대를 이끌고 아직 항복하지 않은 제나라의 성과 고을들을 평정하도록 시켰다. 악의는 제나라에 남아 각지를 돌며 정령을 편 지 5년 후 마침내 제나라 70여 개 성의 항복을 받아 모두 연나라 군현에 편입시켰다. 그러나 거莒와 즉묵卽墨성 두 곳만은 항복하지 않고 버티고 있었다.

일단 여기까지는 성공이다. 어처구니없는 사건은 소왕이 죽고 혜왕惠王이 즉위하면서 벌어졌다. 혜왕은 태자로 있을 때부터 항상 악의를 못마땅하게 생각했다. 그가 즉위하자 그 사실을 알고 있던 제나라 전단田單이 연나라로 첩자를 보내 반간계로 연나라를 물리쳤다. 자세한 이야기는 2장에서 이미 다루었다.

소왕과 혜왕의 차이점은 무엇일까? 소왕은 인재를 모으고 활용해 나라를 강하게 만든 반면, 혜왕은 인재를 의심하고 버렸다. 옛날 제환공이 자신을 죽이려고 했던 관중까지 등용해 춘추전국시대 초기의 최강국으로 군림한 것과 비교해도 혜왕의 리더십이 얼마나 어처

구니없는지 알 수 있다. 리더는 사람을 알아보는 능력, 지인지감知人知鑑이 있어야 한다. 이 능력이 부족한 왕들은 나라를 위기에 빠뜨렸고 지인지감이 있는 리더는 나라를 부강하게 만들었다. 제위왕의 지인 지감 사례를 살펴보자.

진秦나라가 한·위 두 나라의 길을 빌어 제齊나라를 공격해왔다. 제나라 위왕은 광장匡章을 장군으로 삼아 맞서 싸우도록 했다. 광장은 우선 진나라와 화해하고 서로 물러섰다. 양쪽 사신이 자주 왕래하며 전쟁을 피하고 있을 때 광장은 자신의 군대 깃발을 진나라 군대처럼 바꾸고 진나라 군대와 몰래 뒤섞이게 했다. 그때 제나라 조정에서 보낸 감독자가 달려와 광장이 제나라 군대를 이끌고 진나라에 투항하려고 한다고 알려왔다. 제위왕은 그 말에 아무 응답도 하지 않았다. 잠시 후 다른 보고도 광장이 진나라에 투항했다는 것이었다. 왕은 역시 아무 반응이 없었다. 똑같은 보고가 또 3번이나 들어왔다. 이때 군사업무를 맡은 관리가 참다못해 왕에게 아뢰었다.

"광장이 패했다는 소식을 여러 사람이 말하는 것을 보니 틀림없는 사실입니다. 그런데 대왕께서는 어찌 군대를 풀어 그를 토벌하지 않으습니까?"

그러자 왕은 이렇게 말했다.

"광장이 나를 배신하지 않을 것임을 나는 확신하는데 어찌 그를 토벌한단 말이오!"

잠시 후 제나라가 진나라 군대에게 대승을 거두었다는 보고가 들어왔고 진왕은 고개를 숙이고 용서를 빌었다. 좌우의 신하들이 임금에게 물었다.

"왕께서는 광장이 그렇게 하리라는 것을 어찌 아셨습니까?"

왕은 이렇게 설명했다.

"광장의 어머니 계는 그 남편에게 죄를 지어 참살당한 후 마구간 밑에 매장되었다. 내가 그를 장군 삼아 보내며 '선생께서 승리하고 돌아오면 내가 장군 어머니의 시신을 옮겨 묻어주겠소.'라고 격려했더니 이렇게 대답했다. '제가 어머니의 시신을 옮길 줄 몰라 그런 것이 아닙니다. 제 어머니 계는 제 부친께 죄를 지어 죽은 후 저의 부친께서 어떻게 하라는 당부 없이 돌아가셨습니다. 무릇 아버지의 가르침을 따르지 않고 어머니의 묘를 옮기면 돌아가신 아버지를 속이는 것이 됩니다. 그래서 감히 옮기지 못하고 있는 것입니다.'라고. 그러니 사람의 아들로 태어나 돌아가신 아버지도 속이지 않는 자가 남의 신하가 되어 어찌 살아 있는 임금을 속이겠는가?"[15]

다시 악의 이야기로 돌아가보자. 혜왕은 악의를 의심하던 중에 제나라 첩자들이 퍼뜨린 소문을 곧이곧대로 믿고 악의를 소환하려고 했다. 믿었다기보다 소문을 핑계로 악의를 제거하고 싶었는지도 모른다. 연나라 혜왕은 악의를 기겁으로 교체한 탓에 싸움에 지고 장수를 잃었으며 다 빼앗았던 제나라 땅마저 잃은 후에야 후회했다. 또 악의가 조나라에 항복한 것을 원망하는 한편, 조나라가 악의를 장군 삼아 지쳐 있던 연나라를 공격해올까봐 두려웠다. 사람을 알아보는 지인지감이 부족했던 탓이다. 누구를 등용하고 어떻게 활용하느냐는 리더의 가장 중요한 일이다.

리더가 인재를 구하는 방법은 소왕의 물음에 대한 곽외의 대답
에 잘 나와 있다. 다시 살펴보자.

"제왕帝王은 스승과 함께 사귀고 왕자王者는 친우와 함께 사귀며 패자覇者
는 신하와 함께 사귀고 나라를 망칠 자는 역부들과 함께 사귄다고 했습
니다. 몸을 굽혀 남을 스승으로 모시고 제자가 되어 학문을 배우면 자신
보다 백 배 나은 자가 찾아오는 법입니다. 그 다음 먼저 달려 나와 일하
고 나중에 쉬며 먼저 묻되 나중에 아는 척하면 열 배 나은 자가 찾아옵니
다. 남이 달려 나가 일할 때 나도 달려 나가 일하면 자신과 같은 자가 찾
아옵니다. 의자에 앉아 거드름이나 피우고 눈을 부라리며 일만 시키면
마구간 잡역부 정도나 찾아오겠지요. 남을 미워하고 화를 잘내고 교만하
고 핑계를 대며 꾸짖기만 할 줄 아는 자에게는 노예들이나 찾아오는 법
입니다.

내가 좋은 사람이면 주변에 좋은 사람이 모인다는 뜻이다. 문제
는 몰려드는 인재를 구별하는 안목과 활용하는 능력이다. 지인지감
과 용인술이 미숙하면 조직 전체를 위험에 빠뜨린다. 진秦·조趙의 장
평전투는 춘추전국시대에 최대 희생자를 낸 전투였다. 조나라 군 40
만 명이 생매장 당했고 사상 최대 45만 명이 죽었다.

조나라가 진나라에게 참패한 원인은 여러 가지가 있을 것이다.
경험도 없으면서 오만했던 조괄의 책임도 크지만, 그를 등용한 조나
라 효성왕의 책임도 결코 가볍지 않다. 그는 지인지감이 부족했다.
문제는 무엇인가? 능력보다 스펙만 보았기 때문이다. 조왕이 조괄을

장군으로 임명하려고 할 때 인상여는 '명성만으로 쓰려' 한다고 반대했지만 조왕은 그 말을 듣지 않았다. 그 결과는 참담했다.

이와 반대로 능력만 보고 등용해 일을 맡긴 리더도 있다. 춘추전국시대 남방을 호령했던 초楚나라 장왕莊王이다. 역사가들은 장왕의 업적으로 손숙오 등용을 꼽는다.

⚫ 스펙보다 능력을 보라

초장왕은 대범하면서 과감했다.[2] 대국의 군주로서 자질을 갖추었다고 할 수 있다. 그러나 패자가 되는 것은 개인의 자질만으로는 되지 않는다. 국정은 복잡하므로 전체를 조정하고 여러 인재들을 이끌어갈 조력자가 필요하다. 초나라에는 손숙오가 있었다. 손숙오는 장왕과 전혀 다른 인물이었다. 장왕이 보기에 손숙오는 재미를 모르는 사람이었을 것이다.

하지만 장왕은 손숙오와 함께 했다. 손숙오를 등용한 것 자체가 장왕의 능력이었다. 장왕이 뛰어난 것은 귀족을 등용해서가 아니라 촌뜨기를 기용했기 때문이다. 스펙보다 능력을 보고 등용했던 것이다. 제 환공이 뛰어난 것은 귀족이 아닌 처사였던 관중을 기용했기 때문이고, 진 목공이 뛰어난 것은 노예였던 백리해를 기용했기 때문이며, 진 문공이 뛰어난 것은 환관부터 도둑까지 끌어들였기 때문이다.

손숙오는 비인鄙人으로서 국인國人이 아니었다. 비인이란 국도 밖에 사는 농민이나 지방 소읍민이다. 춘추전국시대는 귀족사회였다. 그러니 비인을 중앙정계로 부르는 것은 쉬운 일이 아니었지만 장왕은 과감히 등용했던 것이다.[3] 장왕이 손숙오를 등용하는 과정이 「여씨춘추」에 등장한다.[4]

손숙오와 심윤경은 벗으로 사귀는 사이였다. 손숙오는 도읍 영郢에서 3년 동안 유세했지만 명성도 알려지지 않았고 아름다운 품행도 소문나지 않았다. 그러자 심윤경이 손숙오에게 말했다.

"자신의 주장을 설파하면 군주가 듣고 따르고 그 법술은 진실로 실행이 가능하므로 능히 군주가 높게는 천자에 이르게 할 수 있고 낮게는 패제후에 이르게 할 수 있으니 이런 일에는 내가 그대만 못하오. 세속에 맞추고 어울리며 주장을 설파할 때 자신의 의견을 내세우지 않고 군주의 뜻과 조화를 이루게 해 그의 마음에 맞추어 따르는 일에는 그대가 나만 못하오. 그대는 돌아가 밭이나 갈고 계시구려. 내가 장차 그대 대신 다니며 설득해보리다."

심윤경이 초나라 수도 영에서 5년 동안 이리저리 다니며 설득했더니 초나라 장왕이 그를 영윤으로 삼고자 했다. 그러자 심윤경이 사양하며 말했다.

"기사期思 땅의 시골사람 중에 손숙오라는 자가 있는데 현자입니다. 임금께서는 그를 임용하셔야 합니다. 저는 그만 못합니다."

그리하여 초나라 임금이 사람을 보내 임금의 수레로 손숙오를 맞아 오게 하고 그를 영윤으로 삼았다. 그로부터 12년 후 장왕莊王은 제후들의 우두머리가 되었다.

「설원」에는 영윤 우구자가 자신의 무능을 탓하며 손숙오를 천거하는 장면이 등장한다.[5]

초楚나라 영윤令尹 우구자虞丘子가 장왕에게 말했다.

"제가 듣기로 '공을 받들어 법을 행하면 영화를 얻을 수 있고 능력이 낮고 행동이 천박하면 윗자리를 바라볼 수 없다. 또한 인의와 지혜가 뛰어나지 못하면 현달과 영화를 구할 수 없고 재주가 드러나지 못하면 그 자리를 지킬 수 없다.'라고 했습니다. 제가 이 나라 영윤이 된 지도 10년이 되었건만 나라를 더 잘 다스리지도 못했고 소송과 옥사獄事는 그칠 줄 모르며 처사處士가 승격하지 못했으며 음일과 화禍를 토벌하지도 못했습니다. 그런데도 높은 자리를 차고 앉아 여러 어진 자들의 길을 방해하며 하는 일 없이 음식만 축내며 탐욕도 그칠 줄 모르니 저의 죄를 마땅히 법리法理대로 헤아려 주시옵소서. 제 생각으로는 나라의 준사俊士이면서 향리鄕里에 묻혀 살고 있는 손숙오孫叔敖를 기용하시는 것이 좋을 듯합니다. 그는 마른 체구나 모습이 빼어나고 재능도 많으며 욕심도 없는 자입니다. 임금께서 그에게 정치를 맡기시면 나라를 잘 다스릴 수 있으며 백성들도 따를 것입니다."

이 제의에 장왕은 이렇게 말했다.

"나는 그대 덕분에 저 중국中國까지 어른 노릇을 하게 되었고 끊어진 편벽한 지역까지 명령을 듣게 만들어 제후의 패자가 되었소. 그대가 아니었다면 누가 할 수 있었겠소?" 그러자 우구자가 다시 설명했다. "오랫동안 벼슬자리를 고집하는 것은 욕심이며 어진 자를 추천하지 못하는 것은 왕을 속이는 것이며 그 자리를 양보하지 않는 것은 염치없는 짓입니다.

이 3가지를 잘 처리하지 못하는 것은 불충不忠입니다. 신하가 되어 이처럼 불충한데 왕께서는 어찌 저를 충성되다고 여기십니까? 원컨대 굳이 사양하겠나이다."

장왕은 할 수 없이 그의 의견을 따르기로 하고 그에게 채읍採邑; 공로에 대한 특별보상으로 주는 땅 3백 호를 내리며 국로國老 칭호를 주었다. 그리고 손숙오를 영윤으로 삼았다. 얼마 후 우구자 가족이 법을 어기자 손숙오가 그를 잡아와 사형에 처하게 했다. 우구자는 자신의 가족을 사형에 처한다는 사실을 알고 매우 즐거워하며 장왕을 만났다.

"제가 말한 손숙오는 과연 나라를 잡고 이끌게 할 만합니다. 국가의 법을 받들어 자기 무리의 이익을 위해 사사롭지 않고 죄인을 형법에 따라 다스릴 때 이를 왜곡하는 경우가 없습니다. 가히 공평하다고 말할 수 있습니다."

이에 장왕은 "모두 그대가 남긴 교훈이오!"라고 말했다.

우구자와 손숙오 같은 신하가 있었다는 사실은 장왕에게 행운이었고 우구자나 손숙오에게 장왕 같은 리더는 그들에게는 행운이었다. 그럼 오늘날 우리의 모습은 어떤가? 실력보다 겉으로 드러난 학벌과 배경으로 사람을 평가하고 있진 않은가? 부경대학 김세권 교수의 이야기는 우리 사회가 아직도 실력보다 스펙을 따진다는 사실을 잘 보여준다. 일단 신문기사 내용을 정리해 보자.

학술정보서비스 전문기관 톰슨 로이터는 최근 학술정보 데이터베이스 '웹 오브 사이언스(Web of Science)'에 등록(2003~2013년)된 전 세계 논문 12만 건 이상을 분석해 각 분야에서 최다 인용한 상위 1% 과학자 3천여 명을 발표했다. 김 교수는 그중 한 명이다. 김 교수의 논문이 세계 각국의 연구자들이 자신의 논문에 많이 인용할 정도로 높은 가치가 있다는 뜻이다. 그 동안 김 교수는 국내외 유명 학술지에 논문을 630여 편이나 발표했다. 총 피被인용지수는 11,000여 회다. 정말 놀라운 것은 그가 지방대 출신의 '토종 박사'라는 점이다. 지방대 교수에 전공도 해양생명공학 분야여서인지 중앙 언론매체는 그를 거의 조명하지 않았다.

그의 신문 인터뷰는 이렇다.

"지방대 출신 교수가 어떻게 국내보다 국제적으로 더 알려졌느냐고 묻는데 내가 무슨 답변을 하겠어요? 외국인들은 내 출신을 모르죠. 단지 연구논문으로 나를 아니까요."

"알게 모르게 차별이 있죠. 예를 들어 프랑스 정부연구기관은 해양기능성 화장품 심사를 내게 부탁합니다. 나를 그 분야의 최고 권위자로 보기 때문이죠. 하지만 국내에서는 안 그래요. 해양수산진흥원이 나를 심사위원으로 부른 적은 있지만 한 번뿐이었어요. 지방대 교수가 너무 까다롭다는 뒷말을 들었어요."

"학회에 가면 외국에서 학위를 받거나 서울대를 나와야만 알아주지 지방대 출신은 명함도 못 내밀었어요. 그런 분위기가 내게 자극이 된 것이 사실입니다. 국내에서 무시하면 국제학회에서 연구논문으로 입증할 수

밖에 없다고 생각했어요."[6]

실력보다 학력이나 학위로 사람을 평가하는 현상은 분명한 잘못이다. 편견이다. 명문대를 나왔거나 외국 대학에서 박사학위를 받으면 왠지 실력 있어 보이는 것, 고급 차를 타면 부자로 보는 것, 인상이 좋으면 사람도 좋을 것이라는 생각은 모두 편견이다. 남성이 여성보다 트롬본을 더 잘 연주한다는 생각과 무엇이 다른가? 그럼 편견에 사로잡히지 않고 인재를 고르려면 어떡해야 할까? 우선 훌륭한 인재에게 어떤 능력이 있는지 알아보자.

🌐 인재는 문제해결 능력이 뛰어나다

훌륭한 인재를 선발해 등용하고 그들에게 능력에 맞는 일을 맡겨 놓으면 조직은 발전할 수밖에 없다. 그럼 훌륭한 인재란 어떤 사람일까? 한마디로 문제해결 능력이 뛰어난 사람이다.

제나라로 가던 초나라 사신이 송宋나라에 잡혀 죽는 사건이 발생했다. 초나라는 응징하기 위해 송나라 도성을 포위했지만 송나라의 결사항전으로 장기전으로 치닫고 성과가 없자 장왕은 군사를 돌리려고 했다. 그때 왕을 수행하던 신숙시가 기발한 아이디어를 제안했다. 「춘추전국 이야기」의 저자 공원국은 '중국사를 바꾼 진언 중 몇 손가락 안에 드는 말'이라고 표현할 정도로 획기적인 안이다.

"근처에 머물 집을 짓고 물러나 땅을 갈고 있으면 송나라는 반드시 명을 들을 것입니다."

위의 문장은 단순해 보이지만 사실 매우 중대한 발언으로 향후 중국식 군사작전의 중요한 축이 되는 둔전屯田 제도의 기원을 설명해 준다. 장왕은 이 말을 따랐다. 신숙시는 둔전을 만들어 초나라가 장기전으로 적을 지치게 만드는 전술을 창안한 것이다. 송나라 사람들은 아예 집을 짓고 씨를 뿌리는 초나라 군인들의 행동에 버틸 의지를 잃었다.[7]

위문후魏文侯 때 서문표西門豹가 업현의 현령이 되었다. 서문표는 업현에 도착하자마자 장로들을 불러 백성들이 어떤 일로 고통을 겪는지 물었다. 장로들이 대답했다.

"하수河水, 황하黃河의 신 하백河伯에게 신붓감을 바치는 일로 고통을 받고 있습니다. 그 때문에 가난하게 삽니다."

서문표가 다시 그 이유를 묻자 이렇게 대답했다.

"업현의 삼로三老와 정연廷掾들은 매년 백성들에게 세금을 부과해 수백만 전을 거둡니다. 그 중 2~3만 전은 하백에게 바치는 여자에게 쓰고 나머지 돈은 무당들이 나누어 가집니다. 그때가 되면 무당들이 돌아다니면서 남의 집 예쁜 딸을 발견하면 그 처녀야말로 하백의 아내가 될 만하다고 합니다. 그리고 폐백을 보내주고 그 처녀를 데려가 목욕시킨 후 온갖 비단으로 새 옷을 지어 입히고 조용한 데 머물면서 재계齋戒시키기 위해 물가에 재궁齋宮을 세웁니다. 그런 후 두꺼운 비단으로 만든 붉은 장막을 쳐 그 안에 머물게 합니다. 처녀에게는 쇠고기, 술, 밥 등을 제공합니다. 열흘가량 지나면 여러 명이 화장을 해주고 시집갈 때의 상석床席 같은 것을 만들어 처녀를 그 위에 앉힌 후 그것을 하수에 띄웁니다. 처음에는 물에 떠 있다가 수십 리쯤 떠내려가면 물속에 빠져버립니다. 아름다운 딸을 둔 집에서는 큰무당이 하백을 위해 자신의 딸을 데려갈까봐 딸을 데리고 먼 데로 달아나버립니다. 그래서 성 안은 갈수록 사람이 줄고 가난하게 삽니다. 그 유래는 매우 오래되었습니다. 민간에서는 하백에게 아내를 보내주지 않으면 홍수로 백성들이 모두 죽는다고 전해져오고 있습니다."

이에 서문표가 말했다.

"하백에게 아내를 보낼 시기가 되어 삼로·무당·부로父老들이 처녀를 하수로 보낼 때 부디 내게 알려주시오. 나도 나가 처녀를 전송하겠소."

드디어 그 날이 되었다. 서문표가 물가로 나가보니 삼로와 관속과 호족, 마을 부로들이 모두 모여 있었다. 그밖에 구경나온 사람들이 2~3천 명이나 되었다. 큰 무당은 이미 70살이 넘은 할미로 제자 무녀 약 10명을 데리고 있었다. 제자들은 모두 비단 홑옷을 입고 큰 무당 뒤에 서 있었다. 서문표가 말했다.

"하백의 신부를 이리 불러오너라. 신부가 아름다운지 내가 직접 보리라."

그러자 장막 속에서 처녀를 데려나왔다. 서문표는 처녀를 슬쩍 바라보고 삼로 · 무당 · 부로들을 돌아보며 이렇게 말했다.

"이 처녀는 아름답지 않소. 큰무당 할멈이 수고스럽지만 하수로 들어가 다시 아름다운 처녀를 얻어 다음날 보내드리겠다고 하백에게 여쭙고 오시오."

그런 후 당장 사졸들을 시켜 함께 큰무당을 안아 하수에 집어던지고 얼마 후 서문표가 말했다.

"할멈이 왜 이렇게 꾸물댈까? 제자 중에 누가 가서 빨리 불러오너라!"

그런 후 제자 한 명을 또 강물 속에 던졌다. 또 얼마가 지나자 서문표가 말했다.

"제자마저 왜 이렇게 늦을까? 한 명 더 들어가 빨리 오라고 일러라!"

그러고는 또 다시 제자 한 명을 강물 속에 던졌다. 이리하여 제자 3명을 물속에 던진 후 서문표가 말했다.

"할멈이나 제자들은 여자여서 사정을 제대로 아뢰지 못하는 모양이구나. 그렇다면 번거롭지만 삼로들께서 물속에 들어가 하백에게 아뢰야겠군."

이번에는 삼로들을 강물 속에 던지고 서문표는 비녀를 관冠 앞에 찌르고 경磬처럼 몸을 굽혀 한 번 절하고 공손히 강물을 바라보고 선 채로 한동안 기다렸다. 옆에서 보고 있던 장로와 아전들이 모두 놀라고 두려워했다. 서문표가 돌아보며 말했다.

"무당도 삼로도 돌아오지 않으니 어쩌면 좋겠소? 누가 들어가 재촉해야겠소."

그러고는 다시 관리와 호족을 한 명씩 강물로 들여보내려고 하자 모두 머리를 찧었다. 이마가 깨져 땅바닥에 피가 흘러내리고 얼굴은 꺼진 잿빛이 되었다. 서문표가 말했다.

"그럼 잠시만 더 기다려보지."

얼마 후 서문표가 말했다.

"관리들은 일어나라. 아무래도 하백은 찾아간 손님들을 붙들어두고 좀처럼 돌려보내지 않는 모양이니 너희는 그만 돌아가라."

업현 관리와 백성들은 크게 놀라고 두려워 그 후로 하백을 위해 신부를 보낸다는 따위의 소리는 아무도 입 밖에 내지 않았다.

저스틴 멘케스(Justin Menkes)는 자신의 저서 「실행지능」에서 문제해결 능력을 '실행지능'으로 정의하고 그것은 조직을 죽이고 살리는 힘이 있다고 주장했다. '실행지능'이 높은 인재들은 업무 완수, 남들과 함께 또는 남들을 통한 업무 수행, 자신에 대한 판단과 행동조정 능력이 뛰어나다.

첫째, 업무 완수를 보자. 실행력이 있는 인재들은 업무를 수행하면서 지속적으로 다양한 목표를 추구한다. 그들은 어떤 업무를 완수할지, 어떤 순서로 할지, 업무를 어떻게 가장 훌륭히 수행할지 결정한다. 지시받은 일만 하는 사람을 인재라고 할 수는 없다. 실행력 있는 인재는 자신이 맡은 일을 창의적으로 완수한다.

서문표의 사례를 보자. 강에 사는 귀신 하백河佰에게 처녀를 바치는 관습은 얼마나 어이없는 일인가? 그런데 서문표는 위문후 때 사람이니 거의 2,400여 년 전 사람이다. 우리나라로 치면 2,000여 년 전 고구려 · 백제 · 신라가 태동하니 삼국시대 훨씬 이전 사람이다. 광개토대왕 비문碑文과 「위서魏書」〈고구려전〉에 의하면 주몽의 어머니 는 하백河伯의 딸이었다. 방안에서 이상한 햇빛을 받은 후 알을 낳았 는데 그 알을 깨고 나온 것이 주몽이다.

신라의 박혁거세도 알에서 태어났다. 사람이 알에서 태어나는 그 시절 강에 사는 귀신에게 처녀를 바치는 일은 전혀 이상하지 않았 다. 그러니 당시 서문표는 매우 혁신적인 사고방식의 소유자였음이 틀림없다. 그가 지방관리로 나가 맨 먼저 한 일은 고을사람들의 고충 을 듣는 것이었다. 서문표가 알아낸 백성의 고충은 '황하黃河의 신 하 백河伯에게 신붓감을 바치는 것'이었고 그로 인해 백성들은 가난에서 벗어나지 못한다는 것이었다. 서문표는 그 문제를 창의적으로 해결 한 것이다.

리더가 시키는 일이라면 옳은 방향인지 그른 방향인지 따져보지 도 않고 충성스럽게 처리하는 사람들이 있다. 이런 인재는 실행지능 이 높은 인재라고 할 수 없다. 실행지능이 높은 인재는 리더가 시키 는 일도 충분히 검토해보고 자신의 생각을 말한다. 조직 전체가 올바 른 방향으로 나아가기 위해 리더에게 올바른 말을 할 수 있어야 한다 는 것이다. 리더의 잘못을 묵인하거나 무조건 실행하는 문화에서는 절대로 훌륭한 인재가 능력을 발휘할 수 없다. 최고의 인재는 업무 완수 역량을 갖추고 자신이 맡은 일에서 성과를 낸다. 특히 문제 해 법 제시에 탁월하다.

실행지능이 높은 인재의 두 번째 능력은 '타인들과 함께 또는 타인들을 통한 업무 수행능력'이다. 타인들의 노력과 협조를 통해 목표 달성 방법을 찾는 것은 리더의 기본 자질이다. 타인의 강점을 어떻게 활용하는지, 어떻게 동기부여하는지, 열심히 일할 환경을 어떻게 조성하는지 잘 알고 있다. 이 부분은 이어지는 글에서 자세히 다룰 것이다.

실행지능이 높은 인재의 세 번째 능력은 '자신에 대한 판단과 행동조정 능력'이다. 자신을 항상 적극적으로 평가하고 단점을 파악해 고쳐 나간다. 1장에서 준비의 필요성을 언급했다. 미래 준비를 위해 맨 먼저 할 일은 자신을 아는 것이다. 자신의 현재 상황, 실력, 장점, 지향점을 정확히 알지 못하면 제대로 준비할 수 없다. 훌륭한 인재는 실행능력이 뛰어나 자신이 맡은 일을 창의적인 방법으로 충실히 처리할 뿐만 아니라 조직에 필요하면 자신의 의견을 당당히 제시한다. 문제는 또 있다. 아무리 훌륭한 인재더라도 리더가 제대로 사용하지 않으면 능력을 발휘할 수 없다는 것이다.

◉ 강점을 활용하라

자산은 20년 이상 정鄭나라 재상직을 지냈다. 당시 정나라는 진秦·초楚 강대국 사이에 끼어 눈치를 살피는 처지였다. 우리나라가 미국과 중국의 눈치를 살펴야 하는 현실과 비슷하다. 국내정치도 만만치 않았다. 그때 재상이 된 자산은 외교뿐만 아니라 내치에도 실력을 발휘해 정나라를 무시할 수 없는 강소국으로 만들었다. 「설원」에 등장하는 일화를 보면 그 이유를 알 수 있다.

　자산이 정나라 재상으로 있는 동안 국내에는 소요나 혼란이 없었고 밖으로는 제후들의 침입을 걱정하지 않았다. 자산은 정치를 베풀며 유능한 자를 택해 적합한 일을 맡겼다. 풍간자馮簡子는 업무 추진에 결단력이 있었고 자태숙子太叔은 판결에 뛰어났고 재능도 있었다. 게다가 공손휘公孫揮는 4개 이웃국가의 동태를 잘 파악했을 뿐만 아니라 그 대부들의 족성族姓까지 판별하고 있었으며 그들의 지위가 능력에 적합한지도 알 정도였다. 게다가 외교술에도 뛰어났다. 비심裨諶은 모책謀策 수립에도 뛰어났는데 특히 그는 조용한 야외에 나가면 뛰어났지만 복잡한 도시 안에서는 계책이 떠오르지 않는 특성이 있어 무슨 일만 있으면 비심을 태워 야외로 나가 계책을 세워왔다.

　이처럼 정책의 가부可否를 풍간자에게 고하면 결단을 내려주었고 외교 사안은 공손휘의 도움을 받았으며 일을 결정하면 자태숙에게 실천하도록 해 빈객을 응대시킨 덕분에 자산은 그르침 없이 일했던 것이다.[8]

　정나라가 강소국이 된 것은 유능한 자를 택해 적합한 업무를 맡겼기 때문이다. 즉, 각자의 강점을 잘 활용했다는 뜻이다. 유능하면 일을 맡기고 무능하면 일을 맡기지 않는 것이 자산의 인사 철학이었다. 다음의 일화에서 자산의 인사 철학을 잘 알 수 있다.

　정나라의 자피가 윤하를 봉읍 장관으로 삼으려고 하자 자산이 반대했다.

"그는 나이가 너무 어려 그 일을 제대로 감당할 수 있을지 모르겠습니다."

이에 자피가 변호했다.

"그는 신중하고 착한 사람이오. 내가 그를 좋아하니 그도 나를 배신하지 않을 것이오. 그를 내려보내 배우게 하면 봉읍을 어떻게 다스리는지 곧 알게 될 것이오."

이에 자산이 다시 반박했다.

"불가합니다. 무릇 사람이 다른 사람을 좋아하게 되면 그로부터 이로움을 구하려는 법입니다. 지금 그대가 그를 총애해 백성 다스리는 일을 맡기려고 하지만 칼을 다루지 못하는 자에게 물건을 자르도록 시키는 것과 같습니다. 그럼 다치는 사고가 많을 것입니다. 그대가 사람을 총애한 대가로 그가 사람을 다치게 한다면 감히 누가 그대의 총애를 받으려고 하겠습니까? 그대는 우리 정나라의 대들보입니다. 대들보가 무너지면 서까래는 붕괴되고 맙니다. 그대의 비호를 받는 저는 장차 밑에 깔려 죽을 것이니 어찌 감히 모두 말하지 않겠습니까? 그대가 훌륭한 비단을 갖고 있다면 마름질을 못하는 사람에게 주어 마름질 연습을 절대로 시키진 않을 것입니다. 대관大官과 대읍大邑은 자신의 몸을 감싸는 것인데 이것을 배우는 사람을 시켜 시험 삼아 다스리게 한다는 것입니까? 대관과 대읍이 훌륭한 비단보다 더 중요하지 않겠습니까? 저는 배운 후 정치를 한다는 말은 들어 보았지만 정사를 배움으로 삼는다는 말은 아직 듣지 못했습니다. 만약 그렇게 한다면 반드시 큰 해가 있을 것입니다. 이것은 사냥에 비유할 수 있습니다. 궁사가 수레를 잘 몰면 짐승을 잡을 수 있지만 수레를 타고 사냥한 적이 없다면 오히려 수레가 뒤집혀 다칠까봐 걱정하기 바쁠 테니 사냥을 생각할 겨를이 있겠습니까?"

자산의 말을 들은 자피가 말했다.

"훌륭하오. 내가 어리석었소. 내가 듣건대 '군자는 큰일과 먼 앞날의 일을 아는 데 힘쓰고 소인은 작은 일과 눈앞의 일을 아는 데 힘쓴다.'라고 했소. 나는 소인이오. 의복은 내가 몸에 걸치고 있어 아까운 것을 알지만 대관과 대읍은 자신의 몸을 비호하는 것이건만 나는 이를 멀리해 경시했소. 그대가 말하지 않았다면 나는 깨닫지 못했을 것이오. 전에 내가 말하길 '그대는 나라를 다스리시오. 나는 내 가문을 다스려 내 몸을 비호하는 것이 가할 것이오.'라고 했소. 그러나 이제는 내가 부족한 사람임을 알았소. 지금부터는 내 가문에 관한 일도 그대의 가르침을 받고 행하겠소."

그러자 자산이 말했다.

"사람의 마음이 같지 않은 것은 사람의 얼굴이 같지 않은 것과 같습니다. 어찌 제가 감히 그대의 모습을 저와 같게 하라고 말할 수 있겠습니까? 저는 그렇게 하는 것이 위험하다고 마음속으로 생각해 말했을 뿐입니다."

자피는 자산의 깊은 충성심을 확신하고 정나라 국사를 그에게 일임했다. 이에 자산은 정나라를 능히 다스렸다.[9]

자산의 인재 등용법 2가지 사례를 살펴보았다. 실력 위주의 등용과 강점 파악 후 업무 분장이다. 뛰어난 리더는 구성원의 독특한 특성을 찾아내 활용할 줄 안다. 훌륭한 요리사가 재료의 맛, 향, 영양 등의 특징을 파악해 맛있는 요리를 만들어내듯이 훌륭한 리더는 구성원 각자의 능력, 성격, 강점 등을 파악해 적재적소에 배치한다. 요리사가 재료의 독특한 맛을 없앨 수 없듯이 사람의 재능이나 강점도 바꿀 수 없다. 단지 그것을 활용할 뿐이다. 그런데 개인의 강점은 어떻게 파악해야 할까? 오래 함께 일했다면 파악하기 쉽다. 우리는 옆사람의 능력을 쉽게 알 수 있지 않은가? 문제는 함께 일한 시간이 적을 때다. 이때 구성원의 강점을 파악할 적절한 질문이 있다. 다음과 같이 질문해보자.

- 지금까지 일해 오면서 가장 보람찬 순간은 언제였습니까?
- 최근 수개월 동안 일해 오면서 최고의 날은 언제였습니까?
- 무슨 일을 할 때 가장 즐거웠습니까?
- 그 일을 할 때 가장 즐거운 이유는 무엇입니까?

강점은 단순히 특정한 일을 잘한다는 뜻이 아니다. 아직 잘 못하지만 본능적으로 하고 싶고 시간이 지날수록 더 잘할 수 있는 일이다. 특정한 일에 강점이 있는 사람은 그렇지 않은 사람보다 성장속도가 빠르고 더 높은 성과를 낸다. 강점과 함께 약점 파악도 필요하다. 약점을 파악하려면 다음과 같이 질문해보자.

- 지금까지 일해 오면서 가장 보람 없는 순간은 언제였습니까?
- 최근 수개월 동안 일해 오면서 최악의 날은 언제였습니까?
- 무슨 일을 할 때 즐거움을 가장 못 느끼나요?
- 그 일을 할 때 안 즐거운 이유가 무엇이라고 생각합니까?

특정한 일을 할 때 실력이 늘지도 않고 시간이 지루하고 앞으로 더 잘할 수 있을 것 같지도 않은 일은 그의 약점이다. 가장 잘할 수 있는 일을 맡기는 것만큼 구성원의 동기를 자극하는 데 효과적인 것은 없다.

🔵 권한을 위임하라

풍당馬唐은 할아버지가 조나라 사람이었으며 아버지는 대代로 이주해 살다가 한漢나라 때 안릉으로 옮겼다. 풍당은 효자로 유명했고 중랑 서장이 되어 한 문제를 섬겼다. 때마침 문제가 수레를 타고 중랑 관서를 지나면서 풍당에게 물었다.

"늙은 나이에 어떻게 낭관으로 있소? 집은 어디요?"

풍당이 자세히 사실대로 말하자 문제가 물었다.

"내가 대에 있을 때 내 상식감(조정에 공급할 식사를 조리하고 식재료를 준비하던 관청) 고거가 가끔 내게 조나라 장군 이제가 얼마나 훌륭하며 거록 성 밑에서 어떻게 싸웠는지 말해주었소. 지금도 밥을 먹을 때마다 거록 생각이 나는 것을 금할 수 없소. 노인도 이제를 아시오?"

풍당이 대답했다.

"그래도 이제는 염파와 이목만한 명장은 못됩니다."

문제가 물었다.

"어째서 그렇소?"

풍당이 대답했다.

"신의 할아버지는 조나라에 있을 때 관군의 솔장率將이었는데 이목과 가까이 지냈습니다. 또한 아버지는 대나라에서 재상으로 지낼 때 조나라 장수 이제와 사이가 좋아 둘의 사람됨을 알고 있습니다."

황제는 염파와 이목의 됨됨이를 모두 듣자 매우 기뻐 무릎을 치며 말했다.

"안타깝도다! 나는 왜 염파와 이목 같은 인물을 얻을 수 없단 말인가? 지금 그들과 같은 명장이 있다면 어찌 흉노를 걱정하겠는가!"

이에 풍당이 대답했다.

"말씀드리기 황송하오나 폐하께서는 염파와 이목을 거느리셔도 그들을 제대로 쓰시지 못할 줄로 아옵니다."

풍당의 배짱이 만만찮다. 이 말에 문제는 대노해 자리를 박차고 일어나 궁중으로 돌아갔다. 얼마 후 문제는 풍당을 불러들여 꾸짖었다.

"어째서 그대는 많은 사람들 앞에서 나를 부끄럽게 만들었는가? 조용한 곳이 없는 것도 아닌데?"

풍당은 사죄하며 말했다.

"저는 시골 촌놈이라 무엇을 조심해야 하는지 몰랐습니다."

그 무렵 흉노가 다시 대규모로 공격해왔다. 문제는 걱정이 되어 풍당에게 다시 물었다.

"그대는 내가 염파와 이목을 제대로 부릴 수 없다는 것을 어찌 알았소?"

이런 질문을 할 줄 아는 것을 보니 문제도 보통 리더는 아니었다. 풍당이 대답했다.

"신이 듣건대 옛 임금은 싸움터에 장수를 보낼 때 몸소 무릎을 꿇고 수레 횡목을 밀어주며 '도성 안 일은 내가 처리할 테니 도성 밖 일은 장군이 처리하시오'라고 말하고 공과 작위와 상을 내리는 것을 모두 장군이 도성 밖에서 결정하고 돌아온 후 그것을 보고했다고 합니다. 이것은 빈말이 아닙니다. 저희 할아버지도 '이목이 조나라 장군으로 변경을 지킬 때 군 관할 시장의 세금을 마음대로 써 병사들을 대접했고 상을 주는 것도 궁궐 밖에서 결정해 조정은 간섭하지 않았다'라고 합니다. 즉, 조나라 조정은 그에게 일체를 위임해 성공만 바란 덕분에 이목은 지혜와 재주를 다할 수 있었습니다. 그리고 엄선한 전거 1,300승, 구기 13,000명, 100금의 상을 내릴 만한 정예병 10만 명을 보냈기 때문에 북쪽으로 선우를 쫓아내고 동호를 깨뜨리고 담림을 없애고 서쪽으로 강한 진나라를 누르고 남쪽으로 한나라와 위나라에 대항할 수 있었던 것입니다. 당시 조나라는 거의 천하의 패자가 되었습니다. 그 후 조나라 왕 천曆이 즉위했는데 그의 어머니는 원래 길거리에서 노래를 부르며 돈을 벌던 여자였습니다. 조나라 왕 천이 즉위하자 총신 곽개의 참소를 곧이곧대로 듣고 이목을 죽이고 안취를 그의 후임으로 보냈습니다. 그로 인해 싸움에서 패한 병사들은 도망쳤으며 왕은 진나라에 잡히고 나라가 망한 것입니다."

그리고 말을 이었다.

"지금 신이 듣건대 위상은 운중 태수가 된 후 군 관할 시장의 세금을 모두 병사들 대접에 쓰고 자신의 사양전으로 5일에 한 번씩 소를 잡아 빈객과 군리·사인들을 대접했으므로 흉노는 겁을 먹고 멀리 떨어져 있으면서 운중 요새에 가까이 오지 못했습니다. 단 한 번 침입이 있었을 뿐인데 당시 위상의 병사들은 모두 평민의 아들들로 논밭을 갈다가 군대에 복무하고 있었습니다. 그들이 어떻게 척적尺籍:

군사 명령이나 병사들의 공적을 기록하던 사방 한 자의 널빤지과 오부와 같은 군법을 알고 있겠습니까? 하루 종일 힘껏 싸워 적의 목을 베거나 사로잡아 그 공을 군감부에 보고할 때 한마디라도 틀린 것이 있으면 문리가 법으로 그를 캐묻고 포상은 무효가 되고 맙니다. 그리고 관리가 법에 정한 대로 주장하면 반드시 통과되게 되어 있습니다. 신의 어리석은 생각으로 폐하의 법은 너무 밝은 반면, 상은 너무 가벼우며 벌은 너무 무겁습니다. 또한 운중 태수 위상이 부하의 공을 보고할 때 수급과 포로의 수효 중 6가지가 틀린 것을 폐하께서 그를 형리에게 넘겨 작위를 빼앗고 징역에 처했습니다. 이런 것으로 미루어 폐하께서는 염파와 이목을 두시더라도 제대로 쓰지 못하실 줄 압니다. 신은 참으로 어리석어 폐하의 뜻을 거스르는 말씀을 드렸사오니 죽어 마땅한 줄 아옵니다."

문제는 기뻐했다. 그 날로 풍당에게 부절을 가져가 위상을 풀어주고 그를 운중 태수로 복직시키고 풍당을 거기도위車騎都尉에 임명해 중위와 군국에 소속된 전투 수레와 병사를 지휘시켰다.

이처럼 권한 위임은 조직 발전이나 구성원 동기부여 차원에서 매우 중요하다. 어느 조직이든 최고위층 리더는 현장을 제대로 파악하지 못할 가능성이 크다. 가장 잘 아는 사람은 현장 실무자이므로 리더가 시시콜콜 지시하고 간섭하기보다 현장 실무자에게 위임하는 것이 더 큰 성과를 낳을 수 있다. 팀 하포드(Tim Harford)는 「어댑트(Adapt)」에서 걸프전 당시 일선 지휘관의 역할의 중요성을 강조했다.

전차 9대로 구성된 미군 기갑수색연대인 독수리 중대는 모래바람을 가르며 사막을 지나던 도중 대규모 이라크 기갑부대를 만났다.

"우리는 비교적 평탄하고 지형지물이 거의 없는 사막을 지나던 중이었다. 나는 탱크가 약간 경사진 지형을 올라가고 있음을 미처 깨닫지 못했다."

독수리 중대 대위는 당시를 회상했다.

"언덕 꼭대기를 찍고 반대편으로 내려갈 무렵에야 한눈에 적진이 들어왔다."

미군은 모래바람 때문에 숨도 제대로 못 쉬는데 수적으로 우세한 사담 후세인 공화국수비대 장갑차가 고정포대 안에 들어가 있는 광경을 느닷없이 목격한 것이다. 양측 모두 깜짝 놀랐다. 독수리 중대 대위는 그 자리에서 결정을 내려야만 했다. 상관들과 상황을 논의하거나 '정보 우위' 컴퓨터에 접속할 겨를도 없었다. 그는 재빨리 공격해 이라크군의 허를 찌르는 편이 후퇴보다 덜 위험하다고 순간 판단했다. 그는 포병에게 큰 소리로 대전차포 발포를 명령했고 곧 이라크군 탱크 1대를 파괴했다.

3초마다 재장전과 발포를 반복하며 그의 탱크는 불과 몇 초 만에 적의 탱크 2대를 더 파괴했고 그제야 독수리 중대 나머지 탱크들도 언덕 위에 올라 발포했다. 대위의 신속한 판단, 잘 훈련된 병사들, 우수한 무기 덕분에 9대의 미군 탱크는 부상자 1명 없이 약 90대의 이라크군 탱크들을 초토화시켰다.

이 사례는 아무리 전투 경험이 풍부하고 많은 정보력을 갖춘 지휘본부라도 전투현장 상황 파악에 한계가 있음을 보여준다. 이것이 권한 위임으로 얻을 수 있는 효과다.

메이요 클리닉은 환자우선 가치를 위해 직원들이 특별한 상황의 행동을 결정할 수 있는 힘과 도덕적 권한을 부여해준다. 도움이 필요한 환자를 보면 직원들은 따로 허가받을 필요 없이 즉시 행동에 나설 수 있다. 직원이 제시간에 맞추어 일자리로 돌아갈지, 10분쯤 늦더라도 불안정해 보이는 환자에게 휠체어를 갖다 줄지 결정해야 할 상황이라면 후자를 선택할 가능성이 크다. 병원 직원들이 자신의 가치관에 따라 재량껏 권한을 발휘하면 환자들이 기대하지도 않았던 서비스를 제공할 수 있다.[10] 메이요 클리닉 애리조나 캠퍼스의 전직 인사관리부장 매튜 맥클라스의 이야기를 들어보자.

나는 메이요 클리닉 종합병원 중환자실에 환자로 들어오게 되었다. 그때 메이요 클리닉 애리조나 캠퍼스 최고경영책임자(CEO)인 트라스텍 박사와 그의 아내는 로체스터로 여행 중이었다. 그러던 중 애리조나로 돌아오는 길에 내가 입원한 사실을 알게 되자 보러 종합병원으로 찾아왔다. 그런데 내가 놀란 것은 나를 애써 찾아왔기 때문이 아니었다. 물론 나를 보러 그들이 와준 데 깊은 감명을 받았지만 진정 놀란 것은 간호사가 나를 그냥 자도록 놔두고 문 앞에서 트라스텍 박사를 되돌려 보낸 사실이었다.

그날 늦게 눈을 뜨자 간호사가 내게 말했다.

"찾아온 분이 계셨지만 제가 돌려보냈어요. 그 일로 마음 상하지 않으시길 바라는데 한 가지 걸리는 것이 있어서요."

"뭔데요?"

"찾아오신 분이 트라스텍 박사님과 아내 분이셨거든요. 저는 선생님께서 주무시는 중이라고 말씀드렸어요. 정말 그냥 주무시게 놔두고 싶었거든요."

"아! 정말 고마워요. 잘하셨네요. 그분들에게는 나중에 제가 따로 연락할게요."

"괜찮다는 말씀인가요?"

"그럼요."

나는 속으로 생각했다. '이 간호사는 환자에게 최선이 무엇인지 훌륭한 질문을 자신에게 던졌고 행동으로 즉시 답을 보여주었어.' 그 간호사는 내게 가장 필요한 것이 잠이라는 것을 알았다. 그것이 문 앞에서 최고경영자를 되돌려 보내는 것일지라도.[11]

🏵 설득하기 전에 환경부터 바꾸어보자

보험사나 방문판매 회사에 세일즈하러 오는 30~50대 여성들은 굳이 일할 필요가 없는 경우가 많다. 집에서 노느니 큰 욕심 없이 자녀 학원비라도 벌겠다는 가벼운 마음으로 나오다보니 별로 열정적으로 일하지 않는다. 자신이 쓸 것을 구매하고 친척이나 지인들에게 조금씩 판매하는데 만족하다가 그것도 여의치 않으면 그만두기 일쑤다. 그러므로 영업조직 리더들은 그들이 그만두지 않고 열정적으로 일하도록 동기부여하는데 관심이 크다.

화장품과 건강기능식품을 취급하는 방문판매 회사의 모 대리점 사장 이야기다. 대리점 사장은 '주부사원들이 열정적으로 일하게 만들려면 어떡해야 할까?'를 항상 고민했다. 정신력 강화 교육도 시켜보고 개척판매 요령도 가르쳐주고 제품교육을 철저히 하면 행동 변화를 유도할 수 있으리라 예상했다. 조금 나아졌지만 만족할 수준은 아니었다.

그러던 중 영업직원 책상에서 중요한 것을 발견했다. 설렁설렁 일하며 자리를 못 잡는 영업직원의 책상과 열심히 일하는 영업직원의 책상은 분명한 차이가 있었다. 열심히 일하는 영업직원의 책상에는 가족사진이 붙은 경우가 많았다. 그뿐 아니라 책상 위에 거울도 있고 읽는 책도 있으며 꽃병에 꽃을 꽂아두는 영업직원도 있었다. 그런데 일할지 말지 마음을 못 정한 영업직원의 책상은 깨끗했다. 대리점 사장은 영업직원들이 정착할 수 있도록 가족사진을 한 장씩 가져와 책상 위에 붙이고 작은 화병을 구입해 꽃도 꽂아주고 거울도 하나씩 두도록 유도했다. 그 방법으로 확실히 신입 영업직원의 정착률을 높일 수 있었다.

우리는 동기부여 문제를 고민할 때 그것을 너무 거창한 일로 생각하지만 '자기 자리 꾸미기'처럼 손쉬운 문제일 수도 있다. 논리적인 설득으로 사람의 사고방식을 바꾸기는 어렵다. 종종 사람의 문제처럼 보이는 것이 사실 환경이나 상황의 문제일 수도 있다. 이 문제를 밝히기 위해 코넬대학에서 식품과 브랜드 연구소를 운영하는 브라이언 원싱크(Brian Wansink)가 수행한 실험을 살펴보자.[12]

영화 팬들이 극장에 입장할 때 팝콘 한 통씩을 공짜로 나누어 주었다. 그런데 그것은 일부러 맛없게 처리된 팝콘이었다. 5일 전에 튀겨 눅눅해져 씹으면 삐걱거리는 맛없는 팝콘이었다. 연구팀은 맛이 없어 다 먹을 수 없는 팝콘을 중형과 대형 2가지로 주었다. 대형 통과 중형 통 중 어느 쪽 사람들이 팝콘을 더 많이 먹었을까? 둘 다 맛없는 팝콘이었지만 대형 통을 받은 사람들이 53%나 더 많이 먹었다. 팝콘 맛이나 개인 취향과 상관없이 더 많이 받으면 더 많이 섭취한다는 것이다. 반복 실험 결과도 같았다. 큰 통을 받은 사람이 더 많이 먹었다. 팝콘을 많이 먹은 것은 개인 식성이나 식탐보다 단순히 팝콘 통의 문제였다. 그럼 팝콘을 덜 먹게 하려면 어떡해야 할까? 간단하다. 더 작은 통을 사용하면 된다.

"야! 기름기 많으니까 조금만 먹어.", "팝콘 많이 먹으면 살쪄.", "성인병, 동맥경화, 심장병 걸릴 수 있어." 이와 같이 논리적이고 분석적인 설명으로 사람의 사고방식을 바꾸려면 어려운 문제가 된다. 설득보다 팝콘 통을 바꾸듯이 환경이나 상황을 바꾸는 것이 쉬울 수 있다. 이처럼 종종 사람의 문제처럼 보이는 것이 사실 상황의 문제일 수도 있다는 것이다. 앞에서 언급한 오기 이야기를 다시 살펴보자.

당시 오기는 크고 작은 싸움을 모두 이겼다. 그는 최전방에서 어떻게 천하제일의 강병을 만들 수 있었을까? 간단하다. 싸울 여건을 만들어주고 결과에 대해서는 상벌을 확실히 구분하고 어떤 경우에도 신의를 잃지 않았다. 그럼 군대는 강해진다.

무후가 물었다.

"군대를 쓰는 방법으로 무엇을 우선시해야 합니까?"

오기가 대답했다.

"먼저 4가지를 가볍게 하고 2가지를 무겁게 하며 1가지 믿음을 분명히 해야 합니다."

다시 무후가 물었다.

"무슨 뜻입니까?"

오기가 대답했다.

"땅이 말을 가볍게 여기고 말이 전차를 가볍게 여기고 전차가 사람을 가볍게 여기며 사람이 전투를 가볍게 여기도록 만드는 것이 4가지를 가볍게 한다는 것입니다. 지형의 험난함과 평탄함을 확실히 파악하면 땅이 말을 가볍게 여기며 제때 먹이를 주면 말이 전차를 가볍게 여기며 전차에 여유 있게 기름을 치면 전차가 사람을 가볍게 여기며 무기의 날을 예리하게 갈고 갑옷을 견고하게 차리면 사람이 싸움을 가볍게 여기게 됩니다."[13]

리더가 동기부여를 하는 것이 아니라 구성원 스스로 동기부여

할 수 있는 환경을 만들어주는 것이 중요하다는 사실을 오기는 말하고 있다. TV 프로그램 〈우리 아이가 달라졌어요!〉를 본 적 있을 것이다. 우연히 '무차별 폭력 걸' 이야기를 보았다. 말썽을 부리던 5살 여자아이가 어떻게 무차별 폭력 걸이 되는지 너무 궁금했다. 그녀는 완전히 동네에서 미운 오리새끼였다. 거의 무법자처럼 살았다. 신발을 신은 채 마을 정자에 올라가 동네 할머니가 신발을 벗으라고 했더니 욕하는 장면, 슈퍼마켓에 가 돈도 안내고 과자를 집어먹는 장면, 어린이집에 불쑥 들어가 아이들을 때리고 길거리에서 아이들을 만나면 이유 없이 때리고 꼬집는 장면을 지켜보면서 도대체 5살짜리가 어떻게 저 지경이 되었는지 궁금했다. 그 아이의 인격 문제일까? 아이가 버릇없이 태어났기 때문일까?

전문가가 방문해 유심히 관찰해보더니 그 아이의 문제를 전적으로 부모의 문제로 진단했다. 부모가 때리고 남들과 비교하고 야단치고 욕하니 아이가 무엇을 보고 배웠겠느냐는 것이다. 결국 부모가 바뀌자 아이는 저절로 바뀌어갔다. 아이의 문제는 대부분 부모라는 환경의 문제일 가능성이 높다.

환경을 바꾸면 사람들의 행동이 어떻게 바뀌는지 실험 하나를 살펴보자. 자선행사에 대학생들이 통조림을 기부하는 이유를 연구한 결과다.[14]

기숙사 학생들에게 편지를 보냈다. 편지는 두 종류였다. 한 학생은 다음 주 식품기부 행사를 개최하니 특정 장소로 통조림을 가져와 달라는 내용만 적힌 편지를 받았다. 다른 학생은 더 상세한 편지를 받았다. 기부

장소의 구체적인 위치가 표시된 지도, 콩 통조림을 기부해달라는 요청, 일부러 시간을 내 나올 필요 없이 평소 지나는 길에 가볍게 들르라는 제안 등이 담긴 편지였다.

기본적인 내용만 적힌 편지를 받은 학생은 별로 자비롭지 않았다. 학생들 중 8%만 기부했다. 상세한 내용의 편지를 받은 학생들은 42%가 기부에 동참했다.

어떤가? 학생들의 가치관, 종교, 인간성과 상관없이 편지 내용만 바꾸었을 뿐인데 기부율이 5배나 증가했다. 사람 문제인 것 같지만 사실 환경 문제인 경우가 의외로 많다는 뜻이다. 환경을 바꾸어 조직원들이 움직이도록 동기부여하는 것이 바로 리더의 역할이다.

2. 소통

🏵 소통 없이 성과를 유지할 수 없다

공손앙(상앙)은 진秦나라 효공孝公이 나라 안에 영을 내려 현자를 구하고 선조 목공穆公의 패업을 이어 동쪽의 잃은 땅을 회복하려고 한다는 말을 듣고 진나라로 가 효공의 총신 경감景監의 인도로 효공을 만나게 되었다. 공손앙이 효공에게 부국 방책을 설명하자 효공은 만족해 그를 등용했다. 효공은 공손앙을 등용했지만 공손앙이 법을 고치려고 하자 세상 사람들이 자신을 비방할까봐 두려웠다. 그러자 공손앙이 말했다.

"확신이 없는 행동에는 공명이 따를 수 없으며 확신이 없는 사업은 성공할 수 없습니다. 남들보다 뛰어난 행동을 하는 자는 원래 세상 사람들의 비난을 받기 일쑤이며 탁견이 있는 자는 백성의 비방을 듣기 일쑤입니다. 어리석은 자는 이미 이루어진 일도 모르지만 지혜로운 자는 그 일에 앞서 다가올 일을 알아내는 것입니다. 그러므로 일을 시작할 때는 백성들의 의견을 물어보면 안 되며 성공한 후 즐거움을 함께 나누면 되는 것입니다. 지극한 덕을 말하는 자는 세속과 타협하지 않으며 큰 공을 이루는 자는 뭇 사람들과 상의하지 않습니다. 그래서 나라를 튼튼히 할 수 있다면 성인은 굳이 옛것을 따르지 않으며, 백성을 이롭게 할 수 있다면 굳이 옛 예법을 따르려고 하지도 않습니다."

효공은 옳다고 여겼지만 신하 감룡甘龍이 반대하고 나섰다.

"그렇지 않습니다. 성인은 백성들의 풍속을 바꾸지 않은 채 교화하며 지혜로운 자는 법을 고치지 않고 다스립니다. 백성들의 풍속에 따라 교화하면 수고를 들이지 않고도 공을 이루며 시행하는 법으로 다스리면 관리도 익히 알아 백성도 편안해집니다."

공손앙이 말했다.

"감룡이 말하는 바는 속된 생각입니다. 평범한 사람은 습관에 안주하고 학자는 자신이 배운 것에만 몰두합니다. 이 두 부류의 사람은 법을 지킬 수는 있지만 법의 테두리를 벗어나는 문제는 함께 논의하지 못합니다. 하·은·주 3대는 예악제도가 달랐지만 천하에 임금 노릇을 했고 오백五伯; 춘추 오패은 똑같은 법을 쓰지 않고도 패자가 되었습니다. 지혜로운 자는 법을 만들고 어리석은 자는 예법의 통제를 받으며 현명한 자는 법을 고치고 평범한 자는 예법에 얽매이는 것입니다."

그러자 이번에는 두지杜摯가 말했다.

"백 배의 이익이 나는 것이 아니라면 법은 고칠 수 없는 것이며 열 배의 효과가 없다면 그릇을 바꾸면 안 됩니다. 옛것을 본받으면 허물이 없고 예법을 따르면 사악함이 없습니다."

공손앙이 말했다.

"나라를 다스리는 데 하나의 길만 있는 것은 아닙니다. 그 나라에 편하다면 옛법을 좇을 필요는 없으므로 은나라 탕왕과 주나라 무왕은 옛것을 따르지 않고도 임금 노릇을 했으며 하나라 걸왕과 은나라 주왕은 옛것을 바꾸지 않았는데도 망했습니다. 옛법을 반대하는 자라고 비난할 수는 없으며 옛법을 따르는 자라고 반드시 칭찬할 수도 없습니다."

효공은 공손앙의 말이 옳다고 여겼다. 공손앙은 좌서장左庶長에 임용되어 마침내 옛법을 바꾸어 새로운 법령을 정했다. 새로 만든 법에 의하면 민가는 5~10집씩 통반을 만들고 서로 감시해 연좌 책임을 지고 죄를 지은 자를 신고하지 않은 자는 허리를 베는 형벌로 다스리고 신고한 자에게는 적의 목을 벤 것과 똑같은 상을 내리고 숨기는 자는 적에게 항복한 것과 똑같은 벌로 다스리게 했다. 집에 남자가 3명 이상이면 부역과 납세를 2배로 늘리고 전투에서 공을 세운 자는 정도에 따라 상등 작위를 내리고 사사로운 일로 싸움을 일삼은 자는 경중에 따라 처벌하도록 했다.

어른이나 아이나 힘을 합쳐 밭을 갈고 베를 짜는 일을 본업으로 삼고 곡식과 베를 많이 바치는 자는 부역과 부세를 면제하며 상공업에 종사해 이익만 추구하는 자와 게을러 가난한 자는 밝혀내 관청 노비로 삼도록 했다. 종실 일족이더라도 전투에서 공이 없으면 조사해 공족公族 장부에서 제적시키고 신분상 존비와 봉록의 등급을 분명히 나누어 차등을 두었다. 일가가 점유한 전택田宅의 넓이와 신첩·노비 수, 의복제도도 작위 등급에 따라 차별을 두었다. 군대에서 공로가 있는 자는 영예를 누리지만 공을 세우지 못한 자는 부유하더라도 존경받을 수 없게 했다.

새로운 법령 시행 후 때마침 태자가 법을 어기는 사건이 생기자 공손앙은 이렇게 말했다.

"법을 잘 시행하지 못하는 것은 지도층부터 법을 지키지 않기 때문이오."

그는 법에 따라 태자를 처벌하려고 했지만 임금의 뒤를 이을 태자를 형벌에 처하는 것은 어려운 일이었다. 이에 태자의 태부 공자 건虔을 대신 처형하고 태사太師 공손고公孫賈를 경형黥刑에 처했다.

이튿날부터 진나라 백성 모두 법을 지켰다. 법을 시행한 지 10년 후 진나라 백성은 매우 만족했고 길바닥에 떨어진 물건도 주워가는 사람이 없었다. 산중에는 도적이 사라졌고 집집마다 모두 넉넉하고 사람들마다 모두 풍족했으며 백성들은 전쟁에 나가면 용감했고 사사로운 싸움은 사라졌으며 도시나 시골의 행정은 잘 다스려졌다. 백성들에게 영을 내려 부자 형제가 세대를 공동으로 하는 것을 금하고 작은 향鄕과 읍邑과 촌락을 모아 현縣을 만들고 현을 다스리는 관리로 현령縣令·현승縣丞을 두었는데 모두 31현이 있었다. 논밭 경계를 개방해 경작을 자유롭게 만들고 부역과 세납을 공평히 부과했으며 도량형을 통일했다.

4년 후 공자 건이 또 다시 법령을 위반하자 의형劓刑을 내렸다. 그로부터 5년 후 진나라는 크게 부강해지고 주나라 천자는 효공에게 제사에 쓸 고기를 하사하고 제후들 모두 그것을 경축했다.

🏵 불통의 결과

상군(상앙)이 진나라 재상 자리에 있은 지 10년, 그 동안 진나라의 종족, 외척으로 그를 원망하는 자들이 많았다. 진나라에 숨어 사는 선비 조량趙良이 상군 공손앙을 찾아오자 상군은 이렇게 말했다.

"내가 당신을 만난 것은 맹란고孟蘭皐의 소개 때문입니다. 앞으로도 나는 그대와 교제하길 원하는데 어떻소?"

조량이 대답했다.

"군이 사귀고 싶지 않습니다. 공자는 '어진 이를 추천해 주인으로 받드는 자는 번영하고 어질지 못한 자를 모아 그 주인이 되는 자는 몰락한다.'라고 했는데 나는 어질지 못해 감히 당신의 뜻을 따를 수 없습니다. 내가 듣기로 '있을 만한 지위가 아닌데 그 지위에 있는 것을 탐위貪位라고 부르고 자신이 누릴 명성이 아닌데 그 명성을 누리는 것을 탐명貪名이라고 한다.'라고 했는데 만약 당신의 뜻에 따른다면 아마도 탐위 · 탐명일 것입니다. 그러므로 군이 당신의 뜻을 따를 수 없는 것입니다."

공손앙이 말했다.

"그대는 진나라를 다스리는 나의 방식을 옳지 않다고 생각하오?"

조량이 말했다.

"남의 말에 반성하고 경청하는 것을 총聰이라고 부르고 사물을 보되 마음의 눈으로 보는 것을 명明이라고 하며 자신을 이기는 것을 강強이라고 합니다. 순임금의 말씀에 '스스로 겸손하면 존경받게 된다.'라고 했는데 상군 그대는 순임금의 도를 따라야 합니다. 내게 물을 것도 없는 일입니다."

상군이 말했다.

"처음 진나라에는 융적戎翟의 풍습이 있어 부자 사이에 구별이 없고 처를 공유했소. 지금 나는 그 풍습을 고쳐 남녀구별을 두고 누문을 크게 세워 그 훌륭함이 노나라와 위衛나라와 같게 했소. 그대는 나의 진나라 통치를 보고 오고대부五羖大夫 백리해百里奚와 비교하면 어느 쪽이 현명하다고 생각하오?"

조량이 대답했다.

"천 마리 양의 가죽은 여우 한 마리의 겨드랑이 가죽보다 못합니다. 천 명의 아부는 한 명의 올곧은 직언에 미치지 못합니다. 주나라 무왕은 신하의 올곧은 직언으로 번영하고 은나라 주왕은 신하의 맹종으로 망했습니다. 상군께서 무왕을 잘못했다고 나무라지 않는다면 내가 하루 종일 솔직히 말씀드려도 나를 죽이진 않으시겠지요? 불손함을 죄로 돌리지 않길 바랍니다."

상군 공손앙이 말했다.

"옛말에도 '겉치레 말은 허황되고 마음속에서 나오는 말은 진실하며 듣기 괴로운 말은 약이요 달콤한 말은 독'이라고 했소. 그대가 하루 종일 직언을 해준다면 내게는 약이 되는 것이오. 나는 선생을 스승으로 섬기려는데 선생께서는 어찌 사양하시오?"

조량이 말했다.

"저 오고대부는 초楚나라의 미천한 신분 출신이었습니다. 진秦나라 목공穆公이 그가 현명하다는 말을 듣고 만나려고 해 가려고 해도 노자가 없었습니다. 할 수 없이 자기 몸을 진나라 여행자에게 팔아 볼품없는 옷을 걸치고 소를 치며 따라갔습니다. 1년 후 목공은 백리해가 현명하다는 것을 알고 하찮은 소 치기에서 일약 재상으로 세웠는데 진나라에서는 그것을 허물로 여기는 사람이 아무도 없었습니다. 그가 진나라 재상을 지낸 지 6~7년이 지나 동쪽 정나라를 치고 3번이나 진晉나라 임금을 세우고 진晉나라를 형荊나라로부터 구해주었습니다. 국내에는 교령敎令을 반포해 백성들을 감화시켰습니다. 그리하여 파巴 땅 사람도 공물을 바치고 제후에게 은덕을 베풀어 팔융八戎까지 귀순하도록 했습니다. 서융西戎 사람 유여由余도 그 명성을 듣고 회견을 청했습니다. 오고대부는 진나라의 재상이 된 후 아무리 피곤해도 수레에 걸터앉지 않았고 아무리 더워도 수레에 포장을 덮지 않았으며 국내를 순시할 때도 행차 수레를 따르게 하지 않았고 무장 호위를 거느리지 않았습니다. 그 공적은 낱낱이 기록되어 조정 서고에 보존되고 덕행은 길이 후세에 전해졌습니다. 죽음을 당해서는 진나라 남녀들이 눈물을 흘렸고 어린아이들도 노랫소리를 내지 않았으며 방아를 찧는 사람들까지 방아타령을 읊조리지 않았습니다. 이것은 오고대부의 덕에 의한 것입니다. 그런데 당신이 진왕을 뵌 것은 임금의 총신 경감의 인도에 의한 것이니 경감을 주인으로 해 의뢰한 것은 명예라고 할 수 없습니다. 진나라 재상이 되어 백성의 이익을 일로 삼지 않고 누문을 건축한 것은 공업이라고 할 수 없습니다. 태자의 스승을 경형黥刑에 처하고 가혹한 형벌로 백성을 징벌한 것은 원한을 쌓고 화를 모은 일입니다. 당신은 왕의 명령보다 깊이 백성들을 교화시켰고 백성들은 왕의 명령보다 당신이 하는 일을 더 빨리 따라야만 했습니다. 지금 당신이 세운 제도는 도에 등진 것이며 고친 국법은 도리에 어긋나니 교화라고 할 수 없습니다. 또한 당신은 임금처럼 남쪽을 향하고 앉아 임금과 똑같이 '과인寡人'이라고 일컬으며 나날이 진나라 귀공자를 핍박하고 있습니다. 「시」에 '쥐에게도 예의가 있는데 사람으로서 예의가 없구나. 사람으로서 예의가 없다면 어찌 빨리 죽지도 않을까'라고 했는데 이 시로 보더라도 당신의 행동으로는 온전히 천수를 누릴 수 없을 것입니다. 공자 건은 코를 잃은 것이 부끄러워 문을 닫고 밖에 안 나온 지 벌써 8년째입니다. 또한 당신은 축환祝歡을 죽였고 공손고公孫賈를 경형에 처했습니다. 「시」에도 '인심을 얻는 자는 흥하고 인심을 잃는 자는 망한다.'라고 했는데 당신의 온갖 행적들은 도저히 인심을 얻을 수 없는 것들입니다. 당신은 외출할 때 후거後車 수십 수레에 종거從車에는 무장병을 싣고 힘센 자를 옆에 태우고 창과 극戟을 가진 자가 수레 가까이서 달리게 했습니다. 그 중 하나라도 부족하면 당신은 절대로 외출하지 않았습니다. 「서」에 '덕을 믿는 자는 번영하고 힘을 믿는 자는 망한다.'라고 했습니다. 당신의 목숨은 아침 이슬처럼 매우 위태로운데도 아직도 더 오래 살길 바랍니까? 나이를 늘리고 천수를 다하려면 무엇보다 상과 오의 15개 읍을 반환하고 시골로 물러나 전원에 물을 주며 살지 않겠습니까? 진왕에게 권해 동굴에 숨어 사는 현자를 나타나게 하고 늙은이를 부양하고 고아를 돌보고 부형을 공경하고 공이 있는 자를 관에 앉히고 덕이 있는 자를 존경하도록 하면 조금 편안할 것입니다. 그런데 당신은 아직도 상과 오에서 얻는 부유함을 탐하고 진나라 정치를 마음대로 주무르고 백성의 원망을 쌓고 있으니 하루아침에 진왕이 세상을 떠나 조정에 서지 못하게 되면 진나라가 당신을 제거하려고 할 것은 너무나 당연합니다. 당신의 파멸은 한 발을 들고 넘어지길 기다리는 것만큼 잠시일 것입니다."

그러나 상군은 그 말을 따르지 않았다.

5개월 후 진나라 효공이 죽고 태자가 뒤를 이어 혜문왕惠文王이 되었다. 그러자 공자 건 일당이 상군 공손앙이 모반을 꾀한다고 밀고하자 관리를 보내 상군을 잡으려고 했다. 상군은 달아나 관소關所 부근까지 와 객사에 들르려고 했다. 객사 주인은 그 손님이 상군인지 모르고 이렇게 말했다.

"상군의 법에는 여행증이 없는 손님을 재우면 그 손님과 연좌로 벌을 받습니다."

그러자 상군은 탄식하며 말했다.

"아! 법을 만든 폐해가 마침내 이 지경까지 이르렀구나!"

상군은 그곳을 떠나 위魏나라로 갔다. 위나라 사람들은 상군이 공자 앙卬을 속이고 위나라 군을 친 것을 원망해 그를 받아들이지 않았다. 상군이 다른 나라로 가려고 하자 위나라 사람들이 말했다.

"상군은 진나라의 역적이다. 진나라는 강국이니 위나라에 들어온 도적은 반드시 진나라로 돌려보내야 한다."

이에 상군은 마침내 진나라로 추방되었다.

상군은 다시 진나라로 들어가자 상읍商邑으로 가 따르는 무리들과 함께 봉읍 군사를 동원해 북쪽 정나라를 쳤다. 이를 틈타 진나라는 출병해 상군을 치고 정나라의 면지黽池에서 그를 죽이고 말았다.

진나라 혜왕은 상군을 거열형車裂刑에 처하고 이렇게 말했다.

"상앙과 같은 모반자가 더 이상 나오지 않도록 하라."

그리고 상군의 일족을 멸했다.

🏵 소통하는 방법

인간의 최대 관심사는 생존과 번식이다. 생존과 번식 중 어느 것이 더 중요할까? 언뜻 보면 생존이 더 중요할 것 같다. 강의하면서 청중들에게 생존이 중요하다고 생각하는 사람과 번식이 중요하다고 생각하는 사람들을 손들어보게 하면 생존 쪽이 더 많다. 그러나 본능적으로 인간은 번식을 더 중시한다. 사람뿐만 아니라 동·식물은 물론 눈에 안 보이는 작은 생명체들까지 최대 관심사는 번식이다. 그렇게 진화해왔다. "정말?"이라며 깜짝 놀라는 독자가 있을지도 모르겠다. '번식이라니? 생존이 더 중요하지 않나?'라고 생각할 것이다.

이 문제의 이해를 돕는 좋은 방법이 있다. 좀 끔찍한 증명이지만 한밤중 잠을 자는데 강도가 들어왔다고 가정해보자. 강도가 칼을 들이대며 "당신이 죽을래? 당신 아들이 죽을래?"라고 묻는다면 뭐라고 대답하겠는가? 이 질문에 남성과 여성의 대답이 미묘하게 다르다. 남성들은 선뜻 자신이 죽겠다고 대답하지 않는다. 잠시 생각하고 자신이 죽겠다고 대답한다. 그런데 여성들은 0.1초 망설임도 없이 자신이 죽겠다고 답한다. 시간차가 있더라도 결국 남성이든 여성이든 모두 자식의 죽음보다 자신의 죽음을 택한다. 이러고 나면 모든 사람이 생존보다 번식이 중요하다는 사실을 깨닫는다.

그러므로 인간을 포함해 생명체의 상호작용에서 가장 중요한 것은 당연히 짝짓기다. 내 유전자를 전파할 배우자를 고르는 문제는 매우 중요하고 민감하다. 마음에 드는 이성을 만나면 서로 잘 보이려고 노력한다. 대화하고 소통하고 공감하며 상대방을 이해하려고 노력한다. 소통과 공감능력, 즉 사회적 상호작용을 잘하는 사람은 좋은 배우자를 만날 확률이 높다.

인간은 대화로 사회적 관계를 맺는다. 대화하며 공감하고 끈끈한 관계를 만들어간다. 반대로 대화하지 않으면 공감할 수 없으며 상호관계를 맺을 수도 없다. 대화로 상호관계를 맺는 것은 일대일 관계뿐만 아니라 리더와 구성원 사이에서도 필요하다. 관계 맺기에 실패하면 구성원들이 리더의 목표나 정책 의지를 기꺼이 받아들이지 않기 때문이다. 하지만 상앙은 대화를 거부했다. 법을 바꾸자고 했을 때 효공이 반대하자 상앙은 이렇게 말했다.

"일을 시작할 때 백성들에게 의견을 물어보면 안 되며 성공한 후 함께 즐거움을 나누면 되는 것입니다. 지극한 덕을 말하는 자는 세속과 타협하지 않으며 큰 공을 이루는 자는 뭇사람들과 상의하지 않습니다."

소통의 필요성을 모르는 상앙은 감룡이 변법에 반대하자 다음과 같이 말했다.

"지혜로운 자는 법을 만들고 어리석은 자는 예법의 통제를 받으며 현명한 자는 법을 고치고 평범한 자는 예법에 얽매이는 것입니다."

상앙의 방향이 맞을 수도 있다. 그가 법을 고쳐 이루려고 했던 목표는 '강한 나라'였다. 약육강식이 상식이던 전국시대에 일일이 백성들의 의견을 묻고 소통할 만큼 한가하지 않을 수도 있었다. 실제로 법을 고치자 나라는 부유해지고 강해졌다. 귀족이라도 전쟁에서 공을 세우지 못하면 절대로 자리를 얻을 수 없었고 평민이라도 전쟁에서 공을 세우면 출세할 수 있었으니 공평하기도 했다. 또한 군현제를 실시하고 도량형을 통일하고 부역과 세금을 공평 부과한 것도 잘한 일이었다. 이런 개혁은 100여 년 후 진시황 때 이르러 전국 통일의 기반이 되었다. 거기까지는 좋다고 치자. 다음 내용을 살펴보자. 이런 법으로 나라를 얼마나 유지할 수 있을까?

새로 만든 법에 의하면 민가는 5~10집씩 통반을 만들고 서로 감시해 연좌 책임을 물으며 죄인을 신고하지 않은 자는 허리를 베는 형벌로 다스리고 신고한 자에게는 적의 목을 벤 것과 똑같은 상을 내리고 숨기는 자는 적에게 항복한 것과 똑같은 벌로 다스리도록 했다.

이런 문화가 조직에 만연한다면 바람직하다고 할 수 없다. 이 법 속에는 사실 상앙의 인성이 녹아 있다. 소통과 공감을 거부한 상앙은 결국 주변에 많은 적을 만들고 말았다. 상앙에게 기회가 전혀 없었던 것은 아니다. 조량을 만났을 때다. 조량은 백리해의 사례를 들어가며 상앙의 잘못을 하나하나 지적하고 물러날 것을 조언했다. 조량의 지적을 보면 상앙의 행위로는 백성들의 신뢰를 얻을 수 없었다. 정리해 보자.

- 세운 제도는 도에 등진 것이며 고친 국법은 도리에 어긋났다.
- 백성의 이익을 일로 삼지 않았다.
- 백성을 가혹한 형벌로 징벌했다.
- 태자의 스승을 경형黥刑에 처했다.
- 귀공자를 핍박했다.
- 임금처럼 남쪽을 향하고 앉아 임금과 똑같이 '과인寡人'이라고 칭했다.
- 외출할 때는 후거後車 수십 수레에, 종거從車에는 무장병을 싣고 힘센 자를 옆에 태우고 창과 극戟을 가진 자가 수레 가까이서 달리게 했다.

이런 이유로 상앙은 도저히 소통할 수 없는 인물이었다. 진정한 소통은 신뢰의 바탕 위에서 가능하다. 입으로 할 수 있는 것이 아니다. 조량은 효공이 죽으면 후임 왕은 반드시 상앙을 제거할 것이고 그 날이 얼마 남지 않았다고까지 경고했다. 그것은 상앙에게는 마지막 기회였다. 이런 말을 해주는 사람이 한 명이라도 있다는 사실이 상앙에게는 행운이었지만, 상앙은 기회도 행운도 살리지 못했다. 조량의 말을 따르지 않았고, 불통의 결과는 참담했다. 조량의 조언을 거절하고 5개월 후 진짜 효공이 죽고 혜문왕이 즉위했다. 상앙은 모반죄를 뒤집어쓰고 죽고 말았다. 그뿐인가? 진나라는 그의 일족을 모두 죽였다.

조나라 무열왕이 호복을 입고 기마부대를 창설하면서 얼마나 적극적으로 신하들을 설득했는지 기억할 것이다. 호복을 왜 입어야 하는지, 기마부대를 왜 양성하는지, 앞으로 조나라가 나갈 방향과 목표는 무엇인지 소상히 말해 동의를 구했다.

소통을 중시했던 자산의 이야기를 보자. 자산이 인재를 등용하고 활용하는 방법은 앞에서 다루었다. 제대로 인재를 활용하려면 자산처럼 소통의 가치를 알아야 한다.

정나라 사람들이 향교에 모여 놀면서 집정대부 자산이 취한 정책을 놓고 그 득실을 평하자 못마땅한 대부 연명이 자산에게 건의했다.
"향교를 헐어버리면 어떻겠습니까?"
"무슨 이유로 그런단 말이오? 사람들이 조석으로 일을 마친 후 모여 놀면서 집정의 시정을 논하면 그들이 좋아하는 것은 실행하고 싫어하는 것은 개혁하면 되오. 그들의 논평이 곧 나의 스승인데 어찌 향교를 헐어버린단 말이오? 나는 선행에 충실해 원망을 막는다는 말은 들어보았지만 위세로 원망을 틀어막는다는 말은 들어보지 못했소. 위세로 어찌 일시에 그들의 논평을 막을 수 있겠소? 이것은 개울물의 흐름을 막는 것과 같소. 방죽을 크게 터 한꺼번에 흐르게 하면 많은 사람이 상하오. 그럼 나는 사람들을 구할 수 없소. 그러나 방죽을 조금만 터놓아 물을 천천히 흘려보내는 것만 못하오. 향교를 허무는 것은 내가 그들의 논평을 받아들여 약으로 삼는 것만 못하오.[1]

소통할 때 중요한 것이 하나 더 있다. 바로 분별력이다. 리더는 가짜와 진짜, 진실과 거짓, 충언과 아부를 구별할 수 있어야 한다.

계포季布는 한 혜제漢 惠帝 때 중랑장中郎將이 되었다. 일찍이 선우(흉노족의 최고 우두머리)는 방자한 글을 올려 여후(한 시조 유방劉邦: 高祖의 황후)를 모욕했으며 그 태도가 불손했다. 여후는 대노해 장수들을 불러 그 일을 논했다. 상장군 번쾌가 말했다.

"제게 군사 10만 명을 주시면 흉노의 한복판을 마음껏 짓밟고 다니겠습니다."

장수들은 번쾌가 여후의 사위이므로 모두 여후의 뜻에 아첨해 찬성했다. 그러자 계포가 나서 이렇게 말했다.

"번쾌는 조심성이 없는 자이니 목을 쳐야 합니다. 고조께서는 군사 40만 명을 이끌고도 평성에서 곤욕을 치렀습니다. 그런데 번쾌가 10만 명으로 흉노의 한복판을 마음대로 짓밟고 다닐 수 있다니 이것은 면전에서 태후를 속이는 것일 뿐만 아니라 진나라가 흉노 정벌에 전력하다가 진승이 반란하도록 틈을 준 것입니다. 전란의 상처가 아직 아물지도 않았는데 눈앞에서 번쾌가 아부하며 천하를 동요시키는 것입니다."

사람들은 그때 모두 두려웠다. 태후는 조회를 끝낸 후 두 번 다시 흉노 정벌을 논하지 않았다.

계포가 하동 태수가 되었다. 문제文帝 때 계포가 현명하다고 누군가가 칭찬하자 문제는 그를 불러 어사대부로 삼으려고 했다. 그때 다른 사람이 계포는 용감하지만 술만 마시면 난폭해 가까이 할 수 없는 인물이라고 말했다. 계포는 불려와 장안에 도착해 한 달 동안 머물러야 했으며 문제를 뵙자 그 기회에 임금 앞에 나아가 말했다.

"신은 공로 없이 은총을 입어 황공하게도 하동에 근무하고 있습니다. 이번에 폐하께서 아무 이유도 없이 신을 부르셨습니다. 그런데 이것은 틀림없이 누군가가 신을 칭찬해 폐하를 속인 것입니다. 신이 상경했지만 폐하께서는 아무 말씀도 없이 돌려보내시니 이것은 누군가가 폐하께 신을 악담했기 때문일 것입니다. 폐하께서 누군가가 칭찬한다고 신을 부르시고 누군가가 비방한다고 신을 돌려보내신다면 천하의 지혜로운 자들이 폐하의 식견을 의심할까봐 두렵습니다."

임금은 잠자코 있다가 말했다.

"하동은 내 수족으로 생각하는 고을이오. 그 때문에 특히 그대를 부른 것뿐이오."

계포는 인사말을 하고 임지로 돌아갔다.

위의 일화는 소통에서 분별력이 중요하다는 사실을 잘 보여주는 사례다. 리더는 구별해 들을 수 있어야 한다. 오왕 부차는 신하들의 말에서 옳고 그름을 분별하지 못해 나라가 망했다. 조나라 효성왕도 분별력이 부족해 조괄을 장군으로 삼아 장평전투에서 병사 45만 명을 죽음으로 모는 결과를 초래했다. 분별력 있는 소통을 보여준 리더들 중 제나라 위왕을 본받을 만하다.

위왕이 처음 왕위에 오른 후 나라를 잘 다스리지 못하자 경대부들에게 국정을 맡겼다. 제후들은 상대방을 서로 헐뜯었다. 위왕은 진상 파악을 지시하고 즉묵을 다스리는 대부와 아읍을 다스리는 대부를 불러들였다. 위왕은 즉묵 대부에게 말했다.

"그대가 즉묵을 다스리게 되면서 그대를 비방하는 말들이 매일 전해지고 있소. 그러나 내가 사람을 시켜 즉묵을 관찰해보니 밭과 들을 개간해 백성들에게 충분히 공급하고 관청에는 하다가 남은 일조차 없어 동쪽지역은 편안해졌소. 이것은 그대가 내 측근들을 섬겨 명예를 구하지 않았기 때문이오."

그러고는 그에게 만호의 식읍을 봉했다. 이어서 위왕은 아읍의 대부를 불러 말했다.

"그대가 아읍을 다스리면서 날마다 칭찬이 들려오고 있소. 하지만 사신을 시켜 아읍을 살펴보니 밭과 들을 개간하지 않았고 백성들은 가난해 고통스러워하고 있소. 옛날 조나라가 견읍을 공격했을 때도 그대는 구해줄 수 없었소. 위나라가 설릉을 빼앗았을 때도 그대는 알지도 못했소. 이것은 그대가 내 측근들에게 후한 뇌물을 주어 명예를 구하려고 했기 때문이오."

그 날 아흡의 대부를 큰 솥에 넣어 삶아 죽이는 형벌에 처하고 일찍이 그를 칭찬했던 측근들도 모두 삶아 죽이는 형벌에 처했다. 이후 사람들이 감히 가식을 부리거나 잘못을 저지르지 않았고 성심성의껏 직무를 다했다. 제나라는 잘 다스려졌다. 제후들은 그 소식을 듣고 20여 년 동안 제나라를 상대로 감히 군사를 일으킬 엄두를 못 냈다. 사서에 죽묵 대부의 이름을 왜 기록하지 않는지 개인적으로 아쉽다. 리더가 소통하는 방법을 알기 위해서는 문후가 서문표에게 했던 말을 곱씹어보아야 한다.

서문표가 업 땅을 다스리기 위해 나가면서 위 문후에게 물었다.
"감히 여쭙건대 공을 어떻게 온전히 하고 이름을 이루며 의를 퍼뜨릴 수 있습니까?"
이에 문후가 방법을 알려주었다.
"그대는 직접 가보시오! 어느 곳이든 어진 자와 호걸, 똑똑한 인물, 박식한 자가 없는 마을은 없소. 또한 어느 곳이나 남의 잘못을 들추어내기 좋아하고 남의 착한 일을 덮어두려는 자가 없는 곳이 없소. 그러니 그곳에 가거든 반드시 호걸준사에게 스스로 찾아가 묻고 그와 친하게 지내고 말을 잘하고 박식한 자는 스승으로 모시고 남의 잘못을 들추어내길 좋아하고 남의 선행을 덮으려는 자는 잘 관찰해야 하오. 소문만으로 일을 처리하면 안 되오. 무릇 귀로 듣는 것은 눈으로 직접 보느니만 못하고 눈으로 보는 것은 직접 발로 밟아보는 것만 못하며 발로 밟아보는 것은 손으로 직접 판별해보는 것만 못한 법입니다. 처음 벼슬길에 나서는 것은 캄캄한 방 안에 들어가는 것과 같아 한참 후에야 방 안의 물건들이 보이기 시작하는 법이니 그 다음에 눈이 밝아지면 다스림은 행해지게 마련이오."²

🏛 소통이 성과에 미치는 효과

지난 수년 동안 갤럽은 여러 회사들을 대상으로 직원 태도를 조사해보았다.³ 봉급체계부터 주차장 넓이까지 모든 것을 직원들이 어떻게 느끼는지 평가했다. 100만 명에 달하는 근로자들에게 100가지 이상을 질문해 꼼꼼히 그들의 대답을 평가했다. 결과적으로 전통적인 관리방식은 비즈니스 결과와 아무 관련이 없음이 밝혀졌다. 실적 평가에 영향을 미치는 요인은 다음 12가지였다.

1. 회사가 내게 무엇을 기대하는지 알고 있다.
2. 적절한 업무 수행에 필요한 물건이나 장비를 갖추고 있다.
3. 매일 내가 가장 잘하는 일을 할 기회가 있다.
4. 최근 7일 동안 인정받거나 칭찬 받은 적이 있다.
5. 상사나 회사의 누군가가 내게 개인적인 관심을 가져준다.
6. 나의 발전을 격려해주는 사람이 직장 안에 있다.
7. 회사는 내 의견을 중시한다.
8. 내가 맡은 일은 회사에서 중요한 일이다.
9. 직장동료들도 업무에 헌신적이다.

10. 친한 친구가 직장에 있다.

11. 최근 6개월 동안 회사의 누군가가 내가 발전하고 있다고 말한 적이 있다.

12. 작년에 이 직장에서 성장할 수 있었다.

실적 평가에 영향을 미치는 요소를 보면 기대, 인정, 칭찬, 관심, 친구, 발전, 성장에 대한 것이지 물질적 보상에 대한 언급은 없다. 뜻밖이다. 실제 사례를 보자.

콜센터 서비스 기업 애플트리 앤서즈는 직원 이직률이 97%에 달했는데 사실 높은 이직률은 업계의 고질적인 문제였다. 해결책이 절실했던 관리자들은 궁리 끝에 '드림 온(Dream on)' 프로그램을 도입해 직원들이 각자의 삶에서 가장 바라지만 절대로 얻을 수 없다고 믿는 것들을 요청하도록 하고 회사가 비밀리에 조직한 위원회가 그 꿈을 하나씩 실현했다. 그렇게 실현한 꿈은 한 직원의 중병을 앓고 있는 남편이 가장 좋아하는 미식축구팀 필라델피아 이글스의 경기를 관람하고 선수들을 만나게 해주는 것부터 직원이 딸을 위한 특별 생일파티 준비를 도와주는 것까지 매우 다양했다.

이 프로그램을 도입하면서 조직문화는 놀라운 속도로 바뀌었다. 직원들이 동료를 위해 대신 '드림 온' 신청서를 제출하고 나아가 서로 도와줄 방법을 찾기 시작했다. 97%였던 직원 이직률은 6개월 후 33%까지 떨어졌다. 이직률이 낮다는 것은 직원들이 회사에 더 오래 다니면서 친분관계를 맺을 수 있다는 뜻이었다. 얼마 안 가 회사의 분기별 수익은 2분기 연속으로 사상 최대를 기록했다.[4]

제프 콜빈(Geoff Colvin)은 앞으로 회사에서 필요한 인재는 지식 근로자가 아니라 관계근로자라고 강조했다. 즉, 미래에는 인간의 지식이 컴퓨터를 능가할 수 없으며 육체적 노동을 로봇보다 더 잘할 수 없게 될 것이니 인간만 할 수 있는, 타인과 관계를 맺는 사회적 기술의 효용가치가 더 높아진다는 것이다. 그는 유능한 집단을 만드는 가장 중요한 요인은 깊은 상호작용 기술이라고 주장했다. 그러면서 가장 뛰어난 집단에서는 구성원들의 상호작용에 3가지 특징이 있다고 말한다.

첫째, 사람들은 대화 속에서 짧게 수많은 아이디어를 냈다. 아무도 말을 너무 길게 끌지 않았다. 둘째, '밀도 높은 대화'를 나누었다. 이런 대화 방식에서는 구성원들이 자신의 생각을 지속적으로 말한 후 타인의 의견에 "좋아요", "맞아요", "뭐라고요?"와 같은 말이나 짧은 대답으로 호응을 번갈아가며 좋든 나쁘든 아이디어의 가치를 인정한다는 신호를 보냈다. 셋째, 모두 아이디어를 내고 상대방의 말에 반응을 보였으며 대화한 사람이 독점하지 않고 공평하게 주고받고 다양한 아이디어가 나올 수 있는 분위기를 조성했다. 최고의 팀이 뛰어난 성과를 내는 데는 어느 요인보다 상호작용하는 이 3가지 요소가 중요한 작용을 했다. 실제로 이 3가지 사회성 기술은 개인 지능, 기술적 능력, 구성원들의 성격, 기타 요인들을 모두 합친 것만큼 중요했다.[5]

이런 효과를 간파한 구글은 직원 간의 대화 활성화를 위해 엄청난 노력을 했다. 구글은 직원들의 뛰어난 지적능력을 중시하는 기업으로 유명하다. 구글은 한때 명문대를 졸업하고 대학수학능력(SAT) 점수가 만점이거나 만점에 가까운 지원자들만 뽑았다. 면접에서는 시애틀의 모든 창문을 닦는다면 비용을 얼마나 청구해야 하는지, 스쿨버스에 골프공이 몇 개나 들어갈지 등 정답이 없는 질문을 던져 지원자의 생각을 알아보았다.

그런데 이런 구글에서조차 인간적인 상호작용 기술은 기업의 핵심가치다. 더 이상 명문대 출신이나 놀랄 만큼 시험 성적이 뛰어난 사람들만 골라 뽑지 않는다. 그 대신 '지원자들이 다양한 상황에서 팀원으로 활동하면서 다양한 능력을 키웠는지 묻는다'라고 구글 회장 에릭 슈미트가 밝힌 바 있다. 또한 입사 지원자들의 '협력적 본성'을 중시한다. 구글에 입사하려면 물론 매우 똑똑해야 하지만 지적능력이 아무리 뛰어나도 소통에 능숙하지 못하면 기회를 못 얻을 것이다. 그리고 지원자의 1%만 통과할 수 있는 바늘구멍을 통과해 입사에 성공하더라도 점심시간에 식당에 서서 기다리는 줄이나 고등학교 카페테리아처럼 긴 테이블 등의 전략으로 회사가 항상 신경 쓰기 때문에 타 직원들과 반드시 상호작용해야 한다.[6] 그럼 구글은 왜 이러는 것일까? 우리는 앞에서 답을 보았다. 직원 간의 원활한 상호작용은 창의성으로 연결되기 때문이다.

픽사 · 디즈니 애니메이션의 에드 캣멀(Ed Catmul) 사장은 모든 사람은 창의성을 발휘할 잠재력이 있으며 이 잠재력을 표출할 수 있도록 이끌어주는 것이 경영자의 고귀한 임무라고 확신한 인물이다.[7]

그는 스티브 잡스와 함께 픽사를 설립하고 세계 최초의 장편 3D

컴퓨터 애니메이션 '토이 스토리'를 만들고 '몬스터 주식회사', '월-E', '라푼젤', '겨울왕국' 등을 제작해 히트친 인물이다. 그는 수많은 사람이 참여하는 애니메이션 제작에 상호간 의사소통이 없다면 창의적 결과를 기대할 수 없다고 믿었다. 이것을 뒷받침하는 것이 브레인트러스트 시스템이다. 픽사 직원들이 평범한 작품에 안주하지 않고 탁월한 작품을 제작한 동력을 브레인트러스트에서 찾을 수 있다. 브레인트러스트 시스템에 대해서는 그가 쓴 「창의성을 지휘하라」에서 잘 설명하고 있다.

브레인트러스트의 기본은 간단하다. 영리하고 열정적인 직원들을 한 방에 모아놓고 문제 파악과 문제 해결을 맡기고 서로 진솔한 의견을 말하도록 장려하는 것이다. 직원들이 진솔한 의견을 개진하는 것을 막는 모든 요소를 파악해 없애는 것은 불가능하다. 자신의 발언 때문에 멍청하거나 나쁜 사람으로 보일지도 모른다는 불안감, 남의 기분을 상하게 하거나 위축되거나 보복 당할지도 모른다는 공포가 솔직한 발언을 가로막는다. 직원들이 진솔하게 말할 환경을 경영자가 조성했다고 생각하더라도 직원들이 발언 수위를 조절하는 이유는 다양하다. 경영자는 그 이유들을 직시하고 정면 대처해야 한다.

브레인트러스트 회의에서는 때때로 과격한 표현이 오갔지만 아무도 개인적인 감정의 골이 깊어지진 않는다. 브레인트러스트 회의에서 오가는 말들은 모두 문제 해결을 위한 것임을 알기 때문이다. 구성원 간의 신뢰와 상호존중 덕분에 브레인트러스트는 뛰어난 문제해결 능력을 발휘했다. 회의 참석자들이 현미경으로 들여다보는 대상은 작품이지 감독이 아니다. 그것은 대다수가 간과하지만 결정적으로 중요한 원리다.

아이디어 제공자는 아이디어 자체가 아니다. 아이디어 제공자가 아이디어를 자신과 동일시하면 아이디어가 비판받을 때 자신이 공격받는 기분이 든다. 건전한 피드백 시스템을 구축하려면 이런 등식에서 역학관계를 제거해야 한다. 즉, 문제를 지적할 때는 사람이 아니라 문제 자체에 초점을 맞추어야 한다. 픽사는 브레인트러스트 회의를 진행한 결과, 수많은 히트작을 만들어낼 수 있었다.

심리학자 키스 머니건과 도널드 콘론은 현악 4중주 팀을 대상으로 조직 내의 역동적 상호교류를 연구했다.[8] 성공하는 현악 4중주 팀이 있는 반면, 왜 성공하지 못하는 팀이 있을까? 그들은 이 질문의 해답을 찾고 싶었다. 현악 4중주 팀은 제1 바이올리니스트, 제2 바이올리니스트, 비올라니스트, 첼리스트로 구성되지만 지휘자가 따로 있진 않다. 현악 4중주 팀은 매일 6시간씩 좁은 연습실에서 지낸다. 그리고 연습하는 동안 연주 기법과 곡 해석에 대해 끊임없이 의견을 주고받는다. 지휘자가 없기 때문에 연습 도중 발생하는 문제는 모두 합의에 의해 해결해야 한다. 그만큼 다른 형태의 연주 팀보다 인간관계가 매우 중요하다.

머니건과 콘론은 티켓 가격, 앨범 판매량, 공연 횟수, 6개월 간의 신문·잡지 기사 수, 평론가 평점을 기준으로 다양한 4중주 팀을 비교·평가했다. 그 결과, 극심한 양극화 현상이 드러났다. 좋은 성과를 올리는 팀이 있는 반면, 간신히 명맥만 유지하는 팀도 있었다. 성공과 실패, 부와 가난은 있고 중간은 없다. 이런 결과가 발생한 이유는 무엇일까? 연구자들은 상호 의사소통에서 답을 찾아냈다. 성공적인 현악 4중주 팀은 평소 타 단원들의 의견을 존중하고 서로 격려한다. 문제가 발생하면 충돌을 두려워하지 않는다. 물론 감정적이고 사적인 충돌이 아니라 더 완벽한 연주를 위한 긍정적인 충돌이었다.

반면 성공적이지 않은 팀은 업무적인 태도로만 연습하고 연주한다. 서로 예의바르게 행동하고 있었지만 의사 개진이나 토론에는 매우 소극적이었다. 문제가 발생해도 충돌을 피하고 논쟁을 벌이는 경우가 없었다. 곡 해석과 연주 방식에서 자신의 주장이 제대로 받아들여지지 않는다는 똑같은 불만이 있다 보니 리허설 때는 전체의 의견에 따라 연주하다가도 실제 공연에서는 자신의 원래 의도대로 연주하는 모습이 종종 보인다. 그 결과, 관객들은 전체적으로 조화롭고 잘 다듬어진 연주라는 느낌을 못 받는다.

4중주 팀의 성패는 상호 의사소통의 중요성을 잘 보여준다. 조직구성원 간의 의사소통이 원활해야 하는 이유도 설명하고 있다. 조직이 경직되어 하고 싶은 말을 못하거나 올바른 방법이나 대안을 찾는 토론 없이 일방적으로 전달된다면 일할 마음을 잃게 마련이다.

3. 사회 지능과 감성 지능

🌀 사회 지능이 리더를 만든다

사회 지능이란 남과 어울리는 능력이다. 상식이 통하는 사회에서 신체적 장애는 보살핌의 대상이지만 정신적 장애는 격리의 대상이다. 굳이 알코올 중독이나 마약 중독을 말하지 않더라도 우리 주변에서 험담을 즐기거나 자신밖에 모르거나 폭력적이고 충동적이거나 남에 대한 배려나 예의가 없는 사람들을 배척하는 것은 사회에 버티고 있는 일종의 불문율이다. 그러므로 사회적 관계 맺기에 미숙한 사람은 중요한 위치에 설 수 없다. 지금까지 3장에서 이야기한 것들, 제대로 사람을 활용하는 능력이나 올바른 소통 능력은 사회 지능이 부족하면 제대로 발휘될 수 없다.

의료사고는 시시비비를 가리기 애매한 경우가 많다. 임의소송이란 환자가 고소할 수도 안 할 수도 있는 애매한 상황에서 의사를 고소하는 것이다. 똑같은 상황에서 어떤 환자들은 왜 부당한 치료를 받았다고 느끼고 격분해 행동을 취하는 반면, 어떤 환자들은 그렇게 안 하는 것일까?

소송 기록을 보면 자주 고소 당하는 의사가 있음을 알 수 있다. 환자들은 그들이 환자에게 관심이 없고 감정이 메마르고 환자들의 통증에 주의를 기울이지 않으며 환자들이 호소하는 고통에 대해 정서적으로 전혀 반응하지 않는다고 불평한다. 그들은 환자를 배려할 줄 모르고 생색이나 내고 심지어 환자를 경멸하는 의사로 간주되었다. 환자들이 의료행위에 불만을 제기하면 그들은 환자의 의견을 무례하게 묵살했고 환자의 설명 요구를 무시했으며 전화도 받지 않았다. 간단히 말해 자주 소송당하는 의사들은 정서적·사회적 기술이 부족했던 것이다. 그 결과, 환자들은 치료행위가 만족스럽지 못하면 의사에게 의료소송으로 보복했다.[1]

그래서일까? 이제 의과대학에서도 환자와의 소통의 중요성을 깨닫고 예비의사들을 대상으로 '말하는 법'을 가르치고 있다. 그런데 중요한 것은 소통을 기술로 여기고 다가간다는 점이다. 내면의 변화 없이 기술로 구사하는 소통은 감정노동이 된다. 의료인은 의료인대로 스트레스를 받고 환자는 환자대로 진정성을 못 느끼는 결과를 초래할 수 있다. 그러므로 사회 지능과 감성 지능을 높여 공감과 배려가 체화되도록 만들어야 한다. 이 과정은 수십 시간의 단기교육 과정으로 해결할 수 있는 문제가 아니다.

미국 일리노이 주의 경우처럼 유치원 때부터 꾸준히 익혀야만 가능하다. 1995년 일리노이 주는 유치원부터 고등학교까지 감성 지능 학습에 관한 특별 기준을 마련했다.[2] 초등학교 저학년은 자신의 감성을 파악하고 그 감성을 어떻게 작용시킬 것인지 알고 정확히 분류하는 법을 배운다. 초등학교 고학년은 감정이입 수업으로 타인이 느끼는 방식에서 비언어적 단서를 인식할 수 있다.

중학교에 진학하면 자신이 받는 스트레스의 원인이나 자신이 최고의 성과를 거두는 데 작용하는 요인을 분석할 수 있다. 고등학교에서는 갈등을 키우기보다 그것을 해소하는 방식으로 경청하고 말하는 능력과 서로 이익이 되는 방향으로 문제를 해결하기 위해 협상하는 능력을 배운다. 학생들에게 자기인식과 자기확신을 높여주고 혼란스런 감성과 충동을 통제하고 감정이입 능력을 키워준 것이다.

원숭이나 침팬지 연구는 인간 사회에서 사회 지능이 얼마나 중요한지 많은 점을 시사한다. 영장류에서는 힘이 가장 세거나 공격적인 수컷이 항상 가장 높은 서열을 차지하는 것은 아니다. 높은 서열을 차지하는 녀석은 바로 사회적 기술을 가진 수컷이다. 그들은 다른 몇몇 수컷들과 제휴를 맺어 도전자를 물리친다. 그들은 서로 충돌을 일으킨 후에도 상대방과 화해하고 상대방이 진정되고 안심하도록 만드는 방법을 알고 있다. 우두머리 수컷은 사소한 도발과 중대한 도전을 구분할 줄 안다. 그들은 부하 수컷이 자신도 모르게 털을 곤두세우거나 실수로 자신과 부딪힌 데 대해 과민반응을 보이지 않는다. 자신을 곁눈질하거나 몸을 부풀려 긴장하는 녀석이 있으면 잠재적 도

전으로 여기고 혼내준다. 무엇이 다른지 구분할 줄 모르는 우두머리
는 그 자리에 오래 머물지 못한다. 우두머리 자리에 오래 머무는 수
컷은 사회적 지능이 있다.[3]

사회적 기술이 원숭이를 지배적 위치로 올려주는 이유는 의미심
장하다. 단순히 그 원숭이가 자신보다 공격적이고 성미가 고약한 상
대방 원숭이를 이겨냈기 때문만은 아니다. 그 원숭이는 사회적 기술
이 있어 자신이 지배자가 되어야 한다는 확신을 암컷들에게 심어줄
수 있었다. 그래서 어느 정도 암컷들의 의사에 따라 집단을 지배했다.

일반적으로 인간이 아닌 영장류의 지배 서열에서 수컷들은 높
은 위치를 차지하기 위해 경쟁하지만 암컷들도 무슨 일이 일어나는
지 매우 유심히 지켜본다. 그리고 우연히 암컷을 학대하고 어리거나
젊은 원숭이를 해치는 공격적인 원숭이가 우두머리가 되면 암컷들은
그의 경쟁자나 그를 몰아내기 위해 연합한 무리들에게 전폭적인 지
지를 보내 사회적 기술을 지닌 원숭이를 우두머리로 만든다. 이 과정
에서 이전의 난폭한 우두머리는 치명적인 손상을 입을 수 있다.[4]

사회적 지능이 부족해 밀려난 원숭이들은 어떻게 될까? 그들은
암컷과 몇 번 짝짓기하거나 지배 서열 윗자리에 오르는 것을 시도하
지만 성공하지 못하고 결국 어디론가 사라진다. 짝짓지 못한 수컷들
은 전체 무리의 언저리에서 살아가는 유랑자라고 할 수 있다. 이 수
컷들은 젊고 공격적이어서 종종 서로 상처를 입히는데 그 과정에서
상처가 곪아 치명적인 상태에 이르기도 한다. 항상 무리의 생활터전
주변을 맴돌기 때문에 맹수의 표적이 되기도 쉽다. 암컷 배우자가 없
기 때문에 털 고르기를 해주는 파트너도 없어 기생충이 마구 자라 생

명까지 위협하는 감염을 일으킬 수도 있다.[5]

물론 원숭이 사회에서 벌어지는 사건이 인간들 사이에서 똑같이 벌어지진 않겠지만 공격적이고 폭력적이고 타인을 배려할 줄 모르는, 사회 지능이 부족한 사람들이 환영받지 못한다는 점은 일치한다. 나태는 자기발전을 제약하고 신뢰가 없는 사람은 타인과 관계 맺기조차 불가능하다. 더구나 그들은 어느 조직에서든 절대로 리더로 성장할 수 없다. 그런데 그들이 우연한 기회에 리더가 된다면 그 조직은 좋은 성과를 낼 수 없고 조직과 조직 구성원들에게 엄청난 피해를 주는 결과를 낳는다.

영장류들이 사회 지능이 떨어지는 동료들을 내쫓는 행동들은 자신을 위기로부터 지키기 위한 진화의 산물일 것이다. 인간의 유전자에 흐르는 사회 지능이나 이타주의적 유전자도 모두 조직을 위험으로부터 지키려는 진화의 산물이라는 견해가 타당해 보인다. 이런 면에서 조직을 이끄는 리더의 사회 지능은 조직 발전에 필수다. 성과를 내야 하는 조직이라면 사회 지능이 높은 리더는 그렇지 않은 리더의 조직보다 더 큰 성과를 낼 수 있다.

🏵 리더의 성패를 좌우하는 감성 지능

앞에서 진晉나라의 국내 사정을 밝혔듯이 일부 귀족들, 지씨·위씨·조씨·한씨 세력은 왕실을 능가했다. 그중 지씨 가문의 위세가 가장 컸다. 결론부터 말해 지씨 가문은 멸망하고 진나라는 위·조·한으로 나뉘었다. 지씨 가문의 멸망에는 후계자를 잘못 정한 것도 한몫했다. 물론 후계자로 낙점 받은 지백요는 결코 능력이 부족한 인물은 아니었다. 그는 유능한 후계자임에 틀림없었다.

그럼 능력이란 무엇일까? 일을 처리하는 기술과 함께 일을 대하는 태도, 즉 감성 지능도 중요하다고 나는 생각한다. 일하는 능력만 뛰어나고 감성 지능이 온전하지 못하면 흉계를 사용할 수 있다. 흉계는 당장은 이익 같지만 장기적으로는 손해다. 지백요를 보면 알 수 있다. 내막을 자세히 살펴보자.

지씨 가문의 장자 지선자知宣子는 아들 요를 후계자로 점찍고 여기저기 자문을 구했다. 지백요는 여러 면에서 타인들을 앞지르는 호걸이었지만 일족인 지과知果에게 물어보니 기대와 다른 대답이 돌아왔다.

"제 생각에 차라리 소宵: 지선자의 다른 아들가 나을 것 같습니다."

지선자가 대답했다.

"소는 행동과 마음 씀씀이가 불순합니다."

지과가 대답했다.

"소의 불순함이야 얼굴에 드러나지만 요의 불순함은 마음속에 있습니다. 마음이 불순하면 나라를 망치지만 드러나는 불순함은 해가 되지 않습니다. 요가 남들보다 나은 점이 5가지가 있고 남들보다 못한 점이 1가지 있습니다. 수염이 아름답고 몸집이 큰 것이 남들보다 뛰어나고 활을 쏘고 말을 타고 힘을 쓰는 것도 남들보다 뛰어나고 여러 기예도 남들보다 뛰어나고 문장을 잘 짓고 언변이 유려한 것도 남들보다 낫고 굳세고 씩씩하며 과감한 점도 남들보다 낫습니다."

이 정도라면 후계자로 삼아도 되지 않을까? 그러나 지과의 눈에는 결정적인 결점이 보였다.

"그러나 요는 진정으로 어진 마음이 없습니다. 자신의 5가지 장점으로 남을 업신여기고 어질지 못한 행동을 한다면 누가 참을 수 있겠습니까? 요를 기어이 후계자로 세우려고 하신다면 우리 지씨 가문은 멸망할 것입니다."

지백요는 능력은 뛰어나지만 감성 지능이 부족하다고 주장한 것이다. 그러나 지선자는 마음을 바꾸지 않았다. 싸움터에서 힘과 용기보다 중요한 것이 도대체 무엇이란 말인가? 앞으로 지씨 가문은 무한경쟁에서 살아남아야 한다. 지선자는 뛰어난 외모와 재능을 가진 요를 차마 버리지 못하고 그를 후계자로 삼았다. 지과는 자신의 주장이 먹히지 않자 지씨에서 보輔씨로 성을 바꾸어버렸다. 지요가 지씨 가문을 파탄낼 것으로 예상했기 때문이다.[6] 지과의 지인지감이 대단하다. 지과의 이런 우려는 현실이 되었다.

지백요의 안하무인적인 행동은 기타 거대 씨족들의 분노를 샀다. 특히 술자리에서 사람 모욕은 도를 넘었다. 그는 조간자에 이어 정경이 되자 진晉나라의 이름으로 군대를 부렸다. 원정에서 돌아오는 길에 위씨, 한씨 가문의 종주들과 함께 잔치를 벌였는데 지백요는 작심하고 한강자韓康子 호虎와 그의 모신謀臣 단규段規를 모욕했다. 단규는 한호가 가장 믿는 지모가였다. 그러자 지씨 가문의 인사가 지백요에게 충고했다.

"주군, 저들을 대비하지 않으면 반드시 난리가 닥칠 것입니다."

그러나 지백요는 코웃음을 쳤다.

"난리라면 장차 내가 일으킬 것이오. 지금 내가 난을 일으키지 않는데 감히 누가 일으킨단 말이오?"

그는 다시 타일렀다.

"그렇지 않습니다. 「주서周書」에 이런 말이 있습니다. '원망은 반드시 큰일이나 작은 데서만 생기는 것이 아니다'. 대저 군자는 능히 작은 일에 신경 써 큰 우환을 막을 수 있었습니다. 지금 주군께서 연회 때 남의 군주와 신하를 한꺼번에 욕보이시고 대비하지도 않으면서 '그들은 감히 난리를 일으키지 않을 것이다'라고 장담하시니 이래선 안 되지 않습니까? 벌이나 개미 따위의 벌레도 사람을 해칠 수 있는데 남의 군주 노릇을 하는 자와 그 신하라면 어떻겠습니까?"

그러나 지백요는 여전히 귀담아 듣지 않았다.[7] 지백요에게 소통 능력과 감성 지능이 부족한 것은 분명한 사실이었다. 지백요와 상반되는 인물을 살펴보자. 역시 진나라 거대 씨족을 이끌었던 조무휼이다.

조무휼은 천출이었다. 무휼의 아버지 조간자는 여러 아들을 불러 이야기를 나누어보니 무휼이 가장 총명했다. 간자가 여러 아들에게 말했다.

"내가 상산에 귀중한 부절을 감추어 놓았는데 먼저 찾는 사람에게 상을 주겠다."

여러 아들이 상산으로 말을 달려 산에 올라가 찾아보았지만 허사였다. 무휼이 돌아와 말했다.

"벌써 부절을 찾았습니다. 상산 위에서 대나라를 보니 대나라는 빼앗을 수 있습니다."

간자는 진정으로 무휼의 총명함을 깨닫고 태자 백로를 폐위시키고 무휼을 태자로 삼았다.

조간자가 병이 들자 태자 무휼에게 군대를 거느리고 정나라를 포위하도록 했다. 정나라 원정에서 돌아오는 날 지백요와 조무휼은 연회에서 술을 마셨다. 그런데 지백이 술에 취하자 무휼에게 술을 뿌리며 두들겨 팼다. 도저히 있을 수 없는 일이었다. 거대 씨족 조씨 가문의 우두머리에게 손찌검을 하다니. 무휼의 여러 신하들이 지백을 죽여야 한다고 간청하자 무휼이 말했다.

"군주께서 나를 태자로 삼으신 것은 내가 수모를 견딜 수 있는 사람이라고 생각하셨기 때문입니다."

그러나 그도 지백을 골칫거리로 생각했다. 지백이 돌아와 간자에게 그 일을 말하고 무휼을 폐위시킬 것을 권했지만 간자는 듣지 않았다. 무휼은 그 사건으로 지백에게 원망을 품게 되었다. 지모와 충동조절 능력을 지닌 조무휼은 나중에 지씨 가문을 멸하고 전국시대 강력한 국가의 모습을 갖추었다. 지백요와 조무휼의 차이는 상대방을 이해하고 배려하는 사회 지능과 감성 지능의 유무였다.

감성 지능이 있는 사람은 사회적 상호작용이 뛰어나 타인과의 소통과 공감에 능하다. 그런 자가 인생에서 성공한다. 하버드대학교 교육심리학과 교수인 하워드 얼 가드너(Howard Earl Gardner, 1943~)는 인간의 잠재력을 아이큐(IQ)로 평가하던 과거와 달리 잠재력을 수치가 아닌 '영역'으로 표현할 것을 주장했다. 모차르트는 음악, 피카소는 미술, 아인슈타인은 논리와 수학, 셰익스피어는 언어 능력이 발달했다는 것이다. 가드너의 다중지능 이론에 따르면 모든 인간은 8가지 지능을 타고 나며 그 지능들이 서로 소통하고 결합해 각자 고유의 능력을 갖게 된다. 그 중 하나가 대인관계 지능(Interpersonal Intelligence)으로 타인과 교류하고 그들의 행동을 해석하는 능력이다. 대인관계 지능은 대니얼 골먼이 말하는 감성 지능과 같은 뜻이다.

우리는 학창시절 높은 IQ로 공부를 꽤 잘했지만 사회에 나와 실패한 사람을 흔히 본다. 높은 IQ가 부귀, 명성, 삶의 행복을 보장하는 것은 결코 아니다. 똑같은 지성을 가졌더라도 인생의 막다른 골목에 이르는 반면, 번창하는 사람도 있다. 감성 능력의 숙련도가 다르기 때문이다. 우리가 어떤 능력을 가졌든 그 활용도를 결정하는 능력이 감성적 소질이다. 감성이 풍부한 사람들은 자신의 감정을 잘 알고 운용하며 타인의 감정을 읽고 효과적으로 대처한다. 그들은 연애를 하든 친밀한 관계를 맺든 조직화된 정치에 관여하든 성공한다. 또한 잘 계발한 감성 지능을 지닌 자는 삶에 만족하고 직업에서 성공할 확률이 훨씬 높으며 생산성을 촉진시키는 사고방식에 통달해 있다. 반면, 자신의 감성생활을 잘 통제하지 못하는 자는 작업과 사고에 필요한 집중력과 명민함을 방해하는 내적 갈등에 시달리기 쉽다.[8]

감성 지능 분야에서 대니얼 골먼(Daniel Goleman)을 따라갈 학자는 없을 것이다. 그의 저서 『감성 지능』은 출간 20년이 넘었지만 아직도 유용하고 영향력 있는 책이다. 대니얼 골먼은 다음과 같이 감성 지능 교육 프로그램의 결과를 제시하며 감성 지능 교육이 공감 능력만 키우는 것이 아님을 강조했다.

1995년 미국 일리노이 주가 유치원부터 고등학교까지 감성 지능교육을 실시한 결과는 어땠을까? 학생들의 행동이 개선되었을 뿐만 아니라 학업성취도도 올라갔다. 평균점수가 오른 학생은 38%나 되었다. 나쁜 행동 사례는 28%가 줄고 정학조치를 당한 학생은 44%나 줄었다. 학생의 63%는 학교생활에 매우 적극적으로 참여하면서 출석률도 올라갔다.[9]

🏵️ 성공과 수명을 보장하는 공감 능력

스탠포드대학 박사 과정의 마크 스나이더(Mark Snyder)는 타인 감성을 잘 인식하는 자는 '셀프 모니터링'[10] 수준이 높다고 말했다. 자신의 태도와 표현이 주어진 상황에서 적절한지에 대단히 민감한 자들은 자신의 말과 행동을 관찰하고 통제하려는 경향이 강하다는 것이다. 그들은 처음 만난 사람과 쉽게 친해진다. 자신의 말과 태도를 자연스럽게 바꿈으로써 상대방에게 편안한 느낌을 주기 때문이다.

지금 당신이 분위기 있는 조용한 카페에 앉아 있다고 가정해보

자. 주변 테이블에서는 커플들이 속삭이고 있다. 여기서 셀프 모니터링 수준이 낮은 사람들은 자신의 목소리에 별로 신경 쓰지 않지만 셀프 모니터링 수준이 높은 사람들은 주변을 살피고 최대한 작은 목소리로 이야기한다. 그리고 상대방의 표정과 반응에 따라 자신의 태도를 바꾼다. 새로운 사람을 만날 때 대부분 어떻게든 공통점을 찾으려고 애쓰고 대화가 부드럽게 이어지는지, 말을 너무 많이 하는지, 너무 형식적으로 대하고 있는지 신경 쓴다.

셀프 모니터링 수준이 높은 사람들은 여기서 한 걸음 더 나아간다. 상대방과 자신의 공통점을 발견하고 더 많은 느낌을 공유하기 위해 노력한다. 상대방의 기분이 좋으면 자신도 신나고 즐거운 표정을 짓는다. 반면, 상대방이 심각하고 진지한 분위기라면 더 차분하게 조용히 이야기한다. 그렇다고 상대방의 기분을 기계적으로 맞추는 것은 아니다. 다만 상대방의 느낌과 태도를 예민하게 받아들이고 그에 따라 자신의 행동을 바꾼다. 주변 상황에 따라 행동과 태도를 바꾼다고 가식적이라고 말할 수는 없다. 그들도 자신들만의 가치관이 있다. 상대방의 기분에 맞춰준다고 해서 자신의 생각이나 주장을 버리는 것은 아니다. 다만 상대방에게 편안하고 존중받는 느낌을 주려면 그 상황에서 어떻게 행동해야 하는지 본능적으로 알고 있을 뿐이다.

셀프 모니터링 수준을 객관적인 수치로 측정하기 위해 스나이더는 평가 목록을 만들었다. 그리고 여러 모임을 대상으로 심층 인터뷰를 실시했다. 그 과정에서 셀프 모니터링 수준이 높은 사람들은 다음과 같은 공통점들을 가진다는 것을 발견했다.

1. 감정 표현을 매우 잘 조절한다. 주변 환경에서 재빨리 실마리를 포착해 자신의 태도를 즉시 바꾼다.
2. 상황에 따른 적절한 행동방식을 재빨리 학습한다.
3. 상대방의 성격을 금방 파악한다.

영국 캠브리지대학의 마틴 킬더스 교수와 미국 펜실베이니아 주립대학의 데이비드 데이 교수가 MBA 학생들을 대상으로 셀프 모니터링 점수와 조직 적응력의 상관관계를 조사했다.[11] 셀프 모니터링 점수가 높은 MBA 졸업생들이 더 자주 직장을 옮긴 재미있는 연구 결과가 나왔다. 애당초 셀프 모니터링 점수가 높은 학생들이 인간관계를 형성하는 과정에 더 능하므로 한 조직에 오래 머물 것이라고 추측했지만 이후 계속된 조사에서 그들의 빈번한 이직은 조직 부적응 때문이 아님을 확인할 수 있었다. 오히려 반대의 이유로 직장을 옮기고 있었다. 그들은 셀프 모니터링 점수가 낮은 졸업생들보다 조직 내에서 인정받은 만큼 타 기업들의 스카우트 제의를 더 많이 받았다. 그리고 더 유리한 조건을 찾아 옮기면서 장기적으로 경력을 쌓고 있었다. 즉, 셀프 모니터링 점수가 높은 사람들은 환경에 따라 자신의 행동과 태도를 바꿈으로써 조직생활을 잘 해나가므로 다양한 기업들의 스카우트 제의를 받고 있었다.

물론 셀프 모니터링 점수가 높은 사람들 중에도 한 조직에서 오래 머문 사람이 있었다. 그들은 남들보다 빨리 승진했다. 결론적으로 셀프 모니터링 점수가 높은 사람들은 조직생활에서 뛰어난 적응력과 성과를 보였다. 셀프 모니터링 점수가 높은 사람들은 타인의 행동을 무의식적으로 모방했다. 즉, 주변 환경에서 실마리를 무의식적으로 찾아내고 그것을 관계 형성에 활용했다. 셀프 모니터링 점수가 높은 사람들은 개인적, 업무적 차원에서 항상 인적 네트워크의 중심을 향해 나아가는 성향이 강하다. 그렇다고 그들의 태도가 전략적이라고 할 수는 없다. 본능적으로 그들은 인맥의 중심을 향하고 매우 자연스럽게 움직인다.

대인관계 능력은 비즈니스나 직장생활의 성공 보장에만 그치지 않는다. 개인적으로도 매우 유용한 가치가 있다. 대인관계는 장수 여부에도 영향을 미치기 때문이다. 1921년 스탠포드대학 심리학과 교수 루이스 터먼 박사는 1910년 전후에 태어난 소년 소녀 1,500명을 선발해 무려 80년 동안 그들의 일생 과정, 성격, 직업, 인생관, 결혼 및 이혼 여부, 건강도, 생 마감 등을 총체적으로 추적·분석했다.

이 장기 〈수명 연구 프로젝트〉는 터먼 박사의 연구를 이어받은 후배 연구자들이 밝혀낸, 장수에 대한 새롭고 놀라운 사실을 말해 준다.[12]

장수에 영향을 미치는 요인은 물론 한 가지가 아니었다. 이 연구는 여러 장수 요인들을 밝혀냈는데 크게 분류하면 성실성과 감성 지능이었다. 성실한 사람이 장수한다는 사실은 지극히 상식적이다. 근검절약하고 끈기 있고 세밀한 부분까지 신경 쓰고 책임감이 강한 사람이 가장 오래 살았다. 성실한 사람은 마약, 흡연 따위도 멀리하고 교통법규를 잘 지키고 음주운전도 안 할 테니 장수에 유리하다. 또한 안정적인 결혼생활을 유지하고 근무환경도 더

좋을 가능성이 높고 주변에 성실한 친구들도 많아 장수 가능성이 높다.[13]

그럼 감성 지능은 장수에 어떻게 영향을 미칠까? 정서적 사교성, 즉 타인과 정서적으로 교감하며 관계를 맺는 능력이 뛰어나면 장수했다. 연구진이 개발한 정서적 사교성을 알아보는 문항은 다음과 같다. 각 문항에 1~9점을 주면 된다. 전혀 관련이 없으면 1점, 관련이 많으면 9점이다.

1. 나는 멋진 댄스 음악을 듣자마자 몸이 들썩거린다.
   ① ② ③ ④ ⑤ ⑥ ⑦ ⑧ ⑨

2. 나는 뜻밖의 여가시간을 배우자와 함께 보내는 것이 좋다.
   ① ② ③ ④ ⑤ ⑥ ⑦ ⑧ ⑨

3. 나는 세세한 것에 주목한다.
   ① ② ③ ④ ⑤ ⑥ ⑦ ⑧ ⑨

4. 나는 매사 준비성이 철저하다.
   ① ② ③ ④ ⑤ ⑥ ⑦ ⑧ ⑨

5. 나는 모든 것이 완벽해질 때까지 집요하게 계속한다.
   ① ② ③ ④ ⑤ ⑥ ⑦ ⑧ ⑨

6. 나는 물건을 제자리에 갖다놓는 것을 가끔 잊어버린다.
① ② ③ ④ ⑤ ⑥ ⑦ ⑧ ⑨

7. 사람들은 나를 나이보다 어리게 볼 때가 많다.
① ② ③ ④ ⑤ ⑥ ⑦ ⑧ ⑨

8. 나는 회의, 바비큐 파티, 기타 모임에서 자주 주목받는다.
① ② ③ ④ ⑤ ⑥ ⑦ ⑧ ⑨

당신은 몇 점인가? 총점은 8~72점 사이일 것이다. 평균점수는 약 40점인데 36점 이하면 하위 25%이고 50점 이상이면 상위 25%, 58점 이상이면 최상위 5%에 속한다.

이 목록은 마음을 주고받는 의사소통을 측정하는 방법이다. 즉, 자신의 감정을 타인에게 얼마나 잘 전달하는지 측정하는 것이다. 여기서 높은 점수를 받은 사람들은 대부분 판매나 설득에 뛰어나다. 이런 특성을 지닌 터먼 연구 참가자들은 대부분 자신의 분야에서 리더가 되었다. 높은 점수를 받은 개인들은 열정, 정서적 유대감, 사교술을 두루 갖추고 있어 건강하게 살 기질이 원래부터 내재되어 있다고 할 수 있다. 정서적 사교성이 탁월하고 마음을 주고받는 의사소통 능력이 뛰어난 사람들은 효과적으로 감정을 다루는 기술이 있으므로 현명한 선택을 한다면 오랫 동안 매우 건강하게 살 수 있었다.

🌐 공감의 한계

「손자병법」〈행군 편〉에 이런 구절이 있다.

병사들이 장수와 친해지지 않은 상태에서 병사들의 사소한 잘못을 처벌하면 병사들은 장수에게 복종하지 않는다. 진정으로 복종하지 않는 병사들을 지휘해 싸우는 것은 매우 어렵다. 병사들이 장수와 친해진 후에도 병사들을 군법으로 엄히 다스리지 않는다면 그들을 이끌고 적과 싸울 수 없다.

이 구절이 전쟁터에서만 유용하겠는가? 가정, 학교, 회사에는 리더가 있고 이것은 모든 조직에서 통하는 말이다. 하지만 잘 지켜지지 않는 것은 바로 마지막 문장, '병사들이 장수와 친해진 후에도 군법으로 병사들을 엄히 다스리지 않는다면 그들을 이끌고나가 적과 싸울 수 없다.'일 것이다. 공감 능력은 리더의 중요한 자질인 것은 맞지만 '공감'에만 초점을 맞춘다면 좋은 성과를 낼 수 없다.

「손자병법」〈지형 편〉에 등장하는 다음 구절을 살펴보자.

마치 어린 아이를 돌보듯이 장수가 병사를 대한다면 병사들은 깊은 연못까지 함께 들어갈 것이다. 병사를 자식처럼 대한다면 그들은 장수와 기꺼이 생사를 함께 할 수도 있다. 장수가 부하를 매우 후대해 마음대로 부리거나 명령을 내리지 못하고 군기를 어지럽히는데도 처벌하지 못한다면 버릇없는 자식과 같아 전쟁터에서 아무 쓸모도 없다.

제齊나라 경공은 양저穰苴를 불러 그와 군사에 대한 얘기를 나누어보고 매우 만족해 그를 장군으로 삼아 군사를 이끌고 연·진 군대를 막도록 했다. 양저가 임금에게 말했다.

"신은 원래 비천하지만 왕께서 저를 백성과 오졸 중에서 뽑아 대부의 윗자리에 처하셨지만 병졸들은 아직 제게 다가오지 않고 백성들도 저를 신임하지 않고 있습니다. 이처럼 신분이 미천하고 권세가 가벼우니 왕께서 총애하시고 백성들의 존경도 받는 신하를 부려 저의 군사를 감독해주시면 될 것입니다."

이에 경공은 장가莊賈에게 그 일을 맡겼다. 양저는 경공에게 하직 인사를 드린 후 장가와 이렇게 약속했다.

"내일 정오에 군영에서 만납시다."

이튿날 양저는 군영으로 먼저 달려가 해시계를 세우고 물시계를 걸어놓고 장가를 기다렸다. 장가는 본성이 교만해 당시도 장수는 자신의 군대요, 자신은 그 군대의 감독이니 서둘 필요가 없다고 판단해 친척과 친구들의 송별을 받으며 술을 마시고 있었다. 정오가 되어도 장가가 안 오자 양저는 해시계를 엎어버리고 물시계를 쏟아버리고 들어가 군영을 순시하고 군사를 정돈해 준수해야 할 군령을 시달했다. 이미 약속 시간이 지나고 저녁때가 되어서야 장가가 나타났다. 양저가 물었다.

"어찌 이리 늦었소?"

장가가 말했다.

"못난 제게 대부와 친척들이 송별회를 열어주어 늦었습니다."

양저는 이렇게 말했다.

"장군이란 명령을 받으면 집을 잊고 군영에 이르러 군령을 약속하면 어버이도 잊어야 하며 북채로 북을 치며 급히 공격할 때는 자신도 잊어버려야 하오! 지금 적이 깊숙이 침입해 나라가 소란스럽고 병사들은 국경을 지키느라 몸을 햇볕에 드러낸 채 고생하고 있소. 왕께서는 자리에 누워서도 편히 못 자고 음식을 먹어도 맛을 모르며 백성들의 모든 목숨이 당신에게 달린 이때 송별회라니 그 무슨 말이오!"

그러고는 군정軍正; 군사 재판관을 불렀다.

"군법에서 기한을 어겼을 때의 죄는 무엇인가?"

그가 답했다.

"참수에 해당합니다."

장가는 겁을 먹고 사자를 시켜 말을 달려 경공에게 알리고 구원을 청했다. 양저는 사자가 떠나 돌아오지 않자 결국 장가를 베고 널리 삼군에 알렸다. 삼군 병사들은 모두 두려움에 떨었다. 한참 후 경공이 보낸 사자가 장가를 사면하라는 부절을 갖고 말을 달려 군영 안으로 들이닥쳤다. 양저가 사자에게 말했다.

"장수가 진중에 있을 때는 임금의 명령도 받들지 않을 수 있소."

그러고는 군정에게 다시 물었다.

"삼군의 군영 안으로 말을 달려 들어오면 무슨 죄인가?"

군정이 답했다.

"참수에 해당합니다."

그 말을 들은 사자가 크게 겁을 먹자 양저가 말했다.

"임금의 사자는 죽일 수 없다."

그러고는 그 사자를 태워온 마부와 수레 왼쪽 곁나무와 왼쪽 곁

말을 베어 전군에 본보기로 삼았다. 양저는 사자를 보내 그 사실을
경공에게 보고하고 드디어 싸움터로 출동했다.

공감 한계는 비즈니스 분야에서도 나타난다. 상식적으로 생
각하면 공감 능력이 뛰어난 영업사원이 더 나은 성과를 낼 것 같지
만 연구 결과는 전혀 달랐다. 글로벌 컨설팅기업 CEB의 매튜 딕
슨(Matthew Dixon), 브렌트 애덤슨(Brent Adamson), 니콜라스 토먼
(Nicholas Toman)은 그들의 연구논문 「솔루션 영업의 종말」에서 '관계
를 맺어 놓으면 실적은 저절로 따라온다'라는 오랜 속설을 깼다.[14] 고
객 1,100명을 대상으로 영업사원들에게 가장 바라는 것을 질문해보
니 '관계'라고 답한 사람이 놀랄 만큼 적었던 것이다.

그들은 고객과 맺는 관계는 결과로 따라오는 것이지 성공적인
영업의 조건은 아니라고 말했다. 관계는 가치를 고객에게 제공했을
때 받을 수 있는 보상이라고 생각해야 한다는 뜻이다. 그들은 90여
개 기업의 6,000여 개 샘플을 연구해 가장 뛰어난 실적을 올린 영업
사원의 유형을 알아내려고 했다. 관계중심의 영업사원의 실적이 가
장 좋을 것으로 예상했지만 결과는 달랐다. 최고의 실적을 올린 것은
관계중심의 영업사원이 아니었다. 그들은 자신들이 찾아낸 새로운
영업사원의 유형을 '챌린저'로 부르기로 했다.

관계중심의 영업사원은 고객과 개인적인 비즈니스 관계를 맺고
증진하며 고객사에서 지지자를 만들 수 있는 사람이다. 자신의 시간
을 내주는 데 매우 관대하고 호감이 가는 행동으로 고객들과 친밀한
관계를 맺는 데 집중하며 고객 요구사항이 충족되도록 열심히 노력

한다. 고객이 원하면 언제든지 달려갈 수 있고 어떤 서비스든 제공할 마음가짐이 되어 있다. 반면, 챌린저형 영업사원들은 고객에게 적합한 가치 제안으로 주도권을 잡는 데 뛰어나다. 편의 제공보다는 고객에게 돌아가는 가치에 더 집중한다.

챌린저형 영업사원이 성공하는 것은 고객의 심리적 안전지대로 들어가는 데 사활을 거는 관계중심의 영업사원과 달리 고객을 심리적 안전지대에서 나오도록 압박하는 데 있다. 이런 압박으로 고객과 건설적인 긴장관계를 유지하기 때문이다. 긴장감이 없는 전문적인 대화는 고객의 호감과 인정을 받더라도 목표를 향해 고객이 나아가도록 도와주진 못한다. 효과적인 도움을 주려면 고객과 적당한 긴장감을 유지하면서 고객이 자신의 비즈니스에 대해 다른 관점을 갖도록 만들어야 한다. 그럼 고객은 비용을 절감하거나 수익을 증대시킬 수 있고 결국 자신의 비즈니스 가치를 높일 수 있다. 챌린저형 영업사원은 고객과 관계를 맺기보다 고객가치 중시가 결과적으로 모두에게 더 큰 도움이 된다는 사실을 잘 알고 있다.

조직에는 '건설적인 긴장 관계'가 중요하다. 리더와 조직원 사이가 친밀하다고 긴장 관계가 무너진다면 게을러지고 방심하기 쉽다. 이것은 「손자병법」에서 '병사들이 장수와 친해진 후에도 병사들을 군법으로 엄히 다스리지 않으면 그들을 이끌고 적과 싸울 수 없다.'라고 주장하는 것이나 '장수가 부하를 매우 후대해 마음대로 부리거나 명령을 못 내리고 군기를 어지럽히는데도 처벌하지 못한다면 그런 병사들은 버릇없는 자식과 같아 전쟁터에서는 아무 쓸모도 없다.'라고 걱정한 이유이기도 하다. 양저가 장가의 목을 베어 엄히 다스린 것도 '건설적인 긴장 관계'를 유지해 전쟁의 목적을 달성하기 위해서였다.

성공한 리더의 세 번째 덕목인 인人은 타인과 맺는 관계의 문제다. 성공을 향한 간절함과 절박함으로 철저히 준비하고 전략적 사고와 혁신적이고 창의적인 문제 해결 능력이 있더라도 세상일을 혼자 할 수는 없다. 주변에 훌륭한 사람이 많을수록 자신의 꿈을 더 빨리, 더 높이 이룰 수 있다. 사람을 쓰고 동기를 부여하고 성과를 내게 만들려면 사람을 보는 안목, 소통 기술, 마음을 읽고 맞추어주는 공감 능력이 필요하다.

머리말

1. 이 책에서는 사마천이 지은 「사기」를 기본 참고도서로 한다. 「사기」 〈본기〉, 〈세 가〉, 〈열전〉의 번역서는 다음과 같다.

〈본기〉, 김영수 역, 알마, 2012.

〈세가〉, 김원중 역, 민음사, 2014.

〈열전〉, 임동석 역주, 동서문화사, 2009.

2. 공원국, 「춘추전국 이야기 1~9」, 역사의 아침.

들어가는 글

진문공의 역경과 도전, 그리고 성취

1. 「사기」를 기본으로 하고 공원국이 쓴 「춘추전국 이야기 2」를 참고해 재구성했다.

2. 제강齊姜은 제나라 강씨 성을 가진 사람이라는 뜻이다. 「사기」에 등장하는 여성들 의 이름은 대부분 이런 식이다. 따라서 여희驪姬는 여나라 여자를 뜻한다.

3. 유향 선집, 「설원說苑」, 임동석 역주, 동문선, 1997, 208~209쪽.

1장 인忍: 몸을 일으키는 능력

1. 간절함과 절박함

1. 범저가 수립한 진나라의 외교정책 근간으로 먼 나라와 친하게 지내고 가까운 나 라는 공격한다는 뜻이다. 진나라는 이 정책에 따라 국경을 맞댄 위·한·조부터 차례대로 병합해 결국 천하를 통일했다.

2. 유향 선집, 「설원說苑」, 임동석 역주, 동문선, 1997, 742~743쪽.

3. 말콤 그래드웰, 「다윗과 골리앗」, 선대인 역, 21세기북스, 2014, 172~173쪽.

4. 위의 책 174쪽.

5. 위의 책 175쪽.

2. 반성과 준비

1. 에릭 시노웨이 외 1인, 「하워드의 선물」, 김명철 외 1인 역, 위즈덤하우스, 2013, 37쪽. 이 책에서는 우호적 전환점, 적대적 전환점, 중립적 전환점으로 구분했다. 각 개념들을 빌려 두 가지로 나누었다.

2. 〈중앙일보〉, 2016.9.1.

3. 리처드 와이즈먼, 「립잇업」, 박세연 역, 웅진 지식하우스, 2013, 31~37쪽.

4. 제프 콜빈, 「재능은 어떻게 단련되는가?」, 김정희 역, 부키, 2014, 17쪽.

5. 대니얼 코일, 「탤런트 코드」, 웅진 지식하우스, 2009, 112쪽.

6. 제프 콜빈, 위의 책 107~111쪽.

3. 충동조절 능력

1. 칩 히스 외 1인, 「스위치」, 안진환 역, 웅진 지식하우스, 2010, 25~27쪽.

2. 조셉 그레니 외 3명, 「결정적 순간의 대화」, 김경섭 역, 시아출판사, 2008, 63쪽.

3. 댄 애리얼리, 「상식 밖의 경제학」, 장석훈 역, 청림출판, 2011, 164~169쪽.

4. 칩 히스 외 1인, 위의 책 295~300쪽.

5. 로이 F. 바우마이스터 외 1인, 「의지력의 재발견」, 이덕임 역, 에코 리브르, 2012, 110~111쪽.

6. 다니엘 핑크, 「새로운 미래가 온다」, 김명철 역, 2012, 259쪽.

2장 인(仁): 세상을 만들어가는 지혜

1. 전략

1. 하워드 가드너, 「미래 마인드」, 김한영 역, 재인, 2008.

2. 하워드 가드너, 위의 책 11쪽.

3. 하워드 가드너, 위의 책 12쪽.

2. 분석과 통찰력

1. 유향, 「전국책」, 임동석 역주, 761~764쪽.

2. 카알 폰 클라우제비츠, 「전쟁론」, 김만수 역, 갈무리, 2013, 116~117쪽.

3. 카알 폰 클라우제비츠, 위의 책 121쪽.

3. 혁신과 창의

  1. 하워드 가드너, 「열정과 기질」, 임재서 역, 북스넛, 2007, 59쪽.

  2. 에이미 윌킨스, 「크리에이터 코드」, 김고명 역, 비즈니스북스, 2015, 36쪽.

  3. 에이미 윌킨스, 위의 책 46쪽.

  4. 에이미 윌킨스, 위의 책 55쪽.

  5. 에이미 윌킨스, 위의 책 72쪽.

  6. 에이미 윌킨스, 위의 책 78쪽.

  7. 하워드 가드너, 위의 책 169~170쪽.

  8. 에이미 윌킨스, 위의 책 82쪽.

  9. 로버트 루트번스타인 외 1인, 「생각의 기술」, 박종성 역, 에코의 서재, 219쪽.

  10. 로버트 루트번스타인 외 1인, 위의 책 225쪽.

  11. 송숙희, 「성공하는 사람들의 7가지 관찰 습관」, 위즈덤하우스, 2008, 103~104쪽.

  12. 송숙희, 위의 책, 136쪽.

  13. 신병철, 「통찰의 기술」, 지형 2008, 103~104쪽.

  14. 에이미 윌킨스, 위의 책 183~185쪽.

3장 인人: 사람을 얻고 활용하는 방법

1. 용인用人

  1. 유향, 「전국책」, 임동석 역주, 2011, 416쪽.

  2. 공원국, 「춘추전국 이야기 3」, 역사의 아침, 2015, 134쪽.

  3. 공원국, 위의 책 141쪽.

  4. 여불위, 「여씨춘추」, 김근 역, 글항아리, 2014, 720쪽.

  5. 유향 선집, 「설원說苑」, 임동석 역주, 동문선, 1997, 614~615쪽.

  6. 〈조선일보〉, 2016.2.1.

  7. 공원국, 위의 책 224쪽.

  8. 공원국, 위의 책 225쪽.

  9. 좌구명, 「춘추좌전」, 신동준 역, 한길사, 2012, 426~428쪽.

  10. 레너드 L. 베리 외 1인, 「메이요 클리닉 이야기」, 김성훈 역, 살림 Biz, 2012, 63~64쪽.

  11. 레너드 L. 베리 외 1인, 위의 책 64쪽.

  12. 칩 히스 외 1인, 「스위치」, 안진환 역, 웅진 지식하우스, 2010, 14~17쪽.

13. 공원국, 「춘추전국 이야기 7」, 역사의 아침, 2015, 119쪽.

14. 칩 히스 외 1인, 위의 책 259~260쪽.

2. 소통

1. 좌구명, 「춘추좌전」, 신동준 역, 한길사, 2012, 425~426쪽.

2. 유향 선집, 「설원說苑」, 임동석 역주, 동문선, 1997, 274쪽.

3. 벤슨 스미드 외 1인, 「최고 판매를 달성하는 강점 혁명」, 김명렬 역, 청림출판, 2005, 147~148쪽.

4. 제프 콜빈, 「인간은 과소평가되었다」, 신동숙 역, 한스미디어, 2016, 209~210쪽.

5. 제프 콜빈, 위의 책 198~199쪽.

6. 제프 콜빈, 위의 책 314~315쪽.

7. 에드 켓멀 외 1인, 「창의성을 지휘하라」, 윤태경 역, 와이즈베리, 2014, 15쪽.

8. 오리 브래프먼 외 1인, 「클릭」, 박세연 역, 리더스북, 2011, 62~67쪽.

3. 사회 지능과 감성 지능

1. 셸리 테일러, 「보살핌」, 임지원 역, 사이언스 북스, 2008, 311~312쪽.

2. 대니얼 골먼, 「사회 지능」, 장석훈 역, 웅진 지식하우스, 2006, 19쪽.

3. 셸리 테일러, 위의 책 228~229쪽.

4. 셸리 테일러, 위의 책 233~234쪽.

5. 셸리 테일러, 위의 책 239~240쪽.

6. 공원국, 「춘추전국 이야기 7」, 역사의 아침, 2014, 38~39쪽.

7. 공원국, 위의 책 42~43쪽.

8. 대니얼 골먼, 위의 책 83쪽.

9. 대니얼 골먼, 위의 책 19쪽.

10. 오리 브래프먼 외 1인, 「클릭」, 박세연 역, 리더스북, 2011, 230쪽.

11. 오리 브래프먼 외 1인, 위의 책 238~239쪽.

12. 하워드 S. 프리드먼 외 1인, 「나는 몇 살까지 살까?」, 최수진 역, 2011.

13. 하워드 S. 프리드먼 외 1인, 위의 책 52~53쪽.

14. 김상범, 「강점 영업」, 올림, 2016, 64~69쪽.

춘추전국시대에서 찾아낸
교양인을 위한
고전 리더십

초판 1쇄 인쇄 2018년 2월 2일
초판 1쇄 발행 2018년 2월 5일

지은이 | 오정환
펴낸이 | 김진성
펴낸곳 | 호이테북스
편 집 | 허강, 정소연, 신은주, 박진영
디자인 | 강희연
관 리 | 정보해

출판등록 | 2005년 2월 21일 제2016-000006호
주 소 | 경기도 수원시 장안구 팔달로237번길 37, 303(영화동)
전 화 | 02-323-4421
팩 스 | 02-323-7753
홈페이지 | www.heute.co.kr
이메일 | kjs9653@hotmail.com

※ 잘못된 책은 서점에서 바꾸어 드립니다.